Lebe den Moment

Carl Lentz

LEBE

— DEN —

MOMENT

Aus dem Amerikanischen von
Bettina Krumm

Grace today
VERLAG

Die Deutsche Nationalbibliothek verzeichnet diese Publikation in der Deutschen Nationalbibliografie; detaillierte bibliografische Daten sind im Internet über http://dnb.dnb.de abrufbar.

Umschlaggestaltung: Joseph Termini
Umschlagfoto vorne: Mark Seliger, Simon & Schuster
Umschlagfoto hinten: Andre Grey/Hillsong Church NYC
Corporate Design: spoon design, Olaf Johannson
Lektorat: Thilo Niepel, Gabriele Kohlmann
Satz: Gabriel Walther – www.gabrielwalther.com
Druck: CPI – Clausen & Bosse, Leck
Printed in Germany

1. Auflage 2018

Hardcover: ISBN 978-3-95933-088-6, Bestellnummer 372088
E-Book: ISBN 978-3-95933-089-3, Bestellnummer 372089

www.gracetoday.de

Dieses Buch widme ich den vier Menschen, von denen ich ehrlich sagen kann: »Ich liebe euch seit dem Moment, an dem ich euch das erste Mal sah.«

Laura Jayne Lentz, ich bin Gott auf ewig dankbar dafür, dass ich dein Ehemann sein darf. Die Menschen können es nur schwer glauben, wenn ich ihnen sage, dass ich von dem Moment an, an dem ich dich das erste Mal sah, ehrlich wusste, dass ich dich heiraten werde. An jenem Tag in Australien rief ich meine Mutter an und sagte: »Mama, heute habe ich die Frau gesehen, die ich heiraten werde.« Zum Glück kann Cathy Lentz das bestätigen, und ich bin froh, dass ich diesen Moment nie vergessen werde. Du bist ein besserer Mensch als ich, deine Beziehung mit Jesus inspiriert mich, tiefer in meiner eigenen Seele zu graben und täglich zu wachsen, und die Art und Weise, wie du anderen Menschen Gnade gibst, sucht ihresgleichen. Gnade zu vergeben. Gnade, das zu nehmen, was uns im Leben über den Weg läuft und es zu nutzen. Gnade, mich meiner Rolle als Mann, Vater, Ehemann und Freund gerecht werden zu lassen, ohne mich zu verurteilen und zu zweifeln. Ich könnte und sollte ein ganzes Buch über dich schreiben. Vielleicht werde ich das irgendwann. Aber danke, dass du schon so lange zu mir hältst – lange genug, um genügend Material zu haben, um überhaupt ein Buch zu schreiben! Ich hätte sonst schon längst irgendwo unterwegs aufgegeben. Aber diese Option hast du mir nie gelassen. Dafür bin ich dankbar. Du bist meine beste Freundin, dich zu lieben fällt nicht schwer und dir gehört für immer mein ganzes Herz. Ich liebe dich!

Ava Angel Lentz, Charlie Jayne Lentz und Roman Stephen (und manchmal Roger) Lentz: Meine Liebe zu euch lässt sich nicht in Worte fassen.

Danke, Ava, dass ich vor deinen Freunden schlechte Witze erzählen und dich zur Schule fahren und dort warten darf, weil ich dir gerne dabei zusehe, wie du den ganzen Weg bis hinein gehst, denn ich kann nicht genug von dir bekommen. Bitte frage Gott doch mal, ob er nicht deinen Wachstumsprozess etwas verzögern kann. Das einzige, das schneller wächst als deine Beine, ist deine Leidenschaft, mehr über Gott zu erfahren – und deine Anmut und Klasse, die dich bereits jetzt von allen anderen abhebt. Ich wünsche dir, dass du diese Anmut und Klasse für den Rest deines Lebens beibehältst.

Charlie Jayne, du hast uns von dem Moment an, an dem du deinen ersten Atemzug auf dieser Welt getan hast, zum Lächeln gebracht und mir gefällt, mit welchem Herzen du dich um andere und ihre Gefühle kümmerst. Das ist sehr selten und ich will das unbedingt für den Rest deines Lebens bewahren. Du gibst anderen das Gefühl, etwas Besonderes zu sein, und das ist eine Gabe von Gott. Ich bin so stolz, dass ich dein Papa bin!

Und meinem Sohn, Roman, dem Löwen: Du bist jemand, der die Welt verändert. Du bist eine Legende. Du bist ein Mann Gottes und du bist berufen und gesalbt, gewaltige Dinge auf dieser Erde zu tun. Ich werde alles tun, was in meiner Macht steht, um dir einen Weg zu bahnen, der dein Leben bedeutend und wirkungsvoll macht, wenn du ihm folgst. Schon allein dein Papa zu sein, hat mich zu einem besseren Menschen gemacht. Du bist mein Junge, mein Kumpel, und ich bin stolz auf dich.

Ich danke der ganzen Familie Lentz für all die versäumten Abendessen, die geistesabwesenden Radtouren und die leeren Blicke, die es euch gekostet hat, während ich mich mit Haut und Haaren in dieses Buch investierte. Es wird die Mühe ganz bestimmt wert sein. Es ist ein Segen, das Leben mit euch vieren verbringen zu dürfen.

INHALT

HAFTUNGSAUSSCHLUSS

ICH HABE DIESES BUCH GESCHRIEBEN. Das ganze Buch. Das sage ich nicht, weil ich damit angeben will, denn ich hätte nie gedacht, dass ich jemals selbst ein Buch schreiben würde! Aber als ich erfuhr, wie man professionell an diese Dinge herangeht, was aus geschäftlicher Sicht heute gängig ist und was nicht, habe ich herausgefunden, welche allgemeinen, einzigartigen und standardmäßigen Verfahren für das Bücherschreiben heutzutage gelten. Damit verrate ich nichts Neues und es soll auch nicht im Entferntesten abfällig gemeint sein. Es ist einfach wahr: Viele Autoren schreiben ihre Bücher gar nicht selbst. Und das zunächst einmal, weil es schlau ist. Effektives Schreiben ist extrem schwierig. Und wenn es dein Ziel ist, dass dein Buch so vielen Menschen wie möglich helfen soll, dann ist es sinnvoll, jedes einzelne Werkzeug zu nutzen, das du zur Verfügung hast – einschließlich eines Lektors, der höchstwahrscheinlich ein Profi ist und das zu Papier bringen oder in Worte fassen kann, was in deinem Herzen ist – besser, als du es selbst könntest! Die meisten nutzen diese Option. Ich mache das niemandem zum Vorwurf – und manchmal wünschte ich, ich hätte es auch so gemacht! Aber ich habe mich entschieden, mit diesem Buch das Risiko einzugehen und unter allen Umständen dafür zu sorgen, dass es meine Stimme, mein Herz und meine Leidenschaft ausdrückt – auch wenn das aus professioneller Sicht vielleicht nachteilig war! Aber ich habe Dinge noch nie nach den professionellen, kulturellen Maßstäben getan. Und ich will auch jetzt nicht damit anfangen. Wenn dieses Buch also einen unorthodoxen, ungefeilten, andersartigen Eindruck macht, mit Hochs und Tiefs, langen und kürzeren Kapiteln und manchmal sogar unvollständig scheint, dann, weil es so ist. In mancherlei Hinsicht soll es genau so sein. Dieses Buch entstand in einem schwarzen Chevy Tahoe auf den Straßen von New York City. Dieses Buch entstand in den Slums von Mumbai in Indien. Dieses Buch entstand über der endlos weiten Fläche des tiefblauen Ozeans, als ich an verschiedene Orte dieser großartigen Welt flog. Es entstand an meinem Küchentisch in Montclair, New Jersey. Es entstand in einem Krankenhauswartezimmer, als ein Freund von mir operiert wurde. Es entstand unter Tränen, vom Anfang bis zum Ende. Und auf eine merkwürdige Weise fühle ich mich richtig wohl dabei. Denn wenn ich dir sagen würde, du sollst den Moment leben, aber nicht wirklich echt und transparent in dem »Moment« wäre, in dem ich dieses Buch schreibe, wäre es sinnlos. Ich bete, dass es für dich ein Segen wird. Ich habe es so geschrieben, wie ich es selbst gerne lesen würde. Im Laufe der Jahre habe ich gemerkt, dass ich nicht wirklich gerne Bücher lese, weil meine Aufmerksamkeitsspanne stark schwankt. Manchmal kann ich lange sitzen und lesen. Dann wiederum schafft mein Verstand es gerade mal, drei Tweets zu verarbeiten. Darum habe ich gedacht, wenn ich jemals ein Buch schreibe, dann soll darin beides zu finden sein: lange Kapitel und kurze Kapitel. Einfach um sicherzugehen, dass jeder etwas damit anfangen kann. Ich neige dazu, Bücher an beliebigen Stellen aufzuschlagen. Das ist ein Problem, wenn ein Buch chronologisch gelesen werden muss, um es vollständig zu verstehen. Dieses Buch ist nicht so. Du kannst dir jederzeit jedes Kapitel einzeln vornehmen und es wird in sich selbst einen Sinn ergeben. Zusammenfassend lässt sich sagen: Wenn du auch von ADHS betroffen bist – dann ist dieses Buch für dich. Danke, dass du dein Geld dafür ausgegeben hast. Es ist eine überwältigende Ehre, die Chance zu erhalten, dir etwas Perspektive für dein Leben anzubieten. Wie schon mein Freund, der Radio- und TV-Moderator Charlamagne tha God sagt: »Ich werde mir von niemandem den Mund verbieten lassen.« Und wenn das bedeutet, dass ich es zu Papier bringe, damit die Welt es lesen, kritisieren, lieben und hassen kann, dann ist es so. Ich werde meine Momente leben. Ich habe das Gefühl, dass dieses Buch dir dabei helfen wird, dasselbe zu tun.

Ich verwende in diesem Buch jede Menge Geschichten von echten Menschen aus dem echten Leben, die wirklich passiert sind. Denn ohne die ist dieses Buch nichts anderes als eine Sammlung von Anregungen. Ich weiß nicht, wie es dir geht, aber so sehr ich auch Gefallen an Anregungen finde, will ich trotzdem wissen, dass sie auch funktionieren! Weil mein Leben und das der Menschen, die mir vertrauen, etwas Persönliches ist, ändere ich manchmal einen Namen oder eine Eigenschaft ab oder gebe nur eine vage Beschreibung einer Sache, um die Privatsphäre zu schützen. Aber die Geschichten, die ich verwende, sind echt.

Ich bin ein bekennender, auffallend freimütiger Nachfolger Jesu. Das ist wichtig, weil alles, was ich tue oder sage, direkt aus dem Blickwinkel meines Glaubens kommt. Und der ist ausschließlich und völlig in Jesus Christus verwurzelt. Das ist nicht meine Religion. Das ist meine Beziehung mit Gott. Großer Unterschied. Wenn du dieses Buch liest, musst du nicht das glauben, was ich glaube. Die eiskalte Wahrheit über Jesus und darüber, wofür er stand und steht, ist, dass du überhaupt nicht glauben musst, dass er der war, der er zu sein behauptete. Du musst auch nicht glauben, was ich über ihn sage, um von seinem Leben zu profitieren. Die meisten erfolgreichen »Motivationsredner« klauen eigentlich nur bei den Lehren der Bibel – sie entfernen das Wort Bibel, beziehen sich nicht auf den Autor und kassieren ordentlich ab. Was ich herausgefunden habe, ist, dass es dein Leben auf dieser Erde definitiv verändern kann, wenn du das tust, was Jesus gesagt hat. Es kann dein Verhalten und deine Einstellung verändern. Aber das ist nicht der Grund, warum Jesus auf diese Erde kam. Er kam nicht als nette Zugabe und um »dein Leben besser zu machen«. Er ist die Errettung. Er ist der Preis. Er ist die Antwort. Er behauptete, Gott zu sein, und ich glaube, dass er es ist. Ich folge Jesus nach, weil er mein Leben gerettet und mir ein neues Leben gegeben hat, und er ist der Einzige, der etwas daran ändern kann, wo wir die Ewigkeit verbringen. Du kannst also das hier lesen und trotzdem bei dem bleiben, was du glaubst. Aber du musst verstehen, dass das, was mich »anders« macht, Gottes Gnade ist. Ja, ich strenge mich an. Ja, ich habe mir Prinzipien angeeignet, die mir bisher wirklich geholfen haben, in meinem Leben etwas zu bewirken. Aber ich kenne viele Menschen, die sich anstrengen – die sich sogar noch viel mehr anstrengen. Ich kenne viele Menschen, die ganz eifrig Zeit, Mühe und Leidenschaft in verschiedene Dinge ihres Lebens gesteckt haben, aber zu einem ganz anderen Ergebnis kamen. In Wirklichkeit wissen wir nicht immer, was zum »Bestimmer« in unserem Leben wird. Sei vorsichtig, wenn andere dir sagen: »Wenn du genau DAS hier tust, dann wird genau DAS dabei herauskommen!« So ist es nicht. Dieses Leben ist ein Wimpernschlag. Ein Hauch. Es ist also wichtig, was wir tief in uns glauben. Ich werde dir mit diesem Buch nicht »meinen Glauben aufzwingen«. Eigentlich genau das Gegenteil. Das ist kein »christliches Buch«. Was soll das überhaupt sein? Ich habe noch nie gesehen, dass irgendeiner anderen glaubensbasierten Gruppe jemals so sehr ein Stempel aufgedrückt wurde. Ich habe auch noch nie Sachen gehört wie: »Lies doch mal das Buch von diesem Kühe anbetenden Autor.« Oder: »Sieh mal, was dieser Hip-Hopper zu sagen hat. Er ist ein Autor, der nur sich selbst anbetet.« Das macht man nur mit Christen. Also tu das nicht. Aber sei dir auch bewusst, dass mein Glaube an Jesus der einzige Faden ist, der den Stoff meines gesamten Lebens verkettet. Du glaubst, was du glauben musst. Ich glaube, was ich glauben muss. Und selbst wenn es sich unterscheidet, wirst du vermutlich feststellen, dass wir uns in vielen wichtigen Dingen einig sind. Lies dieses Buch mit einer offenen Haltung, dann wird es dir ganz bestimmt einige Türen aufschließen.

Wenn notwendig, greife ich auch auf Geschichten über Menschen zurück, die für »berühmt« gehalten werden. Die Tatsache, dass diese Menschen berühmt sind, ist für mich eher unbedeutend. Ich liebe die Menschen unabhängig von ihrem Status. Doch in unserer Kultur erreicht man mit Prominenz viel. Prominenz ist die Vorstellung, dass Ruhm gleichbedeutend mit Wert ist. Ich bin anderer Meinung. Ruhm *kann* Einfluss bedeuten, aber oft bedeutet berühmt zu sein, einfach nur bekannt zu sein, ohne irgendetwas Positives bewirkt haben zu müssen. Trotzdem sind es die Namen von berühmten Personen und Organisationen, die Geschichten interessant machen, Clubs zu Bekanntheit verhelfen und irgendwelchen Dingen einen wertlosen Status verleihen. Ich freue mich, dass ich mir diese Logik zunutze machen kann, um auf etwas Erlösendes und Bedeutendes hinzuweisen. Man stellt mir häufig Fragen über Promis, und normalerweise sage ich dazu nicht viel, weil ich gar nicht die Zeit dazu habe. Hier schon. In unserer Gemeinde in New York City sind wahrscheinlich 99,9 Prozent keine Promis. Die Medien haben noch nie darum gebeten, eine Geschichte über unbekannte Menschen und ihre tollen Eigenschaften machen zu dürfen. So oft bekommen wir Begriffe wie »Promi-Gemeinde« zu hören. Das erzeugt ein falsches Bild. Aber genau das ist es: Es ist das Bild von jemand anderem. Der große Vorteil davon, ein Buch zu schreiben, ist, dass wir diesen einen Aspekt, der uns so viel Aufmerksamkeit bringt, genau beleuchten können. Darum habe ich auch Geschichten von Menschen eingebaut, von denen du vielleicht schon einmal etwas gehört hast – weil sie dem großen Ganzen andere Perspektiven hinzufügen. Aber ich glaube nicht, dass dies *meinem* Wert etwas hinzufügt. Ich bin 38 Jahre alt. Meine Frau Laura ist unglaublich toll und wahnsinnig in mich verliebt. (Wenn ich das sage, dann solltest du wissen, dass wir drei Kinder haben, und alle drei haben Anfang Juni Geburtstag. Es ist offensichtlich, dass sie verrückt nach mir ist, vor allem im Oktober. Hallo!) Und meine Kinder finden mich eigentlich auch ganz toll. Aus diesen Faktoren setzt sich mein Selbstwert zusammen. Ich fühle mich also in meiner Coolness absolut sicher, ohne überhaupt einen Promi kennen zu müssen, mit einem in Verbindung gebracht zu werden oder Geschichten von einem zu erzählen. Dennoch wäre es nachlässig, die oberflächliche Attraktivität des Ruhms nicht dafür zu nutzen, um zu zeigen, wie er trotzdem in manchen Situationen ein Licht sein kann.

LEBE

DEN

MOMENT

EINLEITUNG

LEBE DEN MOMENT. Die Idee dahinter scheint ganz einfach zu sein. Es gibt buchstäblich Millionen und Abermillionen von Momenten in unserem Leben, die wir entweder maximal ausleben oder verpassen werden. Je nachdem, ob wir eher zu Ersterem oder zu Letzterem neigen, wird das große Auswirkungen darauf haben, wie das fertige Bild unseres Lebens letztendlich aussehen wird.

Ich war noch nie ein großer »Puzzler«. Und damit meine ich, dass ich Puzzles *hasse.* Aber wenn du Kinder hast, musst du einiges ertragen, wie ihnen dabei zuzusehen, wie sie ganz langsam zusammensetzen, was irgendwann einmal in der Zukunft – abhängig von der Aufmerksamkeitsspanne des besagten Kindes – zu einem Bild werden wird. Manche Teile sind ganz klein, andere größer, und du kannst ein oder zwei weglassen, wenn dir danach ist, aber am Ende wird es so aussehen, als ob da irgendetwas fehlt. Schlimmer noch, du kannst dasitzen und dir all die Teile ansehen und darauf warten oder hoffen, dass eines Tages jemand kommt, der all dem einen Sinn gibt und es für dich zusammensetzt.

Ich glaube, unsere Kultur – die auf schnelle Befriedigung aus ist, Abkürzungen auf dem Weg zum Erfolg sucht, ständig filmt, was gerade erlebt wird, um es später einmal, wenn überhaupt, ansehen zu können, und eine Opfermentalität hat, die so stark ist, dass es selten die eigene Schuld ist, wenn Dinge nicht wie gewünscht oder gewollt geschehen – treibt uns in die Hektikfalle.

Was bedeutet, dass wir uns zwar in diesem Leben befinden, es aber nicht wirklich *leben*. Dass wir körperlich anwesend, aber geistig abwesend sind. Dass wir nur für Leistung, Erfolg und Errungenschaften leben, dass wir diese Dinge immer weiter anhäufen, nur um herauszufinden, dass sie nicht das sind, als was man sie angepriesen hat.

Weißt du, was mein Ziel ist? Ich will, dass die Momente meines Lebens mir gehören. Klar will ich ein Foto von meinem Sohn machen, wie er Fahrrad fährt … aber ich will auch mein Handy weglegen und wirklich zusehen, wie er es tut! Ja, ich will mich anstrengen und Geld sparen und dafür sorgen, dass meine Kinder, wenn sie eines Tages mein Haus verlassen, einen guten Start bekommen, der ihnen in jeglicher Hinsicht hilfreich sein wird. Aber ich will nicht, dass sie zu Hause ausziehen als völlig Fremde, weil ich so damit beschäftigt war, für ihre Zukunft zu sorgen, dass ich ihre Gegenwart verpasst habe.

Ich glaube an dieses Buch, mit meinem ganzen Sein. Weil es nicht immer um Leben oder Tod geht, wenn du mal eine Chance verpasst. Wenn du gezögert hast, dich mit jemandem zu verabreden, den du gerne magst, und stattdessen ein anderer die Chance genutzt hat und du jetzt immer noch Single bist, dann entspanne dich – es wird noch mehr solcher Momente geben. Wenn du den Hochzeitstag vergessen hast und es dir erst einen Tag später eingefallen ist und dein Ehepartner dann gesagt hat: »Schönen Dank auch«, musst du dich vielleicht eine Zeit lang mit der Couch begnügen, aber du kannst den nächsten Hochzeitstag zu etwas Besonderem machen. Uns allen entgehen mal wichtige Augenblicke. Meine größere Sorge – in meinem eigenen Leben und im Leben derer, die dieses Buch in die Hand nehmen –, gilt dem, dass Momente zu verpassen, die nicht so wichtig erscheinen, zu einem Verhaltensmuster werden kann und wir dadurch wichtige

Momente, Verbindungen, Beziehungen und Erfahrungen versäumen, die das Leben ausmachen. Und sei versichert: Bei einigen Momenten geht es auch um Leben und Tod.

Unsere ersten paar Jahre in New York City, in denen wir diese großartige Gemeinde gegründet haben, waren sehr stürmisch. Wir hatten nicht so viel Erfahrung (eigentlich *gar keine*), aber dafür umso mehr Leidenschaft! Und die Menschen und das Tempo, die New York City bestimmen, erfordern jedes bisschen Leidenschaft, das man aufbringen kann. Zu lernen, wie man den Moment nutzt, kann entscheidend dafür sein, ob man ein Taxi bekommt oder nicht, ob man ein kleines Stückchen Platz in der nächsten U-Bahn ergattert oder ob ein Mixtape, ein Drehbuch oder eine vorgetragene Geschäftsidee Erfolg hat. Weil man in New York City nämlich ständig an Dinge oder Menschen gerät, die entscheidende Auswirkungen haben können. Sekundenbruchteile können über Millionenbeträge entscheiden! Was Menschen anbelangt, kann ein genutzter Moment auch Leben retten. Da wir keine Ahnung haben, was jemand anderes vielleicht gerade durchmacht, könnte der Moment, den wir uns nehmen, um Hallo zu sagen, eine ermutigende Textnachricht zu verschicken oder jemanden anzurufen, nur um ihm zu sagen, dass er geliebt wird, für diese Person einfach alles bedeuten. Momente sind wichtig.

Zwei meiner besten Freunde und ich hatten mit einem Freund zusammengearbeitet, den man als »klassischen New Yorker« bezeichnen könnte. Er war Model, Modedesigner und traf einige wirklich gute Entscheidungen am Aktienmarkt, die es ihm ermöglichten, viel Geld zu besitzen und auszugeben. Ich weiß nicht, wie viele Firmen er besaß, aber ich weiß, wie viele Millionen Dollar er für Dinge ausgab, die nicht wirklich wichtig waren. Sagen wir einfach mal, dass er in dem, was er tat, sehr, sehr gut war. Er hatte auch eine schlimme Kokain- und Heroin-Abhängigkeit, die ihm fast zwanzig Jahre lang zu schaffen gemacht hatte. Ich hatte schon von »funktionierenden Süchtigen« gehört, bevor ich nach New York City gekommen war, aber ich stellte mir darunter immer Menschen aus dem Film *Joe Dirt* vor, die in irgendeinem verschlafenen Nest leben und gerade so über die Runden kommen. Mir war nicht klar, dass man nicht nur funktionieren konnte, wenn man von tödlichen Betäubungsmitteln hochgradig abhängig war, sondern in manchen Bereichen tatsächlich noch Erfolg haben konnte.

Mein Freund war seit ganzen fünf Monaten clean, aber während der letzten zwei Wochen waren mir einige merkwürdige Dinge aufgefallen, die mir Sorgen machten. Ich fragte bei meinen zwei Freunden nach, die diesen Menschen genauso sehr liebten wie ich, und tatsächlich hatte keiner von uns während dieser ganzen Zeitspanne irgendetwas von ihm gehört. Wenn bei diesem Kerl alles rund läuft, dann ist er so einer, der zehn Textnachrichten pro Tag schreibt. Der Unterschied war also krass. Wir kamen alle zu demselben Schluss: Er hatte sich höchstwahrscheinlich zu einer Drogenorgie in seiner exklusiven Penthousewohnung eingebunkert. Bei Abhängigen ist das problematisch, weil man nie weiß, ob es dieses Mal das letzte Mal sein wird. Auch sie selbst wissen es nicht. Aber nach zwei oder drei Tagen Heroinkonsum verliert man gerne mal seinen gesunden Menschenverstand.

Wir fuhren zu seiner Wohnung und wir konnten Geräusche hören, sodass wir wussten, dass er da drin war. Ich rief ihn auf seinem Handy an. Ich konnte es klingeln hören. Und er ging ran und sagte: »Ich bin nicht da.« Ich fing an, gegen die Tür zu hämmern und sagte: »Das kann ich hören, Kumpel. Mach die Tür auf. Ich liebe dich. Ich will nur mit dir reden.« Das war eine Lüge, und er wusste, dass es eine war, denn ich hatte nicht vor, mit ihm zu reden. Ich würde ihn genau einmal fragen, ob er in den Entzug wolle. Und wenn die Antwort nein lautete, würde ich ihm eine verpassen und ihn rauszerren. Wir beide waren schon einmal in dieser Situation gewesen, nur dass er damals auf der anderen Seite der Tür mit mir war. Darum wusste er, was kommen würde.

Wir klopften für eine Weile an die Tür, redeten ihm gut zu und stellten schließlich fest, dass es hoffnungslos war. Wir dachten, wir hätten eine Chance, wir taten, was wir konnten, bis sich Niedergeschlagenheit breitmachte. Aber dann bot sich eine weitere Chance. Mein Freund Joe – der gegenüber seinen Freunden und Menschen im Allgemeinen so unnachgiebig ist wie kein anderer – sagte: »Wisst ihr was? Scheiß drauf. Der stirbt heute Nacht nicht.« Sein Bruder John – der genauso extrem drauf ist, wenn es darum geht, niemals aufzugeben – sagte: »Ja, da hast du recht.« Joe sagte: »Wir können diese Feuerleiter da hochklettern. John, ich kann mich hier dranhängen und dich hochziehen und du kannst auf meine Schultern klettern und dann können wir diesen Betonziegel durch sein riesiges Erkerfenster werfen. Und dir, Carl, machen wir die Tür auf und zu dritt können wir ihn dann rauszerren.«

Manchmal wirst du im Leben mit Momenten konfrontiert, die dich buchstäblich zu Tode erschrecken. Aber wenn das, was du liebst oder glaubst, wichtig genug ist, dann wirst du die sich bietende Chance ergreifen. Wenn auch widerwillig, taten wir gemeinsam in jenem Moment genau das, wir kauerten uns zusammen wie eine Football-Mannschaft und beteten, dass die Polizei uns nicht sehen und verhaften möge und dass keiner von uns sterben würde. Du weißt schon, das Wesentliche. Und dann machten sich die beiden Brüder ans Werk.

Es war wie die Szene aus einem Film. Joe kletterte irgendwie an der Feuerleiter hoch. Er streckte seinen Arm hinunter und

John wurde beinahe wie mit einem Katapult von ihm nach oben geschleudert (so etwas haben die beiden ganz sicher nicht zum ersten Mal gemacht). Der Betonziegel lag neben dem Fenster und ich gab meinem Freund noch eine Chance.

»Kumpel, bitte. Mach die Tür auf. Vertrau mir.«

»Nein! Lass mich in Ruhe! Ich will keine Hilfe!«

Ich zeigte mit den Daumen nach oben und als Nächstes hörte man Glas zu Bruch gehen, ein wenig Gerangel und dann flog die Eingangstür auf. Joe hatte unseren Freund sehr liebevoll im Schwitzkasten. John war aus der Puste. In diesem Moment hatte unser Freund bereits aufgegeben.

»Ich geh ja«, sagte er.

Mein Freund blieb am Leben, um einen weiteren Tag anbrechen zu sehen und gegen diese höllische Sucht zumindest noch ein paar weitere Runden zu kämpfen.

Ich denke gerne an diese Szene zurück. Alle darin enthaltenen Faktoren gefallen mir. Aber meine Gedanken landen wieder bei Joe. Er verspürte für einen flüchtigen Moment Glauben und *ergriff* die Chance des Moments. Und das führte zu noch ein paar mehr Momenten, die jetzt, wenn wir auf sie zurückblicken, echt krasse Erinnerungen sind, die mir für allezeit im Gedächtnis bleiben werden. Aber dieses Puzzle setzte sich nicht von selbst zusammen. Wir haben es zusammengesetzt.

Ich habe dieses Buch geschrieben, weil es egal ist, wer du bist, was du machst oder wie gut oder schlecht es heute aussehen mag: Ich weiß, dass wir noch viel besser darin werden können, das Beste aus dem herauszuholen, was wir haben. Indem wir uns auf das konzentrieren, was wir tun *können*. Vielleicht, und nur vielleicht, liegt irgendwo ein Betonziegel herum, den du durch die

Glaswände werfen kannst, die dein Leben umschließen. Das wird nicht plötzlich geschehen, aber der Prozess kann beginnen, wann immer du es willst! Tag für Tag. Schritt für Schritt. Entscheidung für Entscheidung. Stück für Stück. Wenn du die Chancen ergreifst, die direkt vor dir liegen, wird es eines Tages, wenn du dich hinsetzt, um deine Lebensgeschichte zu erzählen, wohl eine ganze Weile dauern. Dann wirst du nämlich eine Menge Momente erlebt haben, die ihr eigenes Mikrofon verdienen.

KAPITEL 1

ÜBERRASCHUNG! WAS DU SIEHST, IST NICHT DAS, WAS DU BEKOMMST

MEIN GANZES LEBEN LANG BIN ich immer wieder in überraschenden Situationen gelandet. An Plätzen, für die ich eigentlich nicht in Frage komme. Vor offenen Türen, um die ich nicht gebeten hatte. Ich habe Chancen erhalten, die viel, viel größer sind als meine natürlichen Fähigkeiten. Doch da war ich, hier bin ich und dort werde ich höchstwahrscheinlich auch in Zukunft sein.

Im kalten Wasser.

Das ist okay für mich, denn ich will nicht, dass man irgendwann einmal von mir sagt: »Was, dieser Carl Lentz? Der hat sein Potenzial ausgeschöpft!« Was für eine Schande wäre das. Potenzial ist etwas Tolles und ich spreche oft darüber. Aber auf keinen Fall will ich, dass mein Lebensweg sich nur mit meinem »Potenzial« deckt. Ich will weiterhin Dinge tun, die offensichtlich nichts mit dem zu tun haben, was ich von Natur aus kann. Mein derzeitiger »Beruf« – Pastor einer lokalen Kirche – ist ein eindeutiges Beispiel dafür.

Ich wuchs in einer Familie auf, die nicht perfekt war, aber die sich ziemlich nahestand. Meine Mama und mein Papa sind jetzt fast fünfzig Jahre verheiratet und ich habe gesehen, wie sie einander aufopferungsvoll und treu lieben, jeden Tag meines Lebens. Ich habe drei Schwestern, die alle auf ihre eigene Weise sensationell sind. Obwohl die Entfernung zwischen uns den Kontakt und die regelmäßige Kommunikation erschwert hat, da wir alle erwachsen geworden sind und unser eigenes Leben leben, waren sie immer meine drei besten Freundinnen und werden es auch immer bleiben. Mary, Bethany und Corrie haben mir immer den Rücken gestärkt und waren in jeder Phase meines turbulenten Lebens meine größten Unterstützer.

Es gibt ein Foto, das über meine Kindheit als einziger Junge in einem Haus mit vier Frauen definitiv Bände spricht. Ich habe einen Cowboyhut auf, trage ein Westernhemd, ein Halfter mit zwei Spielzeugpistolen, Jeans … und High Heels. Ich war ungefähr sechs Jahre alt, aber offensichtlich vertraute ich blind einer meiner Schwestern, die dachte: *Das wird lustig, wenn er älter wird.* Ich hab einfach mitgemacht. Was soll's. Wir alle haben solche Fotos.

Unsere Familiendynamik war in einer Beziehung mit Jesus verwurzelt. Wir waren keine »religiöse Familie«, sondern eine mit einem echten, lebendigen und aktiven Glauben. Der Unterschied zwischen den beiden liegt darin, dass Religion fast immer als etwas weitergegeben wird, das nicht hinterfragt wird. Meine Eltern erzogen uns aber so, dass wir selbst nach der Wahrheit forschen sollten. Auch heute, wenn ich Menschen frage, warum sie glauben, was sie glauben, ist ihre Antwort oft: »Meine Mutter hat gesagt …« Oder: »Die Gemeinde, in der ich groß geworden bin, glaubt …« Worauf ich dann sage: »Das reicht nicht!« Irgendwann einmal muss jeder selbst entscheiden, was er denn glaubt. Meine Eltern machten das so gut, dass sie es sogar zuließen, dass ich mich vom Glauben abwandte. Sie vertrauten darauf, dass die Wahrheit letztlich siegen würde, und das tat sie.

Aber eine Zeitlang entschied ich mich, einen anderen Weg einzuschlagen. Ich spielte liebend gern Basketball, verschrieb mich ihm mit Haut und Haaren und das wurde mein Ein und Alles. Ich war auf der Highschool gerade oft genug anwesend, um meine Noten auf einem Niveau zu halten, dass ich mit dem Basketball nicht aufhören musste. Ich war überraschend gut. Ich bin 1,88 Meter groß und nicht besonders athletisch gebaut, aber ich lernte schnell, dass man ziemlich weit kommen kann, wenn man sich genügend anstrengt und halbwegs begabt ist. Das gilt für alles.

Mit meinen durchschnittlichen Fähigkeiten schaffte ich es bis an die Spitze des College-Basketballs, in das hochgelobte Team der Atlantic Coast Conference (ACC) und ergatterte irgendwie einen Platz im Team des Bundestaates North Carolina. Ich erinnere mich daran, dass ich bei der UNC (*University of North Carolina*) und in der Cameron-Stadionhalle der Duke-Universität spielte – Orte, die mir bis dahin wie eine Fantasiewelt erschienen waren – und dachte: *Ich kann gar nicht glauben, dass ich hier bin!* Jeder andere, der mich in dieser Mannschaft gesehen hat, wird mit Sicherheit dasselbe gedacht haben. Aber ich war da.

Das wurde zu meinem Lebensmuster. Nachdem ich mich dann entschieden hatte, mein konventionelles Studium abzubrechen und nach Australien auf die Bibelschule zu gehen, geschah dort dasselbe. Brian Houston sah etwas in mir, dem sehr rohen (was ich immer noch bin), unverblümten und leidenschaftlichen jungen Bibelschüler, und beschloss, mir zu helfen. Mich anzuleiten. Mich zu lehren.

Brian ist der globale Senior-Pastor von Hillsong Church und meiner Meinung nach der vielleicht bedeutendste Gemeindepastor seit sehr, sehr langer Zeit. Vieles von dem, was heute in den

Gemeinden an der Tagesordnung ist, hat Brian ins Leben gerufen. Ein Zusammenwirken von mehreren Gemeinde-Campussen; eine Vision für eine Gemeinde, die an ganz unterschiedlichen Standorten nicht voneinander losgelöst, sondern zusammen arbeitet; und vor allem ein Predigtstil, der so praktisch und inspirierend ist, dass man die Gemeinde nicht verlassen will, wenn der Gottesdienst zu Ende ist. (Viele von uns waren doch schon in solchen Gottesdiensten, in denen wir ein Stoßgebet gen Himmel schickten: »Bitte Gott, mach, dass es aufhört.«) Brian war einer von wenigen mutigen Leitern, die ernsthaft neue Dinge ausprobierten, um Menschen zu erreichen. Dass er sich überhaupt um mich gekümmert hat, war echt eine Überraschung.

Aber das Sahnehäubchen auf dem »Ich sollte eigentlich gar nicht hier sein«-Kuchen ist die Tatsache, dass ich ein Prediger geworden bin. Ein öffentlicher Sprecher. Als ich mich für eine persönliche Beziehung mit Jesus entschied, sagte ich: »Gott, ich werde alles tun, worum du mich bittest! Nur kein Prediger werden.« Zugegebenermaßen, ein hervorragendes Schlusswort. Ich nahm an, dass ich froh sein kann, überhaupt am Leben zu sein. In meinem ganzen Leben hatte ich noch nie vor einer größeren Öffentlichkeit gesprochen und es mir auch nicht nur im Entferntesten gewünscht, weil ich wusste, dass Prediger und Sprecher eine gute Zielscheibe für die Angriffe anderer abgeben. Ich war mir ebenfalls bewusst, dass ich einfach nicht die nötige Begabung hatte. Obwohl ich mich mein ganzes Leben lang immer über meine »natürlichen Fähigkeiten« hinweggesetzt hatte, dachte ich irgendwann einmal, dass ich nun doch »realistisch« werden müsste und meine Ziele etwas herunterschrauben sollte. Doch Gott – wie ich inzwischen nur allzu gut weiß – ist an unserer Vorstellung von unserem eigenen Potenzial nicht besonders interessiert. Egal, wie sehr du dich anstrengst, dich zu verstecken.

Eines Tages tauchte ich nicht anders als sonst, im Vollbesitz meiner Bücher, meines Potenzials und meiner Angst und Abscheu vor dem öffentlichen Sprechen, in der Bibelschule auf. Nur war es dieses Mal kein gewöhnlicher Tag; es war ein Tag, der den gesamten Lauf meines Lebens verändern sollte. Jeden Dienstag hatten wir eine Andacht, die mir immer sehr gefiel. Erst machten wir Musik, dann stand jemand auf und predigte und danach nahmen wir den Tag in Angriff. Aber an diesem Tag stand Phil Dooley auf – inzwischen ist er Pastor von *Hillsong Südafrika* und einer der ermutigendsten, liebevollsten und fröhlichsten Mentoren, die ich je hatte. Er sagte: »Heute werden wir für andere Länder in Not beten. Ich werde verschiedene Schüler bitten, nach vorne zu kommen und für ihr Land zu beten.« Er fing an Namen aufzurufen: »Thomas aus Dänemark, komm nach vorne. Nick aus Australien, komm nach vorne.« Das Herz rutschte mir in die Hose, als er mit dem Verlesen seiner Todesliste fortfuhr. Dann kam: »Carl aus den USA, komm nach vorne und bete für dein Land.«

In dem Moment, in dem ich meinen Namen hörte, stahl ich mich vom vorderen Teil des Raums durch die Menge nach hinten. Dann fing ich an zu rennen, raste aus dem Raum und wollte mich verstecken. Die erste Möglichkeit, die sich mir bot, war die Toilette, und die nahm ich. Ich verriegelte die Toilettentür, klappte den Toilettendeckel herunter und stellte mich drauf, um sicherzugehen, dass nichts von mir zu sehen war. Ich blieb dort etwa fünfundvierzig Minuten. Und einen Moment lang betrachtete ich – zusammengekauert in einer Toilettenkabine, versteckt aus Angst, auf der meinem Geburtsort buchstäblich entgegengesetzten Seite unseres Planeten, nach allem, was ich bisher durchgemacht hatte – meine gegenwärtige Situation. Hier war ich nun, ein erwachsener Mann, der schon große Entscheidungen getroffen hatte, Schritte im Glauben zu wagen, die mich dazu gebracht hatten, mich über fast jedes bisschen meines gefühlt mageren Potenzials hinwegzusetzen, und versteckte mich, weil ich zu große Angst hatte, etwas zu tun, von dem ich glaubte, es nicht zu schaffen. Ich schüttelte den Kopf, schloss meine Augen und betete etwas, das ich heute manchmal bereue! Aber meistens danke ich Gott dafür, dass ich es getan habe: »Von nun an, Jesus, werde ich durch jede Tür gehen, die du mir auftust. Egal, wie dumm ich dabei aussehe. Auch wenn ich glaube, es nicht zu schaffen. Du hast mir nicht das Leben gerettet, damit ich mich voller Angst in einer Toilettenkabine verschanze. Das verspreche ich von nun an.«

An jenem Tag ließ ich einen Teil meiner Angst, meiner Zögerlichkeit und meines inneren Selbsturteils hinter mir. Ich sage bewusst »einen Teil«, denn es gibt keinen einzigen Menschen auf der Erde, der alle Schwächen, die seine Identität und Sicherheit betreffen und die Folge menschlicher Unvollkommenheit sind, vollständig überwunden hätte. Aber an jenem Tag setzte ich mich über mein *gesamtes* Potenzial hinweg. Seither überrasche ich andere mehr denn je. Ich überrasche sogar *mich selbst*! Durch Gebet, durch Ausprobieren und indem ich mich mit Menschen umgebe, die in so vielen Bereichen besser sind als ich, bin ich ein Beispiel dafür, was Gott mit jemandem tun kann, der nicht besonders toll, sondern einfach *verfügbar* ist. Offen dafür, gebraucht zu werden. Interessiert daran, herausgefordert zu werden. Ich habe mich dazu entschlossen, ein Leben zu führen, das ständig außerhalb meiner Komfortzone liegt. Es ist nicht einfach, es ist einfach besser.

Die einzige Person, die ich wohl nicht überraschen kann, ist Cathy Lentz. Sie ist meine Mutter, und Mütter sind die besten. Sie können in ihren Kindern irgendwie Dinge sehen, die diese in sich selbst nicht sehen können. Ich glaube, meine Mutter hat mich noch nie predigen gehört, ohne dabei zu weinen und mir hinterher zu sagen: »Das war DIE BESTE Predigt, die ich je gehört habe. Ich wusste, dass all das in dir steckt.« Jeder andere, der das sagt, lügt im Grunde. Cathy Lentz jedoch hat recht. Meine Mutter war immer so ermutigend zu mir, dass sie selbst in meinen schlimmsten Momenten etwas Gutes sehen konnte. Sie ist die Art von Mutter, die ihren Sohn gegen Kaution aus dem Gefängnis holt und sagt: »Du hast zwar eine Straftat begangen, aber wenigstens war es eine schwere Straftat! Wenn du schon einen Fehler machst, dann wenigstens einen großen!« (Ich wurde bislang erst einmal verhaftet und meine Mutter wusste nichts davon. Bis jetzt. Entschuldige, Mama! Ich hab dich lieb!)

Aber jetzt, mit 38 Jahren, weiß ich, wo meine Mutter den Stoff für ihren Glauben herhatte. Kein seltsames Zeug wie: »Du schaffst es, wenn du nur genügend glaubst!«. Ich spreche von einer Frau, die sagt: »Ja, es gibt natürliche Begrenzungen im Leben, aber Gott ist das einfach egal.« Es ist diese Art von Glaube, der sagt: »Mach dich auf den Weg, geh auf volles Risiko und schau, was dann passiert.« Der Glaube, dass dein Potenzial in Wirklichkeit ein Gefängnis ist. Kein bösartiges, aber dennoch ein Gefängnis. Denn wenn du dich auf dein Potenzial verlässt, was schaffst du dann? Dieses Leben, das ein wilder Ritt durch Siege, Verluste, Tränen und Freude sein sollte, wird dann gar nicht erst beginnen. Wenn du dir die Mentalität zu eigen machst, dass du auf dein Potenzial in diesem Leben beschränkt bist, wird es zum Gefängnis. Ein Gefängnis der

Begrenzung, des Vertrauens auf sich selbst und der Meinungen von anderen, die keine Ahnung haben, was wirklich in dir stecken könnte und momentan nur nicht sichtbar ist. Als ich lernte, die Bibel wirklich zu studieren, fand ich echt interessant, dass Jesus sich weigerte, die Begrenzungen zu akzeptieren, die die Menschen ihm so gerne auferlegen wollten. »Dieser Typ ist ein Zimmermann aus einer kleinen Stadt.« Tatsächlich war er der größte Veränderer und Kulturwandler, der jemals auf dieser Erde gelebt hat. Das Gefängnis des Potenzials hat eine unverschlossene Tür, die viele Leute darin festhält. Ich habe beschlossen, aus dieser Gefangenschaft herauszutreten, und diese Option steht allen offen.

Immer wenn meine Mutter sagte: »Carl, träume groß. Liebe die Menschen. Fang nochmal an. In dir steckt noch mehr. Ich glaube an dich«, zitierte sie eigentlich eine Bibelstelle, die zu meiner Rettungsleine wurde, nämlich Epheser 3,20–21. Sie lautet so: »Dem aber, der weit über die Maßen mehr zu tun vermag als wir bitten oder verstehen, gemäß der Kraft, die in uns wirkt, ihm sei die Ehre in der Gemeinde in Christus Jesus, auf alle Geschlechter der Ewigkeit der Ewigkeiten! Amen.«

Dieses Buch richtet sich nicht an Menschen, die mit ihrem Potenzial zufrieden sind. Ich wäre nicht geeignet, darüber zu sprechen! Denn wenn mein Leben für irgendetwas steht, dann dafür, dass Gott schon immer kaputte, ungeeignete Menschen gebraucht hat und auch immer gebrauchen wird, um diese Welt zu verändern. Ich weiß nicht, ob du dich jemals in deinem Leben in der sprichwörtlichen Toilettenkabine versteckt hast. Vielleicht befindest du dich jetzt gerade dort! Oder dir wird klar, dass du irgendwann einmal dort landen könntest. Bitte erinnere dich daran, dass niemand an deinem natürlichen Potenzial interessiert ist. Potenzial hat noch nie die Welt verändert. Ich glaube nicht, dass der Gott, der dich erschaffen hat, an deinem Potenzial interessiert ist. Ich glaube, dass der Gott, an den ich glaube, nicht nach »perfekten« Menschen Ausschau hält. Er hält Ausschau nach Menschen, die »verfügbar« sind.

Vielleicht ist es an der Zeit, dass du anfängst, andere mit Dingen zu überraschen, die sie *nicht* von dir erwartet hätten. Ein neuer Traum, eine neue Zukunftsperspektive, neuer Elan. Ich glaube, es ist an der Zeit. Ich will, dass mein Leben letztendlich eine riesige Überraschungsparty ist. Vielleicht können andere irgendwann einmal über dich und mich sagen: »Diese Menschen haben mich wirklich überrascht! Ich hätte nie geglaubt, dass das alles in ihnen steckt!«

Dann können wir lächeln und sagen: »So war es auch nicht. Das war Gott. Und er kann dasselbe auch für dich tun.«

Lebe den Moment

Häufig kann das, was wir *sagen*, in unserem Leben zu dem werden, was wir *sehen*. Gewöhne dir an, das Richtige, das Positive, das Gesunde auszusprechen, auch wenn du extremen Widerstand oder Negativität erlebst. Es geht um mehr als ein positives Bekenntnis – es geht um einen Anker für dein Leben, der nicht zulassen wird, dass das, was dir widerfährt, Auswirkungen haben wird auf das, was *durch dich* kommt.

KAPITEL 2

SO IST ES EBEN

ICH HABE GERN DIE KONTROLLE über Situationen, wenn möglich. Ich brauche zum Beispiel manchmal mindestens fünf Anläufe, um die Beleuchtungssituation richtig einzustellen, bevor ich es mir zu Hause gemütlich machen kann. Meine Frau sagt, ich sei komisch und hätte eine Zwangsneurose. Darauf sage ich ihr, dass es mir Spaß macht, den Dimmer, den ich gekauft habe, auch maximal zu nutzen.

»Standard« war noch nie mein Ding. Ich finde, das sollte es für keinen von uns sein, um es klar zu sagen. Denn fast immer ist »Standard« der grundlegendste, durchschnittlichste, unspektakulärste Rahmen überhaupt. Der Standard der Menschheit? Die Geschichtsbücher sind voll mit Tod, Gemetzel und egozentrischen Vorurteilen. Der Standard von Beziehungen? Zwei Menschen, die in unterschiedliche Richtungen gehen. Wenn wir nicht ständig bemüht sind, von den »Standards« in unserem eigenen Leben wegzukommen – wie wir denken, wie wir lieben, wie wir andere behandeln –, führt diese Einbahnstraße in ein Leben, das niemanden berührt! Menschen, die nicht wissen, dass wir eigentlich eine Option auf Mehr haben, sagen Sachen wie:

»So wurde ich geboren. So bin ich eben.«

»Ich bin Ire! Und Iren trinken nun mal. Das ist unser nationaler Zeitvertreib.«

»Keiner aus meiner Familie hat je einen Hochschulabschluss gemacht. So ist es halt bei uns.«

»Meine Eltern waren geschieden. Deren Eltern waren geschieden. Ich will keine Scheidung, aber seien wir mal ehrlich: Das liegt in der Familie.«

»Ich bin weiß. Für spektakuläre Korbwürfe kann ich einfach nicht hoch genug springen, von daher wird auch kein Dunk Contest Teil meiner Zukunft sein.«

Obwohl die letzte Aussage tatsächlich stimmt (trotzdem ein Hoch auf Brent Barry!), ist es eine Lüge, dass wir die schon lange bestehenden Festungen in unserem Leben nicht verändern können. Vielleicht gefällt dir nicht, wo du jetzt stehst, aber das, worauf du innerlich festgelegt bist, hat dich dorthin geführt. Jedes einzelne Mal. Ist dein Leben voller kaputter Beziehungen? Dann gibt es eine Einstellung, irgendwo in deiner Seele, die du noch nicht geändert hast. Irgendwo hast du Worte oder Gedanken aufgeschnappt, die nicht wahr sind, aber sie haben dich genau dorthin gelenkt, wo du jetzt bist.

Manchmal ist es hilfreich, wenn du dir anschaust, wo du früher einmal warst und wo du hinwillst, um sicherzugehen, dass diese Koordinaten weit auseinanderliegen. Wie um alles in der Welt Menschen erwarten können, dass sie an neue Orte gelangen, neue Dinge erreichen, obwohl sie null neue Entscheidungen treffen, wird wohl immer ein Rätsel bleiben! Aber nicht für mich. Unser »Standard« gibt nie wirklich Ruhe. Er wird immer wieder ein Anziehungspunkt für uns sein. Aber wir können immerhin dafür sorgen, dass wir wenigstens wissen, dass wir auch andere Entscheidungen treffen können.

Akzeptiere nicht einfach die Richtung, in die du gehst, nur weil du bislang keinen anderen Ort kennengelernt hast.

Kürzlich sind wir mit unserer Familie in ein anderes Haus gezogen. Nur ungefähr drei Kilometer von unserem alten entfernt, aber wir brauchten mehr Platz und unser Mietvertrag war bald ausgelaufen. Wir fanden eine Haus in der Nähe, was toll war, weil unsere Kinder die Schule nicht wechseln mussten.

In den ersten zwei Wochen nach unserem Umzug ist mir etwas Lustiges passiert. Mindestens fünfmal war ich mit dem Auto unterwegs, um irgendwelche Besorgungen zu machen, und dachte – wie so oft – laut nach, während ich nach Hause fuhr. Dort angekommen, sah ich auf und bemerkte, dass ich bei unserem alten Haus war! Ich hatte es noch nicht verinnerlicht, dass wir umgezogen waren; wenn ich also nicht bewusst daran dachte, dann fuhr ich dorthin! Ich sah auf mein Handy und natürlich hatte ich meine Einstellung für »Zuhause« noch nicht geändert. Ich hatte einen neuen Wohnort. Aber ich hatte nicht daran gedacht. Es ist lustig und es ist viel zu oft passiert.

Aber weißt du, was ich nicht gemacht habe? Ich bin nicht zu meinem alten Haus gefahren, in dem jetzt neue Mieter wohnen, und habe einfach gesagt: »Oh, hallo, hier bin ich. Eigentlich habe ich hier nichts verloren, aber es ist alles so vertraut. Ich geh jetzt einfach rein, esse etwas und hänge ein bisschen auf der Couch ab. Warum denn nicht?« Nein, das ist ein Verbrechen, das man Hausfriedensbruch nennt!

Freunde, das ist ein fantastisches Bild dafür, was viele Menschen die ganze Zeit machen. »Tja, so denke ich eben. So war ich schon immer. So haben mich die Leute schon immer behandelt. So ist es nun mal.« Ich erlaube mir, da ganz und gar anderer Meinung zu sein! Es wird zwar eine Weile dauern, bis du den Lauf deines Lebens neu skizziert hast, und es wird Momente geben, in denen du mal wieder »in deiner alten Auffahrt stehst«, was dich frustrieren wird. Aber mach trotzdem einen Neustart! Es ist nie zu spät, sich zu bewegen. Es ist nie zu spät, damit zu beginnen, Menschen anders zu behandeln.

Der Haken dabei ist, dass kein anderer als du selbst deine Situation ändern kann. Nur du kannst deinen Standort ändern. Nur du kannst deine Ehe ändern. Nur du kannst deine Tätigkeit ändern. Aber der alte Spruch klingt wahr: »Egal, wo du hingehst, du nimmst dich selbst immer mit.« Denkst du etwa, es ist schon zu spät? Dann denke bitte noch einmal nach.

Ein Mann im Gefängnis erinnerte mich daran durch einen herzlichen Brief, der mich tief berührt hat.

Unsere Gemeinde hat eine eigene Fernsehsendung, die auf der ganzen Welt ausgestrahlt wird, auch in verschiedenen Gefängnissen in den Vereinigten Staaten. Das ist mir besonders wichtig, weil ich für mich ganz bewusst festgelegt habe, dass ich niemals irgendjemanden aufgeben werde und jeder Anerkennung und Würde in diesem Leben verdient hat, unabhängig davon, was er oder sie getan haben mag.

Ich habe das schon früh gelernt, weil meine erste wirkliche Kindheitserinnerung an meinen Vater nicht ein gemeinsam erlebtes Baseballspiel oder eine Geburtstagsparty ist. Sondern ein Gefängnis in Virginia. Mein Vater ging immer in Gefängnisse und predigte den Insassen dort. Er nahm seine Bibel und seine Gitarre mit – eine echt hammermäßige One-Man-Show! Und er liebte diese Männer wirklich von Herzen und machte ihnen Mut. Und manchmal nahm er mich mit. Ich habe nicht viele gesicherte Kindheitserinnerungen, und da ich sicher sein wollte, dass ich die Dinge korrekt wiedergebe, rief ich Cathy Lentz an, die sich an mehr Einzelheiten erinnert als das Finanzamt. Im Folgenden gebe ich das Telefonat wieder, in dem wir uns über jene frühen Tage unterhielten, in denen ich meinen Eltern bei dem zusah, was sie taten.

Mama: Hallo?

Carl: Danke, Mama, dass du rangehst. Sogar schon beim ersten Klingeln.

Mama: Ja, das ist echt ein Wunder, oder?

Carl: Was machst du gerade?

Mama: Ich komme gerade vom Tierarzt. Er hat dem Hund Blut abgenommen. Was ist los?

Carl: Ich schreibe gerade ein paar Geschichten für mein Buch auf. Eine der Geschichten handelt davon, wie ich mit Papa in die Gefängnisse gegangen bin. Wie alt war ich beim ersten Mal?

Mama: Das war, als du mit Papa in der Jugendstrafanstalt in Virginia Beach warst. Tatsächlich war damals die ganze Familie mit dabei. Du warst erst sieben und saßt mit einem 18-jährigen Mann am Tisch, der eine 80-Jährige vergewaltigt hatte. Du hast das nicht gewusst. Und du hast dich mit ihm unterhalten. Er hieß John. Ich erinnere mich an seinen Namen. Und hinterher gab es Erfrischungen. Im Alter von sieben Jahren saßt du also zum ersten Mal dort am Tisch – dieser Kerl war ganz allein. Und ich weiß nicht, was du ihm erzählt hast. Daran erinnere ich mich nicht. Aber ich erinnere mich noch daran, dass wir mit zwei Autos nach Hause gefahren sein müssen. Es war dunkel und nur die Innenbeleuchtung des Autos war an und ich sagte: »Carl, es war so nett von dir, mit diesem Mann zu sprechen. Wie hieß er?« Du sagtest: »Er hieß John.« Und du hattest Tränen in den Augen. Und ich konnte mich kaum aufs Autofahren konzentrieren, weil ich dachte: Du meine Güte, dieser kleine Kerl da weiß ja gar nicht, wer der Typ war. Wahrscheinlich habe ich dir dann gesagt: »Weißt du, er hat etwas ganz Schlimmes getan und er musste unbedingt erfahren, dass Jesus ihn liebt.« Oder so was in der Art – du weißt schon, was Eltern halt so sagen. Aber es war wirklich sehr bewegend. Dann sind wir im März 1986 nach Chicago umgezogen. Und dann hat Papa dich zu Cabrini-Green mitgenommen und an diesen anderen Ort, Humboldt …

Carl: … Humboldt Park! Ich erinnere mich an beide. Ich erinnere mich an Schüsse. Ich erinnere mich daran, wie wir in diese verlassene Küche gegangen sind und Papa uns dort hineinschob, weil es eine Schießerei gab.

Mama: Ja, nur du und er waren dabei und ihr wart mit einem Lieferwagen von der Gemeinde dort. Das ist alles, woran ich mich erinnere. Ich war bei diesem Einsatz nicht dabei. Aber als er zurückkam und sagte, dass ihr warten musstet, bis die Schießerei aufhörte, habe ich wohl so etwas gesagt wie – sicher bin ich nicht, aber wahrscheinlich habe ich gesagt –: »Vielleicht solltest du ihn nicht mehr dorthin mitnehmen.«

Du kannst also sehen, warum ich als Kind dachte, dass jeder die Menschen liebt, und ich sah sie mit Gnade und Erbarmen an. Dass Menschen, die im Gefängnis sind, zwar Fehler gemacht haben, aber dass das nicht bedeutet, dass sie selbst ein Fehler sind oder dass das Urteil über ihre Seele bereits gesprochen ist.

Erst als ich erwachsen wurde, fand ich heraus, dass die standardmäßige Einstellung unserer Kultur das Gegenteil davon ist, das Beste zu glauben und nach Aussöhnung zu streben. Die meisten Menschen gehen immer vom Schlimmsten aus und überhäufen andere mit Verurteilung. Ich erinnere mich daran, wie mein Papa einmal meine Hand hielt, als wir weggingen, und sagte: »Mein Sohn, vergiss nie: Jeder Mensch ist wichtig. Was für ein Vorrecht, diesen großartigen Männern dienen zu dürfen.«

Jetzt wieder zurück zu unseren Fernsehsendungen, die in den Gefängnissen laufen … Jede Woche erreichen mich Dutzende Briefe von Menschen, die inhaftiert sind. Sie enthalten Geschichten darüber, wie sie ermutigt werden, Gebetsanliegen, weil die Depression ihre Seelen fest im Griff hat, Kunstwerke, die wirklich großartig sind, selbst wenn die Gefangenen nicht mehr als einen einzelnen Bleistift zur Verfügung hatten. Jede Woche freue ich mich auf diese Briefe. Aber einen werde ich wohl nie vergessen. Ein Mann schrieb mir Folgendes (für etwas sensiblere Leser wurde der Text bearbeitet):

Lieber Pastor Carl,
vielen Dank für die Arbeit, die deine Gemeinde tut. Ich schaue mir eure Sendung jede Woche an und sie hilft mir dabei, durch diese schwere Zeit im Gefängnis zu kommen. Ich befinde mich wegen Mordes im siebzehnten Jahr einer lebenslangen Frei-

heitsstrafe ohne vorzeitige Haftentlassung. Einen Großteil meines Lebens habe ich damit verbracht, Menschen zu hassen, anderen die Schuld zu geben, und ich war mit meinen festgefahrenen Gewohnheiten zufrieden. Obwohl ich weiß, dass sie mich hierher gebracht haben. Aber gestern habe ich mir eine Predigt von dir angeschaut, in der du vor allem über das Thema Rassismus gesprochen hast. Darüber, dass Rassismus eine sündige, schädliche Denkweise ist, die sich ändern kann, wenn wir Gott erlauben, unser Denken zu öffnen. Während meiner Zeit im Gefängnis nahm mein Hass auf andere Menschen noch zu, vor allem auf Schwarze. Im Gefängnis gibt es nur zwei Farben: schwarz oder weiß. Nachdem ich mir angehört habe, was du gesagt hast, und selbst in meiner Bibel gelesen habe, kann ich stolz von mir behaupten, nicht mehr derselbe zu sein. Ich habe jetzt sogar viele schwarze Freunde in diesem Gefängnis, die ich als »Brüder« bezeichne. Ich bin mit meiner Art zu denken noch nicht da angekommen, wo ich gerne sein möchte. Aber ich bin auch nicht mehr da, wo ich einmal war. Jeden Tag wird es ein Stück besser mit mir.

Beim Lesen kamen mir die Tränen. Immer noch, wenn ich daran denke. Denn hier ist ein Mann, der im Grunde »erledigt« ist. »Vergessen«. Zumindest ist das die Standarddenkweise für jemanden, der im Gefängnis ist, oder nicht? Aber nicht für ihn. Er hat seine Situation verändert. Vielleicht ist es in vielen Bereichen zu spät, um die Frucht dieses Neuanfangs in seinem Leben außerhalb der Gefängnismauern sehen zu können. Aber ich weiß mit Sicherheit, dass dieser Mann ein stärkeres und erfüllteres Leben führen wird als viele andere. Und er hat nichts anderes gemacht, als eine Standardsituation, die er schon sein ganzes Leben kannte, nicht mehr zu akzeptieren.

Wenn du dir ansiehst, was du in deinem Leben glaubst, was du akzeptierst, was du zustande bringst, gibt es da Situationen, die vielleicht gar nicht so sehr in Stein gemeißelt sind, wie du gedacht hast? Ich gehe davon aus, dass sie eher mit Bleistift geschrieben sind. Dieser Moment in diesem Buch kann wie ein Radiergummi sein.

Denk an jemanden, der dir sagt: »So ist es eben.« Es ist sehr gut möglich, dass mein Freund im Gefängnis in Wirklichkeit viel »freier« ist als jemand, der zwar außerhalb von Gefängnismauern lebt, aber in Situationen festsitzt, die er sich selbst zuzuschreiben hat, und die ihn glauben lassen, dass die Dinge nicht zu ändern sind.

Wie man sich bettet, so liegt man. Hast du dich richtig gebettet? Deine Entscheidungen sind für deinen Status quo verantwortlich. Hast du die richtigen Entscheidungen getroffen?

Ich war schon immer ein echter Morgenmuffel und vielleicht hat es etwas damit zu tun, welches Geräusch ich beim Aufwachen immer als Erstes gehört habe. Ich habe mir immer den Wecker auf meinem Smartphone gestellt und habe ernsthaft nicht gewusst, dass man sich den Klingelton des Weckers aussuchen kann. Offensichtlich war mein Standardweckton der »Klang des Todes und der lauten Geräusche«. Ich dachte einfach, dass wir alle so aufwachen müssten. Bis meine Frau Laura irgendwann ihren Wecker für uns beide stellte. Ich wachte ganz langsam zu Tönen auf, die wie Harfen klangen, wie Engelsflügel und wie sanftes Meeresrauschen. Ich dachte: *Träume ich? Bin ich im Urlaub?* Laura sagte zu mir: »Du weißt schon, dass du diesen Weckton auch auf deinem Smartphone einstellen kannst?« Nein, eigentlich nicht. Ich ließ mich jeden Morgen von einem Ton wecken, von dem ich dachte, dass sich davon jeder andere auch wecken lässt. Es brauchte jemand anderen, um mir zu zeigen, dass ich vielleicht auch eine andere Wahl habe.

Wir müssen der Versuchung widerstehen, uns mit dem Status quo zufriedenzugeben. Vielleicht kannst du morgen mit einer anderen Einstellung aufwachen, und der erste Schritt dahin ist, dass dir bewusst wird, dass du sehr wohl die Wahl hast, wenn du dir deine Situation anschaust. Was du herausfinden, was du erkennen, was du hören wirst, wird dich vielleicht überraschen.

Lebe den Moment

Es kann uns das Leben retten, wenn wir lernen, wie wir Dinge richtig »annehmen oder ablehnen«. Nur weil dir jemand einen Stein in den Weg gelegt hat – entweder in Gestalt eines harten Wortes, einer schlimmen Diagnose oder deiner aktuellen Situation –, heißt das nicht, dass du es annehmen musst. Wenn du in irgendeinem Bereich deines Lebens einen zu geringen Anspruch akzeptiert hast, dann fang an, dich daran zu erinnern, dass du mehr wert bist und mehr verlangen kannst.

KAPITEL 3

RÜCKSPIEGEL

WIR SIND VIELLEICHT VON unterschiedlichen Orten, unterschiedlichen ethnischen Zugehörigkeiten und unterschiedlichen Hintergründen, aber wir haben eines gemeinsam: Wir alle haben Fehler gemacht, die wir bereuen und gerne ungeschehen machen würden, wenn wir dazu noch eine Chance hätten. Wenn du in deinem Leben jedoch nur gute Entscheidungen getroffen hast, dann sollen dir auf der Stelle Engelsflügel wachsen, denn dann bist du etwas ganz Besonderes!

Aber für den Rest von uns gilt: Wir alle haben unsere Geschichten, wir alle haben unsere Vergangenheit, und der Unterschied zwischen Menschen, die etwas bewirken, und denen, die nichts bewirken, ist folgender: Machst du dir deine Geschichte zunutze oder lässt du dich von deiner Geschichte benutzen? Schaust du zurück und denkst über all die Versäumnisse und all die Fehler und all die Dinge nach, die du nicht getan hast? Die Zeit, die du nicht mit deinen Kindern verbracht hast, die Ehe, die nicht gehalten hat, die Firma, die nicht gelaufen ist? Überall auf der Welt bin ich solchen Menschen begegnet, sodass ich mir nicht einmal vorstellen kann, wie viele wirklich mit diesem Problem zu kämpfen haben.

Es ist wahr, dass wir an unserer Vergangenheit meist nichts ändern können, aber ebenso wahr ist, dass wir uns von ihr nicht in die Opferrolle drängen lassen müssen. Deine Vergangenheit hat dich dann in dic Opferrolle gebracht, wenn du mehr darüber nachdenkst, wer du früher warst und was du früher gemacht hast, als darüber, wer du jetzt bist und wer du morgen werden kannst. Der erlittene Missbrauch verfolgt dich immer noch. Die schlechten Beziehungen, unter denen du früher gelitten hast, haben die Tendenz, deine potenziellen zukünftigen Beziehungen in ein gewisses negatives Licht zu tauchen. Der Misserfolg eines früheren Projekts nimmt in deinem Gedankenleben mehr Raum ein als die riesigen Möglichkeiten, die vor dir liegen und die dir genug Mut machen sollten, einen neuen Schritt zu wagen. Wo unsere Vergangenheit eine zentrale Rolle spielt, kann die Schlüsselerzählung unserer Lebensgeschichte, richtig eingesetzt, zu einem Impulsgeber werden, der Brücken in neue Gebiete schlägt, die wir auf andere Weise nicht hätten erreichen können. Davon bin ich wirklich überzeugt.

Mir gefällt der Satz: »Wenn du etwas schon nicht ändern kannst, dann solltest du es dir zumindest zunutze machen.« Es ist die klare Entscheidung, die Kontrolle darüber zu übernehmen, was du gewesen bist, um das Maximale aus deinem Leben herausholen zu können. Aber wie *du dich* selbst siehst – deine Vergangenheit, deine Kämpfe, dein Potenzial –, ist viel wichtiger als das, was andere in dir sehen.

Ich finde es erstaunlich, wie zwei Menschen genau dieselbe Situation betrachten und völlig gegensätzliche Dinge darin sehen können. Ich habe einmal eine Nachmittagstalkshow über die Krankheit Dysmorphophobie angeschaut, bei der ein Mensch in den Spiegel schaut und buchstäblich die Realität nicht sehen kann. Einer der Gäste war eine äußerst schöne Frau, die einmal Model gewesen war und die in vielerlei Hinsicht dem Schönheitsideal unserer Gesellschaft entsprach. Der Moderator brachte einen Ganzkörperspiegel herein und fragte sie: »Was sehen Sie?« Ihre

Antwort war: »Ich bin fett. Mein Haar ist strähnig und ich sehe jede Menge graue Haare. Mein Gesicht ist hässlich.« Man konnte das Publikum förmlich nach Luft schnappen hören, denn es war sehr offensichtlich, dass sie völlig anders aussah als das, was sie selber in diesem Spiegel sah.

Nun, es ist leicht, jemanden zu verurteilen, der in solch einer Show auftritt, und dabei fast ein wenig Mitleid zu empfinden. Aber in Wirklichkeit kämpfen wir wahrscheinlich alle viel mehr mit so etwas wie einer »Dysmorphophobie unserer geistlichen Vergangenheit«, als wir uns eingestehen würden – wir sehen, was uns alles fehlt, heben all die Dinge hervor, die in unserer Vergangenheit passiert sind und die wir hassen, und halten uns mit Dingen auf, die eigentlich keine Macht über uns haben, die wir aber einfach nicht abschütteln können. Diese Dysmorphophobie unserer geistlichen Vergangenheit nimmt uns völlig in Beschlag. Oft ist der Blick in unseren inneren Rückspiegel kein Schutz – sondern ein Gefängnis für uns. Ich hatte schon oft Menschen in der Seelsorge, die unter etwas leiden, das ich gerne »selektive geistliche Amnesie« nenne – sie erinnern sich scheinbar nur an die schlechten Dinge, an die Misserfolge und den Missbrauch, die oder den sie erlitten haben. Ich muss sie daran erinnern, dass sie ein bisschen genauer hinsehen und erkennen müssen, dass dort trotz Schmerzen und Kummer – die oft real und sehr schlimm sind – nicht *alles* schlecht gewesen ist.

Das funktioniert auch umgekehrt, wenn die Menschen sich manchmal nach »der guten alten Zeit« in ihrer Vergangenheit zurücksehnen und nahezu wehmütig zurückblicken: »Ich weiß noch, wie einfach das Leben war. Als ich noch nicht dieses ganze Familiendrama hatte. Als ich noch einfach mit den anderen Jungs einen trinken gehen konnte und noch nicht die ganze Verantwortung tragen musste.« Und meine Antwort darauf ist:

»Ja, vielleicht, aber erinnere dich bitte an *alles*. Erinnere dich auch, *warum* du so viel Zeit hattest: Du warst pleite und arbeitslos. Erinnere dich an die Abende, an denen du Party gemacht hast, aber erinnere dich auch an die Krankheit, die du dir in dieser ganz besonders tollen Nacht eingefangen hast, oder an die Vaterschaftsklage, die du dir nach einer anderen Nacht eingehandelt hast, und an die vielen Stunden, die du im Internet verbracht hast, um Menschen zu finden, mit denen du abhängen konntest.« Wenn du schon in den Spiegel der Vergangenheit schauen willst, dann erinnere dich wenigstens an alles.

Unsere Sicht auf die Vergangenheit hat so viel Macht, dass wir die Kontrolle darüber übernehmen und dafür sorgen müssen, dass wir sie im Griff haben. Und nicht sie uns.

Meine ganze Lebensgeschichte läuft im Prinzip darauf hinaus, dass ich die Momente betrachte, in denen ich versagt habe, und mich entscheide, sie als Treibstoff für das zu nutzen, was ich noch erreichen will. Die Tatsache, dass ich Prediger und Pastor bin (der Unterschied? Ein Pastor *bittet dich*, etwas zu tun. Ein Prediger *fordert dich auf*, etwas zu tun, und feuert dich dabei an), ist ein Beweis dafür, dass das in meinem Leben tatsächlich funktioniert. Denn wenn Misserfolge und begangene Fehler bei Bewerbungen ausschlaggebend wären, dann wäre ich heute arbeitslos und man würde mich für fast jede Art von Berufung als ungeeignet betrachten, *vor allem* für die eines Predigers.

Am Ende meiner Teenagerzeit rang ich sehr mit meinem Glauben, und als ich aufs College kam, hatte ich ihn fast völlig aufgegeben. Ich wusste, dass ich leidenschaftlich gern anderen Menschen half. Ich wusste, dass mir Dinge wichtig waren, die andere nicht zu interessieren schienen, aber es gab gewisse Punkte in meinem Glauben, die ich nicht mit der Realität meines Lebens und mit dem, was ich sah, vereinbaren konnte. Als Folge davon verpasste ich eine Menge Gelegenheiten, anderen Menschen zu helfen und ihnen das zu erzählen, was ich jetzt für die wichtigste Botschaft im Leben halte: Gott ist real, er hat einen Plan, und jeder verdient eine Chance, davon zu hören.

In dem Jahr, bevor ich anfing, im Team der staatlichen Universität von North Carolina Basketball zu spielen, besuchte ich eine Privatschule, um ein paar Noten zu verbessern und um als Neuling mehr Beachtung zu finden. Ich landete in einem der besten Teams des Landes. Die meisten meiner Teamkollegen spielten Spitzenbasketball in der ersten Liga und einer landete direkt bei der NBA. Es war fantastisch, aber in mancherlei Hinsicht auch herzzerreißend, wenn ich auf jenes Jahr zurückblicke.

In diesem Team war ich in der ethnischen Minderheit, und wenn man in einem Team ist, in dem man eigentlich nichts verloren hat, sollte man sich unbedingt bedeckt halten, sich um seinen eigenen Kram kümmern und sich durchbeißen, bevor irgendjemand herausfindet, dass man der Sache nicht gewachsen ist. Das Problem ist, dass man als Team sehr viel Zeit miteinander verbringt. Es kommt heraus, wer man ist, denn man hat eine Menge Zeit, miteinander zu reden und sich über alle möglichen Themen auszutauschen. Manchmal reichten die Gesprächsthemen von Musik – ich erinnere mich noch daran, dass ich einmal meinen besten Freund und Hip-Hop-Experten Charles Park anrief, um ihn zu fragen, warum die Musik von Master P mir Lust darauf machte, der Armee beizutreten, und ob er tatsächlich einen Panzer besitzt oder nicht – bis Religion, und für gewöhnlich zog ich mich möglichst unauffällig zurück, weil mir bewusst war, dass keines meiner Worte und keiner meiner Gedanken zu dem passen würde, was andere in mir sahen oder aus mir heraushörten, und ich wollte nicht auf diese Weise bloßgestellt werden. Noch schlimmer war, dass einige meiner Teamkollegen sehr charismatische und auffallende Persönlichkeiten waren. Insbesondere einer sprach ganz offen darüber, dass er der »neue *Black Panther* der Schule« sei und alle Weißen eindeutig hasse. Er sagte einmal: »Carl, ich hasse die Weißen. Aber du bist ganz cool.« Das war ein großes Lob und den Status eines coolen Weißen wollte ich auf keinen Fall gefährden.

Eines Abends, es war schon spät, geriet ich in ein Gespräch, das sich darum drehte, ob Jesus schwarz, weiß oder überhaupt real war. Ich setzte mich auf den kalten Boden des Schlafsaals, als jemand zu mir sagte: »Carl, weißt du nicht irgendwas über Jesus? Ich habe eine Bibel in deinem Zimmer gesehen und auch schon mal gehört, wie du gebetet hast.« Meine Antwort war – was immer noch schmerzhaft für mich ist, wenn ich daran denke oder darüber rede: »Das ist nicht meine Bibel. Und gebetet habe ich auch nicht. Du musst mich verwechselt haben. Ich habe damit nichts zu tun.« Und dann ging ich.

Ein paar Abende später, dasselbe Thema, dasselbe blöde Timing. Ich kam herein und wurde ein zweites Mal gebeten: »He du, sag bitte dem Kerl hier, dass die Bibel nicht wahr ist. Dass sie bestenfalls ein Buch voller Ideen ist, aber dass man kein Leben darauf aufbauen kann.« Ich wusste damals schon und weiß auch heute, dass das nicht wahr ist. Ich glaube das Gegenteil. Damals und heute. Doch ich knickte wieder ein, und das tat ich jedes Mal für den Rest des Jahres, wenn ich etwas über Jesus oder Religion gefragt wurde.

Danach spielte ich im Basketballteam des Bundesstaates North Carolina und verlor so ziemlich alle der Jungs aus den Augen. Aber als mein Leben anfing, sich zu verändern, als eines sich zum anderen fügte und ich anfing zu predigen und als Pastor zu arbeiten, ging ich zurück und versuchte, alle Jungs aus jenem Jahr ausfindig zu machen. Leider fand ich heraus, dass einige meiner Teamkollegen keinen guten Weg eingeschlagen hatten. Einer saß wegen verschiedener Delikte im Gefängnis. Ein anderer hatte seine tolle Chance vermasselt, bei den Profis zu spielen, weil er sein Verhalten nicht im Griff hatte. Und diese Liste lässt sich noch fortsetzen.

Es gab Zeiten, in denen ich an die Tage zurückdachte, in denen ich meinen Glauben verleugnet und buchstäblich wichtige Menschen im Stich gelassen hatte, und es war schwer, aus diesem finsteren Winkel meiner Erinnerung herauszufinden. Dann wurde mir bewusst, dass ich entweder auf diese Zeit zurückblicken und mich von ihr erinnern lassen kann, dass ich kein Recht habe zu predigen, kein Recht habe, andere zu ermahnen, ein leidenschaftliches Leben zu führen und keine Chance im Leben zu verpassen, weil ich wegen meines vielfachen Versagens so schuldig bin wie jeder andere. Oder dass ich jedes Mal voller Feuer predigen und jede Beziehung, die ich mit jemandem habe, schätzen und achten kann, weil ich nicht weiß, was der morgige Tag bringen wird.

Was ich nicht kann? Vergessen. Wenn ich also in den Spiegel meiner Vergangenheit blicke, muss ich mich dafür entscheiden, darin alles zu sehen – nicht nur den Blickwinkel, der mir das Gefühl gibt, unwürdig zu sein. Wenn du auf dein Leben blickst, wie du dort hingekommen bist, wo du jetzt bist, vor allem auf die Momente des Misserfolgs und Bedauerns, wirst du sicher auf Momente stoßen, die dich in Scham und Mutlosigkeit versinken lassen. Diese Momente bleiben. Aber die Macht, die sie über dein Leben haben, muss nicht sein. Wähle einen solchen Moment aus und fang an zu sehen, wie du ihn nutzen kannst, anstatt dich weiterhin von ihm benutzen zu lassen, und deine Geschichte wird sich langsam aber sicher verändern. Nimm deine Vergangenheit in Besitz. Lass dich nicht von ihr besitzen.

Irgendwann diese Woche stehe ich wahrscheinlich auf einer Bühne und predige zu vielen Menschen. Und glaub mir, ich schaue dabei immer in den Spiegel meiner Vergangenheit. Aber ich sehe nicht das, was mich disqualifiziert. Ich denke nicht über die Gelegenheiten nach, die ich versäumt habe, sondern konzentriere mich aufs Wesentliche. Denn die Wahrheit ist, dass diese Misserfolge nicht das Ende meines Lebens waren. Nur weil ich Chancen vergeudet habe, heißt das nicht, dass ich keine weiteren erhalte. Wenn ich tatsächlich über meine Misserfolge spreche, dann nur, um dadurch andere zu ermutigen und sie daran zu erinnern, was für sie möglich ist. Denn ich stehe immer noch. Die Verletzungen meiner Vergangenheit sind jetzt meine Waffen.

Lässt du deinen Blick zurück zu deinem Schutz werden? Es gibt Zeiten, in denen wir uns anstrengen müssen, uns an die guten Dinge und positiven Momente einer Phase zu erinnern, von der wir das Gefühl haben, dass es dort nicht sehr viel Tolles zu sehen gab. Das ist das Erste, was ich als Pastor und Freund mache, wenn ich mit jemandem rede, der mit Entmutigung zu kämpfen hat und sich vielleicht überfordert fühlt mit dem, was er tun muss, um weiterzukommen: Anstatt direkt zu dem zu gehen, was nicht funktioniert, konzentriere ich mich auf das, *was* funktioniert. *Was* dir gefällt. *Was* dir *jetzt gerade* Freude macht. Das leugnet oder minimiert nicht das vorhandene Problem, aber es ändert den Standpunkt, von dem aus wir es angehen.

Es gab eine Woche, in der ich mich persönlich als Leiter unserer Gemeinde in Manhattan mit einer Menge von Herausforderungen konfrontiert sah. Nichts Großes, aber manchmal werden ein paar kleine Probleme zu einem großen Berg in unseren Gedanken. Wir mussten innerhalb von vierundzwanzig Stunden einen Versammlungsort finden, weil es mit dem, den wir für die Gemeinde nutzen wollten, Schwierigkeiten gab. Wir hatten auch zu wenig Platz für unsere Versammlungen während der Woche, und auch für diese Herausforderung fehlte die Lösung. Ich musste in jener Woche eine Veränderung in der Leitung vornehmen, die viele Menschen und viele Bereiche betreffen sollte, und ich wusste, es würde schwierig werden, durch all das hindurchzugehen. Ich musste mich auf den Weg quer durch die Stadt machen, um jemanden zu besuchen, der im Krankenhaus lag. Jede Herausforderung für sich – kein Problem. Aber wenn man sie alle zusammenaddiert und sie nicht mit Hoffnung und Leidenschaft betrachtet, werden sie innerlich ganz schnell zu Problemen.

Zufällig saß ich mit einem Freund, der von außerhalb kam, zusammen im Auto, und er stellte mir eine Frage, die mir an jenem Tag unwissentlich sehr geholfen hat. Er sagte: »Wenn du über deine Zeit hier als Pastor dieser Gemeinde in dieser Stadt nachdenkst, welche Gedanken kommen dir? Was ragt für dich heraus?«

Wir kreuzten gerade eine Straße, die ich wiedererkannte, und ich sagte: »Hier am Straßenrand habe ich mal einen Typen getroffen, der so high war, dass er sein Gleichgewicht nicht mehr halten konnte und vor sich hin stolperte, bis er sich hinsetzen musste. Wir unterhielten uns eine Stunde lang und heute ist er Teil unseres Teams.«

Während wir weiterfuhren, passierten wir das Hotel *Ganevoort*. Ich sagte zu meinem Freund: »Siehst du das da? In der obersten Etage im Außenbereich gibt es einen Club mit einem Pool. Wir haben den Pool schon mal für unsere Taufen gemietet, aber ohne den Club. Wir haben mehrere hundert Menschen dort getauft, während uns all die Leute aus dem Club zusahen, und manche waren so berührt, dass sie sich selbst taufen lassen wollten.«

Wir fuhren weiter.

»Hier, in diesem riesigen Park«, sagte ich, »da haben wir einmal Gottesdienst gefeiert, weil wir nichts gefunden hatten, was wir anmieten konnten. Das war der wahrscheinlich coolste Gottesdienst überhaupt, unter freiem Himmel, brechend voll mit Leuten, die die ganze Zeit standen. Uns wurde dabei wieder einmal bewusst, dass Gott immer eine Möglichkeit findet.«

Ich muss wohl die ganze nächste Stunde damit verbracht haben, meinem Freund viel zu viele Einzelheiten auf eine ziemlich einfache Frage zu liefern. Aber weißt du, was noch geschehen ist? All diese anderen Entscheidungen, die ich noch zu treffen hatte und treffen musste, schienen nicht mehr so schlimm. Nicht mehr so unmöglich. Die Erinnerung an all diese Dinge wurde an jenem Tag zu meinem Schutz.

Du hast das Recht, dasselbe Prinzip in deinem Leben anzuwenden. Aber so wie es mit allen Rechten ist, bedeuten sie erst dann etwas, wenn du sie wahrnimmst. Vielleicht ist es an der Zeit, zurückzugehen und über einige Fehler und Misserfolge nachzudenken. Und darüber, wo manche Geschichten vielleicht einen definitiven Schlusspunkt haben. Beginne direkt nach dem schlimmsten Moment, den du dir vorstellen kannst, einen neuen Satz. Beginne mit: »Ich bin wieder aufgestanden. Ich habe mich entschieden, weiterzugehen.« Nutze die Chance. Und geh weiter zum nächsten Kapitel deiner eigenen Geschichte.

Es gibt einen Grund, warum der Rückspiegel in deinem Auto viel kleiner ist als deine Windschutzscheibe. Er ist für einen kurzen Blick nach hinten da, während du dich auf die Richtung konzentrierst, in die du gerade fährst. Wenn du zu lange in den Rückspiegel starrst, kann das tödlich enden. Der Weg, der der Spur deines bisherigen Lebens folgt, ist mit Lektionen gepflastert. Aber sie sind keine Leinen, die dich binden. Fühl dich frei, den Weg einzunehmen, der in deinem Leben noch geebnet werden muss.

Lebe den Moment

Wozu führt es normalerweise, wenn du einen Ausflug in deine Vergangenheit machst? Baut es dich auf? Versorgt es deinen Geist mit Glauben? Wenn nicht, dann musst du ändern, worüber du nachdenkst. Konzentriere dich nicht auf das, was in deinem Leben nicht geschehen ist. Konzentriere dich auf das, was noch geschehen kann. Wahre Leiter leben nicht in der Vergangenheit. Sie werfen vielleicht kurz einen Blick darauf, um daraus zu lernen, aber die Zukunft ist zu wichtig, um nur einen Moment damit zu vergeuden, über Dinge nachzudenken, die sich ohnehin nicht ändern lassen.

KAPITEL 4

ANGST

MIT ANGST IST IN UNSERER Welt ein großes Geschäft zu machen. Man kann Produkte kaufen, die auf Angst basieren. Mit Angst kann man Wahlen gewinnen. Man kann Angst zu einem Slogan machen, um Menschen damit zu motivieren. Man kann rebellische Kinder dazu bringen, das zu tun, was man zu ihnen gesagt hat, indem man ihnen mit Konsequenzen droht. Man kann heute Abend den Fernseher anmachen und von etwas Neuem erfahren, vor dem man Angst haben kann und dessen man sich bislang gar nicht bewusst war. Ich habe kürzlich eine mit dramatischer Musik untermalte Sendung gesehen, die den Titel hatte: »10 Arten, wie Menschen in ihrer Küche ums Leben kommen können«. Du dachtest, dein Deckenventilator sei sicher? FALSCH GEDACHT. Ich hatte bislang keine Angst davor gehabt. Das hatte mir noch gefehlt.

Angst vor dem, was ist, und Angst vor dem, was sein könnte. Genau da lebt und atmet die Angst. Genau da verdient sie ihr Geld – nicht so sehr in der Realität, sondern vielmehr im Hypothetischen. Ich sage den Leuten immer, dass es in diesem Leben genügend reale Dinge zu fürchten gibt, sodass wir das Problem nicht noch verschlimmern müssen, indem wir noch mehr Dinge erfinden, vor denen wir *potenziell* Angst haben müssen.

Wie gehst du mit Angst um? Mit der Angst vor dem Bekannten und mit der Angst vor dem Unbekannten? Der Umgang mit Letzterem ist für uns alle schwer. Ein bestimmter Spruch hat mich schon immer genervt: »Angst ist nichts Reales. Sie ist lediglich das Produkt falscher Annahmen, die nur scheinbar real sind.« Klingt super. Das einzige Problem ist, dass das schlicht und einfach falsch ist. Manchmal haben wir guten Grund, Angst zu haben. Dinge zu erkennen ist nicht das Problem. Ich habe nicht deswegen Angst vor Haien, weil ich mir vorstelle, wie gemein sie sind. Ich habe Angst vor Haien, weil immer wieder Menschen von Haien gefressen werden. Das ist keine Falschannahme. Es gibt sogar eine Fernsehsendung namens *Shark Week*, in der davon berichtet wird. Ich bin also nicht derjenige, der dir sagt, du sollest der Angst »todesmutig ins Angesicht« blicken und sagen: »Das ist nicht real.« Ich glaube vielmehr, dass Angst zu unserem Leben dazugehört. Alle, die lernen, sich der Angst zu stellen, bewirken letzten Endes etwas in dieser Welt. Wenn ich mir meinen bisherigen Lebensweg ansehe, dann hing über jeder einzelnen »Tür der Gelegenheit« ein riesiges blinkendes Neonschild mit der Aufschrift »ANGST«.

Mit neunzehn beschloss ich, die Uni in North Carolina zu verlassen und auf die Bibelschule zu gehen. Ich hatte mein ganzes Leben lang Basketball gespielt und hatte irgendwann das Glück, in einem Team der ACC zu landen (man versucht immer noch herauszufinden, wie das System da versagt hat und ich das geschafft habe). Ich genoss jede Sekunde dieser Zeit und halte immer noch den ACC-Rekord für die meisten Dreipunktewürfe beim Aufwärmen, und der ist nicht mal knapp.

Mir wurde schnell bewusst, quasi vom ersten Tag an, dass meine athletischen Fähigkeiten nicht ausreichen würden, um im Team bleiben zu können, also suchte ich mir eine Nische. Ich war gut und bin heute immer noch gut. Aber wenn man auf diesem

Niveau spielt, merkt man ganz schnell, dass es verschiedene Abstufungen von »gut« gibt.

Ich weiß noch, wie ich meinem inzwischen besten Freund Adam Harrington begegnet bin. Es war der erste Tag am College. Er war ein hochgelobter Neuling und kam aus einer Highschool in Massachusetts, wo er mehr als 47 Millionen Karrierepunkte oder so erreicht hatte. Wir gingen an diesem ersten Tag gemeinsam in die Sporthalle und ich sagte: »Möchtest du eins gegen eins mit mir spielen?« Er sagte: »Gerne.« Unser Spiel dauerte ungefähr nur drei Minuten, denn mir wurde sofort klar, dass Adam mit der falschen Hautfarbe auf die Welt gekommen war. Auch wenn er wie ein Weißer aussah, brachten mich sein 107-Zentimeter-Sprung aus dem Stand und sein wahnsinniger Basketball-IQ dazu zu glauben, er sei in Wirklichkeit ein Schwarzer. Ich hatte so haushoch verloren, dass ich sagte: »Bruder, du schießt einfach und ich fange die Rebounds.«

Ich fand aber den Weg ins Team und plante, lange dort zu bleiben. Mein Trainerstab von damals ist das heutige »Who's who« der College-Basketball-Trainerschaft. Mein oberster Trainer war Herb Sendek, der bis heute einer der besten, klügsten und großartigsten Trainer ist, die ich je kennengelernt habe. Sein leitender Assistent war Sean Miller: derselbe Sean Miller, der heute der wahrscheinlich beste Basketballtrainer überhaupt ist (und der meiner Meinung nach jetzt Trainer der New York Knicks werden sollte). Und der Vorsitzende des ganzen Basketballbetriebs war Mark Phelps, der danach Cheftrainer wurde und derzeit Miller als Assistent in Arizona zur Seite steht. Ich werde Mark immer dankbar sein, weil er alles dafür getan hat, mir dabei zu helfen, College-Basketball zu spielen. Ich hatte einen Plan ausgearbeitet, von dem ich absolut sicher war, dass er funktionieren würde. Ich würde die ganzen vier Jahre spielen, dann direkt Trainer werden und Abermillionen von Dollar damit verdienen, anderen Athleten, die viel besser waren als ich, zu sagen, wie sie es machen sollten.

Dann kam ein heißer Sommertag im Juli und ich machte einen kurzen Abstecher nach Hause in Virginia Beach, um meine Eltern zu besuchen. Dort ging ich in eine Gemeinde. Ein Pastor mit dem Namen Steve Kelly predigte und ich weiß nicht, was genau geschah, aber er sagte so etwas Ähnliches wie: »Hier ist jemand, der etwas ändern muss. Du kennst Religion, aber du hast Jesus noch nie kennengelernt. Du hast Angst, alles auszuliefern, und ich habe eine schlechte Nachricht für dich. Wenn Jesus Christus nicht Herr über alles ist, ist er *überhaupt nicht* dein Herr.«

Nun habe ich aber eine spürbare Abneigung gegen religiösen Jargon. Als Kind war ich in der Gemeinde. Dann bin ich von der Gemeinde weggelaufen. Ich kann einen echten Christen von einem Namenschristen, der nur ein Kirchgänger ist, besser unterscheiden als die meisten anderen. Aber das hier war anders. Steve Kelly hätte zu jedem anderen im Raum sprechen können, aber er sprach nur zu mir. Mein Leben war in vielerlei Hinsicht toll. Die meisten Menschen gehen immer davon aus, dass man einen Tiefpunkt erreicht haben muss, um Gott zu finden. Sie haben unrecht. Gott ist so gut, dass er dich auch auf deinem kleinen Gipfelpunkt finden wird, wenn du ihn lässt.

An jenem Tag hob ich zögerlich meine Hand und bat ihn, mit mir zu beten. Ich hatte Angst. Ich war von angstvollen Gedanken geplagt wie »Was, wenn das nicht real ist?« »Was, wenn das bedeutet, dass ich alles aufgeben muss, was ich gerne mag?« »Was, wenn das bedeutet, dass ich für den Rest meines Lebens schreckliche christliche Musik hören, Khaki-Hosen mit Bügelfalte und den gleichen Haarschnitt tragen muss wie die Football-Fans aus Alabama?« Diese Ängste waren real. Aber ich ging durch diese

Angst hindurch, denn was hinter der Tür auf mich wartete, war zu gut, um daran vorbeizugehen.

Lass es mich deutlich sagen: Ich glaube, dass Jesus real ist. Ich folge ihm nach und ich glaube an ihn. Du musst das nicht tun. Und wenn du über meinen Glauben spottest, dann verspotte ich dich zehnmal mehr, weil du etwas genauso Haarsträubendes glaubst. Wir sollten uns darin einig sein, dass alles, wovon wir überzeugt sind, Glauben benötigt. Aber die Entscheidung, »Jesus nachzufolgen«, heißt nicht, dass das Thema Angst erledigt ist. Überhaupt nicht. Eigentlich lädt man damit sogar noch mehr Angst in sein Leben ein. Als Jesus sagte: »Komm und folge mir nach«, hat er der Einfachheit halber vergessen zu sagen: »Aber das wird oft mit Tränen und Schreien verbunden sein und du wirst aussehen wie ein Kind, das am Arm durch einen Vergnügungspark gezerrt wird, den es nicht verlassen will.« Das wird man als Christ ganz schnell herausfinden. Christsein bedeutet, dass die Herrschaft der Angst und Sünde in unserem Leben ein Ende hat. Es gibt sie beide noch, aber sie haben keinen Anteil mehr an uns. Wir glauben, dass Gottes Gnade uns da begegnet, wo wir sind, uns aber nicht dort stehen lässt. Wir können uns nicht »selbst verbessern« oder »selbst einen Weg zu Gott finden«. Das sind Lügen. Wir alle sind Sünder, wir alle haben Probleme, und Jesus beansprucht für sich, dass nur er uns retten und nur er uns erhalten kann. Wir müssen das alles nicht glauben, aber es muss gesagt werden, um es in Zusammenhang damit zu bringen, warum ich glaube, dass Angst ein genialer Treibstoff in unserem Leben sein kann und nicht ein ermüdender Treibsand, der uns zurückhält.

Ich verließ also an jenem Tag die Gemeinde und begann das, was ich gehört hatte, tatsächlich umzusetzen. Ich dachte: *Weißt du was? Ich werde das selbst herausfinden.* Und ich traf voller Angst die Entscheidung, mich auf den Weg nach Sydney, Australien, zu machen, um dort auf die Bibelschule zu gehen. Die Angst war buchstäblich meine Abschussrampe. Ich kehrte einem todsicheren Erfolgsplan den Rücken zu. Ich reiste zu einem anderen Planeten – was Australien im Grunde ist –, um einige Dinge auszuprobieren, die ich noch nie ausprobiert hatte. Meine Berufung, meine Frau Laura, meine Gemeinde, meine Leidenschaft – all das lag hinter der furchterregendsten Tür aller Zeiten.

Seither bleibt genau das die Wahrheit: Die Angst geht nicht weg. Aber die Art und Weise, wie wir mit ihr umgehen, kann sich immer ändern.

Wenn du das liest und ich dich schon ein ganz klein wenig davon überzeugen konnte, dass Angst zwar etwas Reales ist, aber dass das, was *hinter* der Angst liegt, besser ist, lass mich dir Folgendes sagen: Alles beginnt mit einem Schritt. Angst ist von Natur aus lähmend. Sehr viele Menschen überwinden nie ihre Angst, weil sie auf ein Gefühl warten, das die Angst vertreibt. Wenn dieses »Gefühl« wirklich existiert, dann schick mir bitte seine Mailadresse, damit ich es fragen kann, wo zur Hölle es sich mein ganzes Leben lang versteckt gehalten hat. Es gibt nur eine Möglichkeit, Ängste zu überwinden: Schritte auf sie zu zu machen, wenn auch nur ganz kleine. Und wenn du das überlebst, heißt das, dass es nicht so schlimm war, wie du dachtest. Und langsam aber sicher lockert die Angst ihren Griff auf dich.

Im Laufe der Jahre hatte ich die Ehre, zu vielen Menschen zu sprechen und zu predigen. Manchmal waren es riesige Massen. Nach all den Jahren, in denen ich das jetzt tue, wird es tatsächlich leichter. Aber ich erinnere mich noch lebhaft an die kleinen, beständigen Schritte, die ich direkt in die Angst hinein machte, und immer weiter. Ich erinnere mich noch daran, wie ich mir einmal bei einem Treffen von überwiegend jungen Leuten das Herz aus dem Leib predigte. Es waren vielleicht hundertfünfzig

Menschen anwesend, die zuhörten. Ich nahm gerade an Selbstvertrauen zu, aber zu jungen Menschen zu sprechen, ist vielleicht noch schwerer als zu jeder anderen Gruppe, weil ihre Aufmerksamkeitsspanne sehr gering ist. Manche wussten gar nicht genau, ob sie überhaupt zuhören wollten. Und obwohl junge Menschen vielleicht gar nichts sagen, haben sie diese einzigartige Fähigkeit, dein ganzes Selbstvertrauen aus dir herauszusaugen – mit einem Ausdruck auf ihrem Gesicht, der zu schreien scheint: »Du langweilst mich. Ich mag dich nicht und ich kann es kaum erwarten, bis du endlich aufhörst zu reden.« (Nebenbei ein Riesenkompliment an alle Jugendpastoren da draußen, die das gerade lesen. Ihr treuen Prediger und Diener bekommt bei diesen jungen Menschen nicht das, was ihr seht. Die größten Störenfriede werden am Ende die besten Leiter! Also hört nicht auf zu predigen.)

Nachdem ich fertig war, sagte ein Erwachsener, der zufällig im Raum war: »Hey, gut gemacht. Aber ihr werdet einen neuen Bodenbelag besorgen müssen, ich glaube nämlich, du hast mit deinem ganzen Hin- und Hergerenne ein Loch reingebrannt.« Erst als ich mir die Aufzeichnung ansah, wurde mir klar, dass ich wohl meine ganze Angst in meine Füße umgeleitet hatte. Kein Wunder also, dass diese Kids mir keine Aufmerksamkeit zollen konnten. Ich war wie ein olympischer Hochgeschwindigkeits-Walker auf der Bühne hin und her gelaufen. Aber ich packte es. Und ich habe mich von diesem peinlichen Rückschlag nicht davon abhalten lassen, vorwärtszugehen.

Dieser Tag war ein Schritt. Das nächste Mal war ein weiterer Schritt. Die Angst wird normalerweise nicht schon in der ersten Kampfrunde k. o. geschlagen. Viel häufiger gewinnst du den Kampf erst nach ganzen zwölf Runden, nachdem die Ringrichter eine Entscheidung fällen, wobei der Sieg die ganze Zeit über mehr als zweifelhaft war. Der Schlüssel ist, einfach weiterzukämpfen, weiter vollen Einsatz zu zeigen und nicht aufzuhören.

Wenn du Angst hast, jemandem zu vertrauen, weil du ein gebranntes Kind bist, dann brauchst du dich nicht gleich wieder mit jemandem verabreden. Setz dich in einem ruhigen Moment erst einmal hin und erinnere dich an Folgendes: *Es gibt auch noch gute Menschen auf dieser Welt, und ich werde sie finden.* Es ist ein Schritt. Wenn du Angst vor großen Menschenmengen hast, dann solltest du an Thanksgiving nicht gleich zum großen Festumzug in New York gehen. Mach lieber einen Spaziergang mit einem Freund und in der darauffolgenden Woche mit einem anderen Freund. Schritt für Schritt, so tragen wir in diesem Leben den Sieg davon.

Es wird ein Tag kommen – wenn du Christ bist, dann wird Gott das tun; wenn nicht, dann wird hoffentlich ein guter Freund versuchen, das zu tun –, an dem du ein paar Schritte überspringen und in etwas einfach mitten hineinspringen musst. Hast du schon einmal zugesehen, wenn jemand langsam in einen Pool steigt, um die Temperatur zu testen, und dann von einem Freund, der vorbeiläuft, hineingeschubst wird? Auch das ist manchmal notwendig. Aber kleine Schritte bringen dich an den Punkt, an dem du merkst: *Ich habe eigentlich mehr Kontrolle darüber, als ich denke.* Ich weiß nicht, welchen Schritt du machen musst, aber er muss jetzt erfolgen.

Angst ist ein hervorragender Treibstoff, aber ein schrecklicher Vorgesetzter. Meine Beziehung mit der Abwehr von Angst – nicht dem Vermeiden von Angst (enormer Unterschied) – begann zu ungefähr derselben Zeit, in der ich vom College abging. Ich ging nach Los Angeles, um Geld zu sparen und einige Dinge zu klären, bevor ich nach Australien fliegen konnte. Ich bekam eine Stelle bei Gucci am Rodeo Drive. Ich war der Doorman. Das ist der Typ, der an der Ladentür steht und sie für Kunden öffnet. Ernsthaft, das war mein Job. Es war ein Schritt in die richtige Richtung, aber dieser rief auch neue Ängste hervor, was, wie du herausfinden wirst, häufig der Fall ist. Ich hatte immer noch Angst, Menschen kennenzulernen, und ich hatte definitiv Angst davor, von meinem neuen Glauben zu erzählen.

Ich weiß noch, wie ich einmal zu Gott sagte: »Ich werde alles tun, worum du mich bittest. Aber ich werde definitiv nicht predigen. Dafür weiß ich nicht genug und bin auch zu schüchtern.« Aus heutiger Sicht klingt das wie ein Scherz und manchmal glaubt mir das niemand mehr, aber es ist die Wahrheit. Hier war ich also, ein hingegebener Christ, der aber immer noch mit Ängsten zu kämpfen hatte, die mir wirklich zu schaffen machten. Wie würde ich an genügend Geld kommen, um nach Australien fliegen zu können? Bei der Bezahlung, die ich als Doorman erhielt, hätte ich bis 2034 warten müssen. Wie würde ich je als Christ effektiv sein, wenn ich noch nicht einmal den Mut aufbringen konnte, einem Fremden auf der Straße zu erzählen, was ich glaube?

Ich weiß noch, wie ich meinen Papa anrief. Er ist immer noch der großartigste Mann, den es gibt. Ich teilte ihm meine Sorgen mit. Und er sagte: »Mein Sohn, mach jeden Tag kleine Veränderungen. Spare dein Geld. Spare morgen einen Kaffee ein. Nutze morgen die Gelegenheit, irgendjemanden anzusprechen. Mach dir keine Sorgen darüber, wie du dein ganzes Wissen an den Mann bringen kannst (*wozu ich damals höchstens drei Sekunden gebraucht hätte*). Besiege die Angst, indem du einfach ein Gespräch anfängst.«

Das wurde also zu meinem Ziel. Am nächsten Tag war meine große Mission, einem Fremden auf der Straße zu erzählen, wie toll er sei und dass Gott ihn gebrauchen könne. Mir ist bewusst, dass das, was ich zu sagen hatte, nichts Weltbewegendes war, aber bevor ich Christ wurde, nahm ich Menschen, die ich nicht kannte, gar nicht *zur Kenntnis*, ganz zu schweigen davon, dass ich mir vornahm, sie anzusprechen. Aber es war immerhin etwas.

Ein Mann kam um die Ecke und wollte zu Gucci. Und vielleicht kennst du auch solche Menschen, die durch die Gegend laufen, als würde ihnen die Luft gehören, die sie atmen. Es ist erstaunlich und witzig. Aber dieser Kerl war so um die sechzig und sah aus wie eine Kreuzung aus dem Zauberkünstler Criss Angel, einem Rapper, der alle seine Ketten gleichzeitig trägt, und Danny de Vito. Wenn du diese drei miteinander kreuzt, dann weißt du, wie der Kerl aussah. Die Frau, die er dabei hatte, sah exakt so aus, wie du sie dir wahrscheinlich gerade vorstellst. Ganz sicher war sie angesichts des erheblichen Altersunterschieds nur wegen seiner tollen Persönlichkeit mit ihm zusammen.

Als er hereinkam, dachte ich: *Das ist der Kerl. Wenn er wieder rausgeht, schnappe ich ihn mir.* Dreißig Minuten später spazierte er wieder hinaus und ich öffnete ihm die Tür. Dabei solltest du wissen, dass man als Doorman streng dazu verpflichtet ist, niemanden anzusprechen. Nur die Tür öffnen und wieder schließen. Und ich sagte: »Ich wünsche Ihnen einen schönen Tag. Sie sind ein toller Mensch und Gott wird Sie gebrauchen, um große Dinge zu tun.«

Wir alle hatten schon solche Momente, in denen wir bestimmte Dinge gesagt haben: Du siehst das Gesagte förmlich aus deinem Mund herausschweben und du versuchst, es wieder einzufangen, aber es schlüpft dir einfach so durch deine kalten Finger, die schon sehr bald sehr tot sein werden. Genauso fühlte ich mich in diesem Moment.

Er sah mich an und sagte: »Was haben Sie zu mir gesagt?«

Ich sagte: »Sir, es tut mir leid. Ich sagte, Sie sind ein toller Mensch und Gott wird Sie gebrauchen, um große Dinge zu tun.«

Er sagte: »Sie kennen mich ja noch nicht einmal! Warum sprechen Sie mich überhaupt an?«

Ich entschuldigte mich und bat Gott, die Erde vor mir aufzutun, um mich auf der Stelle zu verschlucken. Und der Kerl lief eilends weg.

Die nächsten Augenblicke verbrachte ich damit, das ganze Leben in Frage zu stellen. Jede Angst wird in den Momenten verschärft, in denen scheinbar der Misserfolg die Oberhand hat. Merk dir das. Betrachte jeden Misserfolg für sich. Sie haben nicht immer etwas miteinander zu tun. Wenn jemand zu dir sagt: »Aller schlechten Dinge sind drei«, dann sag ihm: »Das gilt nur für den Fall, dass du mir noch zwei weitere Ratschläge erteilst.«

Zu meiner Überraschung kam der Mann eine Stunde später wieder um die Ecke. Er lief schnurstracks auf mich zu. Und ich dachte: *Okay. Das war's. Ermordet von einem reichen Typen vor der Tür zu Gucci. Und dabei habe ich selber noch nie etwas bei Gucci gekauft.*

Aber ich werde nie vergessen, was er zu mir sagte.

Er sagte: »Sagen Sie mir nochmal, was Sie vorhin gesagt haben.«

Ich tat es.

Er sagte: »Sie sind also nur ein Doorman, der nette Dinge zu den Leuten sagt?«

Ich sagte: »Nun, wenn Sie so wollen.«

Er sagte: »Was gibt Ihnen bloß das Selbstvertrauen, mir so etwas zu sagen?«

Und genau in diesem Moment verlor ich meine Angst. Ich vergaß alles, was ich nicht wusste, und sprach nur über das, was ich wusste. Ich erzählte ihm von dem, was mit mir geschehen war. Und was ich jetzt über Jesus glaube. Und wie er – nicht eine Gemeinde, nicht eine Methode, nicht eine Religion – jeden verändern kann. Gott ist nicht auf der Suche nach perfekten Menschen. Es gibt keine. Er ist auf der Suche nach *verfügbaren* Menschen. Und ich bin einer davon.

Er sagte: »Wenn Sie heute Feierabend machen, dann kommen Sie doch bitte in mein Büro. Ich möchte mit Ihnen sprechen.«

Als ich die Adresse und die Etage seines Büros auf seiner Visitenkarte las, dachte ich: Entweder ist der Kerl ein wichtiger Firmenboss oder er will mich vom Dach des Geschäftshauses hinunterstoßen. Es widerstrebte mir, aber ich ging hin.

Das Büro sah aus wie die Konzernzentrale von Versace. Die Seifenspender auf der Toilette sahen aus, als seien sie mit Diamanten besetzt. Ich saß vor seinem ausladenden Schreibtisch. Und er sah mich an und sagte: »Ich weiß nicht, ob ich das glaube, was Sie gesagt haben. Ich bin kein guter Mensch. Aber was Sie gesagt haben, geht mir nicht mehr aus dem Kopf. Ich weiß nicht, was Sie irgendwann einmal machen werden. Aber hoffentlich hat es etwas damit zu tun, zu Menschen zu sprechen. Hier ist ein Scheck über 2.500 Dollar. Ich hoffe, der hilft Ihnen auf Ihrem Weg.«

Ich nahm den Scheck, schüttelte ihm die Hand und sagte so etwas Unglaubliches wie: »Danke. Vielleicht sehen wir uns mal wieder. Es war sehr nett.« Und ich rannte aus seinem Büro für den Fall, dass er es sich anders überlegte.

Dieser Mann kannte mich nicht. Er wusste nicht, dass es mein Ziel war, zweitausend Dollar für meinen Umzug nach Australien zu sparen. Und ich wusste nicht, dass meine Entscheidung, mich einer Angst zu stellen, ungefähr drei weitere Ängste nach sich ziehen würde und dass sie meinem Plan, das nächste Kapitel aufzuschlagen, Vorschub leisten würde.

Ich weiß nicht, wovor du heute Angst hast – ob es real ist oder nur in deiner Vorstellung existiert oder ob dein nächster Schritt dich vielleicht nachts nicht schlafen lässt, weil er so mit Angst beladen ist. Aber eins weiß ich: Das Leben ist zu kurz, um es als Sklave der Angst zu verbringen. Ich würde lieber dabei sterben wollen, falls sich eine Angst als berechtigt erweist, als nie ins Wasser gestiegen zu sein, nur weil die Angst mich davon überzeugt hat, in einem Boot zu bleiben, das in Wasser treibt, das nicht mal bis zur Hüfte reicht. Auf keinen Fall.

Nimm dir heute eine Sache vor, vor der du richtig Angst hast. Schreib sie auf. Und dann schreib darüber: *ICH WERDE DAS ÜBERWINDEN.* Du weißt nie, welche Segnung, die deinen Durchbruch bereits in der Tasche hat, dir in deinem Leben zufällig über den Weg laufen wird.

Ich habe immer noch Ängste in meinem Leben. Ängste vor dem, was kommen könnte, manchmal auch vor dem, was ist. Aber einer Angst werde ich es nie erlauben, sich in meinem Leben festzusetzen. Es ist die Angst der Frage »Was ist, wenn ich es gar nicht erst versuchen würde?« Nicht mit mir. Ich will meinen Enkeln irgendwann einmal erzählen können: »Ich war das Schlimmste, was der Angst je passieren konnte. Ich habe sie außer Gefecht gesetzt.«

Eines ist sicher: Du hältst dich besser, als du denkst, und die Angst ist etwas zeitlich Begrenztes. Du kontrollierst diese Uhr, niemand sonst. Ich bete, dass die Zeit der Angst in deinem Leben jetzt abgelaufen ist. Wenn Angst über dich regiert hat, dann ist ihre Schreckensherrschaft für dich jetzt vorbei.

Lebe den Moment

Angst ist unvermeidbar. Wir können uns ihr entweder stellen und anfangen, sie als Treibstoff zu nutzen, oder wir können vor ihr weglaufen und zulassen, dass sie wesentlich mehr Einfluss auf uns hat, als sie es verdient. Da Angst noch mehr Angst erzeugt, vor allem dann, wenn wir isoliert sind, überwinden wir sie am besten, wenn wir uns »Verstärkung rufen«. In dem Moment, in dem wir über das sprechen, was uns Angst macht, fängt es an, seine Macht über unser Leben zu verlieren. Manchmal braucht es nur noch ein zusätzliches Paar Augen, das einen Blick auf unsere Situation wirft, um uns daran zu erinnern, dass wir alles schaffen können. Wer alleine geht, fällt auch alleine. Aber wer sich mit Stärke umgibt, wird immer gestärkt werden. Suche dir jemanden, dem du vertraust, sei verletzlich und offen und bereit, ein Leben zu leben, das nicht von Angst, sondern von Glauben gekennzeichnet ist.

KAPITEL 5

GOLD IM ABFALL

DIE ERSTE PERSON, DIE MIR in Australien über den Weg lief, war Brian Houstons Sohn Joel. Seit diesem Tag sind wir beste Freunde. Er war Trauzeuge bei meiner Hochzeit, ich leitete die Trauzeremonie bei seiner, und im Moment leiten wir beide zusammen unsere Gemeinde in New York City. Wenn du Joel nicht kennst, dann stelle ich ihn dir kurz vor: Er ist ein weltbekannter Songschreiber für *Hillsong Church* und *Hillsong United* und hat in der »Anbetungsmusik« einen neuen Weg beschritten, der zahlreiche Menschen beeinflusst hat. Das ist nur das »Tun«, für das er bekannt ist. Aber *er als Person* ist noch viel besser. Ich erinnere mich daran, dass ich die Lieder toll fand, die Joel schrieb, aber dann, nachdem ich ihn getroffen und mehr Zeit mit ihm verbracht hatte, dachte ich: *Wann wird dieser Kerl wohl merken, dass ich eigentlich gar nichts kann?* Das steht offensichtlich immer noch aus, denn Joel ist schwer beschäftigt. Gut für mich. Denn ich bin immer noch überrascht, dass ich überhaupt Teil seines Lebens sein darf.

Genauso wie er diese Fähigkeit hat, eine Melodie in einem Lied zu finden, die andere übersehen würden, schafft er es immer, das Gute in einem Menschen zu sehen, das andere noch nicht einmal finden wollen würden. In beiden Fällen kann er Diamanten in Dingen finden, die eigentlich ausgemustert werden sollten.

Eines Abends, nachdem wir die Hillsong-Konferenz in Sydney verlassen hatten, ein Treffen von Christen, das einmal im Jahr stattfindet und riesige Stadien auf der ganzen Welt füllt, fuhren wir durch Kings Cross. Das ist ein Stadtteil von Sydney, der heutzutage etwas angenehmer ist, aber damals bekannt war für Drogen und Prostitution und im Allgemeinen nicht der Ort war, an dem man abends freiwillig einen kleinen Nachtspaziergang machen wollte. Aber wir waren beide hungrig und beschlossen, eine Pizza essen zu gehen. An einer Straßenecke stand ein sehr heruntergekommenes Haus. Eigentlich standen dort überall solche Häuser, aber dieses eine war besonders abstoßend. Ich werde nie das flackernde blaue Licht vergessen, das einen trüben Schein auf den Eingangsbereich warf. Es war unheimlich und sonderbar und ich dachte bei mir: *Das ist wohl nicht die Straße, in der wir uns aufhalten sollten.*

Als ich weggehen wollte, sagte Joel: »Hast du das gehört?« Ich sagte ihm, ich hätte nichts gehört, aber ehe ich mich versah, war Joel über einen niedrigen Zaun gesprungen und auf dem Weg zur Veranda. Ich folgte ihm, denn echte Freunde machen so was. Wenn wir dumme Entscheidungen treffen, dann treffen wir sie gemeinsam.

Überall lagen benutzte Nadeln auf dem Boden und ein Gestank lag in der Luft, den jeder, der auf der Straße arbeitet oder in der Obdachlosenhilfe tätig ist, sofort erkennen würde. Und unter dieser flackernden blauen Lampe lag ein großer Abfallsack. Wir starrten ihn kurz an und merkten beide, dass er sich ganz leicht bewegte. Ganz ehrlich, ich wollte nur noch weglaufen. Aber Joel ging darauf zu, während ich betete, dass dies nicht das letzte Abenteuer meines Lebens sein würde.

Wir machten den Sack auf und was wir sahen, war kein Tier. Sondern ein Mensch. Er machte seine Augen auf und blinzelte langsam, als wäre diese blaue Lampe etwas, das er schon längere Zeit nicht mehr gesehen hatte. Ich schnappte nach Luft. Joel und ich kämpften mit den Tränen. Ich weiß noch, wie ich sagte: »Sir, sind Sie in Ordnung? Können wir Ihnen helfen?«

Ich werde nie sein freundliches, zögerliches Lächeln vergessen, als er sagte: »Klar. Das wäre nett. Wie geht's euch, Jungs?«

Seine Stimme klang, als hätte er sie länger nicht benutzt. Die Fahrt nach Hause an jenem Abend, nachdem wir unseren neuen Freund zurückgelassen hatten, war stiller als sonst. Keiner von uns erwähnte den Gestank oder die Nadeln, um die wir herummanövrieren mussten. Nicht jeden Tag findet man Gold in Gestalt eines lebendigen, atmenden Menschen im buchstäblichen Abfall des Lebens.

Vielleicht wäre es gut.

Nur wenige Menschen können eine Melodie so hören wie Joel Houston – oder einen unerprobten jungen Songschreiber finden, der sich als so produktiv herausstellt, wenn man ihm die Gelegenheit dazu gibt. Doch wir alle können unsere Ohren auf das einstimmen und unsere Augen und Herzen auf die Dinge in diesem Leben richten, die nur dann erlebt werden können, wenn wir nichts übersehen und alles genau erfassen: Unsere Kinder. Unsere Arbeitsstellen. Unsere Freundschaften. Unseren »Alltagstrott«. Es liegt noch mehr Gold im Abfall, das ist sicher. Gold in Gestalt von Menschen, die aufgrund schlechter Entscheidungen abgeschrieben wurden. Gold in Gestalt von Ideen, die in den Augen einer einzelnen Person vielleicht nicht funktionieren, die aber, wenn noch jemand anderes draufschaut, Ideen sein könnten, die die Welt verändern.

Ich kenne die Geschichte nicht, die dazu geführt hat, dass dieser Mann auf der Straße gelandet ist und in seiner Verzweiflung Ruhe in einem Abfallsack gesucht hat. Muss ich auch nicht. Denn mir ist an jenem Tag klargeworden, dass er trotz aller Umstände immer noch ein Mensch mit einer Zukunft war. Mit Möglichkeiten. Aber wenn wir lernen würden, das Gute im Menschen zu sehen, die Hoffnung im Versagen, die Erlösung im Schiffbruch dieses Lebens, wäre es vielleicht nicht so dramatisch, jemanden zu finden, der so abgewrackt ist, dass er buchstäblich in den Abfall geworfen wurde. Es ist möglich, dass wir Beziehungen wegwerfen, Leidenschaft wegwerfen, Lektionen wegwerfen, die wir für »Abfall« halten, die aber eigentlich Gold in Gestalt einer Perspektive sein könnten, die wir irgendwo auf unserem Weg noch gebrauchen können.

Ich bin ein großer Verfechter davon, sich mit den richtigen Leuten zu umgeben, die einem helfen, Dinge zu sehen, die man ansonsten vielleicht übersehen würde – über das eigene Leben, eigene Entscheidungen, Schwachpunkte, für die man generell blind ist. Das ist extrem wichtig. Aber oft frage ich Menschen, wie *sie sich selbst* sehen. Denn letzten Endes ist es das, was in diesem Leben den Ausschlag gibt. Manchmal bist du der Einzige, der an etwas glaubt. Kannst du an etwas glauben, das du leidenschaftlich gerne tust? Kannst du ein Risiko eingehen und einen Schritt machen, selbst wenn niemand sonst sehen kann, was du siehst? Joel und ich gingen dieselbe Straße entlang, blickten auf dieselbe Veranda, aber nur er sah den Sack, der sich bewegte. Wenn es nach mir gegangen wäre, wären wir weitergelaufen. Ich sah Abfall. Joel sah viel mehr.

Ich empfinde diese Fähigkeit, etwas tiefer zu sehen, als äußerst nützlich, wenn ich sie in meinem eigenen Leben aktiviere. Manchmal haben andere mich abgeschrieben, das kann Millionen von Gründe haben – sie haben in Frage gestellt, was ich sehe, was ich glaube, in wen ich investieren will. Aber ich habe hart daran gearbeitet, dass ich keinen Fanclub brauche, der mich unterstützt, wenn ich an etwas glaube und Potenzial in etwas sehe. Ich brauche keine Bestätigung und keinen Beifall von außen. Nur weil jemand anderes nicht sieht, was ich sehe, heißt das nicht, dass ich glauben muss, dass es nicht da ist.

In meinem ersten Jahr als echter Pastor ging ich in ein Gefängnis. »Echt« deshalb, weil ich einen richtigen Pastorendienstausweis hatte. Ich habe keine Ahnung, ob der in diesem Leben irgendetwas wert ist, vor allem heute, wo man nur online gehen muss und über Nacht zum »Pastor« werden kann, um eine Trauung vollziehen zu können oder wofür auch immer man sonst einen Pastorenschein braucht. Aber ich war begeistert. Ich hatte die Bibelschule abgeschlossen, hatte mich sehr angestrengt, um mich in die bestmögliche Ausgangsposition für meine weitere Zukunft zu bringen. Darum war natürlich mein Besuch im Gefängnis bei einem alten Freund, der etwas Dummes gemacht hatte, eine meiner ersten Stationen, an denen ich meinen Pastorenbonus gebrauchen konnte.

Die meisten Gefängnisse haben ein System, das Geistlichen oder Pastoren andere Besuchszeiten zugesteht als der breiten Öffentlichkeit. Ich spazierte also zum Empfangstresen und sagte der Frau, wen ich besuchen wolle, und sie unterbrach mich umgehend mitten im Satz und sagte mir, dass die regulären Besuchszeiten für diese Woche schon vorüber seien. Ich erklärte ihr, dass ich Pastor sei.

Sie sah mich an und sagte: »Sie sind kein Pastor. Sie sehen nicht wie ein Pastor aus. Kommen Sie während der regulären Besuchszeit wieder.«

Ich sagte: »Ma'am, ich bin Pastor. Hier ist mein Dienstausweis.«

Sie fuhr fort: »Der ist nicht echt. So was kann man in jedem Copyshop anfertigen lassen. Sie kommen hier nicht rein und gehen besser nach Hause.«

Ich dachte über meine – nicht vorhandenen – Optionen nach, gab mich geschlagen und ging nach Hause. Ich beschloss, am nächsten Tag wiederzukommen, aber dieses Mal würde ich nicht nur meinen Dienstausweis mitnehmen, sondern auch mein eingerahmtes Abschlusszeugnis von der Bibelschule, das relativ groß und schwer war, nur um es unmissverständlich klarzumachen.

Als ich am nächsten Tag wiederkam, sah sie mich kommen und sagte: »Sie schon wieder?«

Ich sagte: »Ma'am, mir ist sehr wohl bewusst, dass Sie einen stressigen Job haben und deshalb gestern vielleicht einen Fehler gemacht haben. Also, hier ist mein Dienstausweis und hier habe ich Ihnen auch mein Abschlusszeugnis mitgebracht.«

Sie sah mich an und sagte: »Junger Mann, lassen Sie mich Ihnen etwas sagen. Ich gehe selber in die Kirche. Ich habe einen Pastor. Und der sieht nicht so aus wie Sie. Sie sehen noch nicht einmal wie ein Christ aus, geschweige denn wie ein Pastor. Eigentlich sehen Sie nach überhaupt nichts aus! Und wenn Sie jetzt nochmal wiederkommen, haben wir ein Problem miteinander.«

Ich trottete aus dem Gefängnis, perplex, traurig und konnte nicht anders, als über die Ironie meines verrückten Lebens nachzudenken. Hier bin ich, glücklich, nicht selbst im Gefängnis zu sein, und werde jetzt davon abgehalten, ins Gefängnis reinzukommen. So absurd das auch war, es brachte mich aus dem Konzept. Einige Situationen sind so. Sie landen zur richtigen Zeit aus den falschen Gründen in deiner Seele und fangen an, entmutigende Gedanken zu produzieren. So war es bei mir. *Vielleicht sehe ich nicht wie ein Pastor aus. Vielleicht sollte ich mein Aussehen oder mein Reden oder so ändern. Wenn ich noch nicht einmal ins Gefängnis reinkomme, um einen Menschen zu ermutigen, welche Hoffnung habe ich, das überhaupt zu tun?*

Nach einigem Nachdenken erwachte in mir ein kühner und widerstandsfähiger Geist und sagte zu mir: »Ich werde in dieses Gefängnis reinkommen.« Mich fügen war keine Option. Wie ein regulärer Pastor aussehen, was auch immer das bedeutete, war auch keine Option. Ich hatte gerade erst die Khaki-Hosen, das Hemd von GAP und die braunen Schuhe hinter mir gelassen. Aufgeben war auch keine Option.

Ich erinnerte mich, dass ich noch eine weitere Karte ausspielen konnte. Ein Freund von mir war Teil der Spezialeinheit der Polizei von Norfolk. Ich rief ihn also an und erklärte ihm mein Dilemma. Er lachte und sagte, obwohl er der Frau dieses Urteil über mich nicht verübeln könne – denn das erste Mal, als er in meine Gemeinde gekommen war, hatte er genau dasselbe gedacht –, käme sie damit nicht durch. Er begleitete mich am nächsten Tag ins Gefängnis und ging mit mir direkt an der Frau am Eingangsfenster vorbei. Ich lächelte und winkte ihr so gönnerhaft zu, wie ich nur konnte, denn ich bin noch ziemlich unvollkommen. Schließlich heißt dieses Buch ja auch *Lebe den Moment* und nicht *Ich beanspruche Vollkommenheit für mich*.

Ich bekam meinen Freund durch diese fürchterliche Trennscheibe zu Gesicht. Und während wir uns unterhielten, landete unser Gespräch bei einem Thema. Er sagte zu mir: »Bruder, die Leute behandeln uns hier, als wären wir Dreck. Ich habe Angst, dass ich anfange, das zu glauben.«

Ich sagte zu ihm: »Nur über meine Leiche.« Und auch, dass es egal ist, wie andere dich behandeln, wie sie dich bezeichnen, solange *du* dich selbst nicht so bezeichnest. Sein Leben war noch nicht vorbei. Er würde sich wieder erholen. Und ich war stolz, ihn zu kennen. Er traf eine Entscheidung, in jedem Tag das »Gold« zu finden. Das konnte ein Sonnenstrahl sein, der es durch den schmalen Fensterschlitz seiner Gefängniszelle schaffte. Das konnte ein gutes Gespräch mit einem neuen Freund sein, den er überraschend in einem üblen Umfeld fand. Das macht das Leben manchmal aus. Das Gute inmitten jeder Menge Schlechtem zu finden.

Nach seiner Freilassung ließ er mich wissen, dass er die »Gold-im-Abfall«-Denkweise beibehalten habe, auch wenn er jetzt frei sei. Es ist echt schwer, jemanden aufzuhalten, der sich weigert, damit aufzuhören, in einer hoffnungslosen Kultur oder Situation nach Hoffnung zu graben, zu suchen und dafür zu kämpfen. Ich habe keinen Zweifel daran, dass mein Freund für den Rest seines Lebens weiter leuchten wird.

Was war mit der Frau am Fenster? Als ich wieder ging, sagte sie: »Es tut mir leid, dass ich Ihnen nicht geglaubt habe, dass Sie Pastor sind.«

Ich sagte ihr »Schon in Ordnung. Hauptsache *ich* glaube es.«

Am Ende kam sie sogar in unsere Gemeinde und es gefiel ihr ausgesprochen gut.

Es ist erstaunlich, was geschehen kann, wenn wir uns weigern, nur den Abfall zu sehen, und uns dem Blick auf das Gold verschreiben. Ich sehe New York City nicht als einen Ort mit viel Verkehr. Ich sehe es als einen Ort, an dem ich im Auto sehr viel Zeit zum Nachdenken habe. Ich sehe Drogendealer nicht nur als Menschen, die das Gesetz brechen. Ich sehe sie als Menschen mit dem Potenzial, irgendwann einmal eine richtig gute Gruppe in unserer Gemeinde zu leiten, weil sie ganz offensichtlich wissen, wie man eine Botschaft an den Mann bringt. Ich sehe Drogenabhängige nicht als Menschen, die Glück haben, wenn sie es irgendwann schaffen. Ich sehe sie als Menschen, die eine starke Geschichte des Sieges über ein Problem haben werden, das sie für einige gewisse Zeit ihres Lebens im Todesgriff hatte.

Du siehst Abfall? Zeig ihn mir und ich verspreche dir, dass du ein bisschen Gold darin finden wirst. Nicht weil ich so geboren wurde oder weil ich ein »heiliger Mann Gottes« bin. Sondern weil ich mich darin geübt habe, es zu sehen. Auch du kannst das. Heute Abend werde ich für den Mann beten, den Joel und ich vor so vielen Jahren gefunden haben. Ich werde aufs Neue beten, dass ich nie aufhören werde, die Dinge von einer anderen Seite zu sehen, die Möglichkeit der Erlösung zu sehen, die gewagte Sicht zu haben, dass inmitten der schlimmsten Situation Hoffnung entstehen kann.

Sorge diese Woche dafür, dass du den »Abfall«, dem du in deinem Leben begegnest, genau prüfst. Wer weiß, welcher Schatz darin verborgen liegt.

Lebe den Moment

Wir alle sind schuldig, den wahren Wert der Dinge nicht zu erkennen. Vielleicht ist es an der Zeit für dich, einige Dinge neu zu bewerten und nochmal genau hinzuschauen. Ich sortierte einmal eine kurze Hose aus, als ich einen alten Schrank ausmistete. Bevor ich ging, warf ich noch einen letzten Blick in diese Mülltüte, und aus der Hosentasche dieser alten Shorts lugte doch tatsächlich ein 100-Dollar-Schein hervor. Das ist immer ein geniales Gefühl. Zweifellos gibt es in deinem Leben eine Beziehung, in der viel mehr Gutes steckt, als dir bewusst ist. Mach eine Bestandsaufnahme, schau dir dein Leben mit »neuen Augen« an und sieh, welches Gold du finden kannst, das dem gewöhnlichen Blick verborgen bleibt.

KAPITEL 6

AN ALL DIE DAMEN HIER MIT ANMUT UND KLASSE

»ICH BIN NOCH NICHT BEREIT DAFÜR.«

Wie oft hast du das schon gehört? Wie oft hast du das selbst schon *gesagt?* Es ist eine ganz natürliche Reaktion auf Dinge, die uns Angst machen und oftmals verunsichern. Es ist oft auch eine ganz gängige Ausrede, um sich aus Dingen zurückzuziehen, in die wir eigentlich hineingehen müssten. Ich bin gerne vorbereitet. Ich habe gerne alles beieinander, was ich brauche, um etwas zu schaffen, und ich habe gerne einen klaren Plan, der unnötige Anstrengung vermeiden hilft. Aber es ist ein Mythos, dass es irgendwann einen Punkt geben wird, an dem du genau all das hast, was du für die richtige Situation, für den erwarteten Durchbruch, für einen bestimmten Moment brauchen wirst. Ironischerweise wird das Leben dir ganz schnell den Wind aus den Segeln nehmen, ganz gleich, wie viel du planst und studierst, sodass du in solchen Momenten letztendlich viel mehr auf das zurückgreifst, wer du bist, als auf das, was du »weißt«. Ein sehr berühmter Broadway-Schauspieler mit dem Namen Mike Tyson, der früher auch mal Boxer war, sagte: »Jeder hat genau so lange einen Plan, bis er eins auf die Fresse bekommt.« Der Satz gefällt mir, denn er ist so wahr.

Manchmal muss man sich so bereit wie möglich machen, aber man sollte wissen, dass keiner von uns vollständig ist. Keiner von uns besitzt bereits alles, was er braucht, um das zu tun, wozu er berufen ist. Irgendwann im Leben muss man einen Schritt vorwärts machen, auch wenn das »Outfit« – bildlich gesprochen – nicht stimmt. Wie viele Verabredungen wurden schon hinausgezögert oder verschoben, weil jemand Stunden dafür gebraucht hat, sich zurechtzumachen? Irgendwann musst du anfangen, mit dem zu arbeiten, was du hast.

Wenn es um Verabredungen und Beziehungen im Allgemeinen geht, gibt es viel zu viele Menschen, die aufgrund dieses Mythos in der falschen Beziehung oder in gar keiner Beziehung sind. Beide aus dem gleichen Grund. Ich habe Idealisten gesehen, die denken: »Ich bin noch nicht bereit für eine ernsthafte Beziehung, darum verabrede ich mich einfach nur und schaue mich weiter um«, oder: »Auch wenn meine jetzige Beziehung nicht die beste oder superernsthaft ist, ist das okay, denn ich bin sowieso noch nicht dafür bereit.« Das führt für viele zu einer festen Beziehung, die dauerhaft unverbindlich bleibt. Es gibt keine Platzhalter-Beziehungen. Deine aktuelle Beziehung macht entweder einen besseren oder einen schlechteren Menschen aus dir – und bei dieser Aussage hat die Schallplatte einen Sprung.

Ich würde nicht sagen, dass Laura und ich Beziehungsexperten sind, aber ich würde sage, dass wir sehr nahe dran sind, weil ein großer Bestandteil unserer Arbeit als Pastoren der ist, Menschen zu helfen, die richtigen Verbindungen im Leben einzugehen und die falschen zu beenden. Ich habe schon mit vielen Männern gesprochen, die dasitzen und warten, die versuchen, sich zu verbessern und ihr Leben in Ordnung zu bringen, um für die Frau ihres Lebens »bereit« zu sein. Bis zu einem gewissen Grad ist das super. Du kannst davon ausgehen, dass die Liste mit Fragen, die ich dem

Jungen stellen werde, der irgendwann mit einer meiner Töchter ausgehen will, so streng und lang und bedrohlich ist, dass der arme Kerl zweifellos beschämt von dannen ziehen wird. Und das sollte er auch – auf Nimmerwiedersehen! Keiner wird je gut genug für eine meiner Töchter sein, basta.

Und was alle anderen betrifft: Wer hat gesagt, dass ihr überhaupt je für diese Art von Liebe bereit sein werdet? Ihr Frauen, die ihr das lest, auch ihr seid keine Ausnahme. Ich habe sogar einigen Single-Frauen, die Laura und ich sehr gernhaben, gesagt, dass das Traumschiff weiterzieht, während sie sich »bereit machen« oder, wie manche auch sagen, »wählerisch« sind – ob sie mit an Bord sind oder nicht. Und je nachdem, wie man es betrachtet, ist das Schlimmste/Beste daran sowieso, dass du jemanden erst dann richtig kennenlernst, wenn du eine echte Bindung eingehst. Nach einiger Zeit, einigen Kämpfen, einigen Siegen und Niederlagen lache ich und freue mich, wenn ein Paar sich miteinander befreundet, sich verlobt und kurz vor der Hochzeit sagt: »Jetzt kennen wir einander. Es wird Zeit.« Köstlich. Weißt du, als was Dating auch bezeichnet wird? Als Produktpräsentation mit Gratisprobe.

Nebenbei bemerkt, sind wir aus genau diesem Grund große Verfechter von »kein Sex vor der Ehe«. Ja, wir sind Christen und wir glauben, dass das Gott ehrt und es nicht im Entferntesten optional ist, ganz gleich wie viele Menschen uns etwas anderes zu sagen versuchen. Aber auch der gesunde Menschenverstand sagt uns das. Sex ist so wesentlich, so wichtig, solch ein unglaublicher Teil einer Beziehung, dass es sinnvoll wäre, ihn am richtigen Platz zu belassen. Viele Menschen benutzen Sex als eine Tarnung für das, was ihnen fehlt. Weil sie unsicher sind, was sie zu bieten haben. Männer plädieren schon sehr früh für Sex, weil sie der Ansicht sind, dass die Beziehung dann »stärker« ist, wenn sie auf diese Weise eine Verbindung herstellen können. Frauen hingegen haben in einer Beziehung oft zu früh Sex, weil sie sich mit dem, was sie zu bieten haben, unsicher fühlen, und der Sex soll dann beweisen, dass sie geben können, was verlangt wird.

Das Problem ist, dass Sex nicht das Beste ist, was ein Mensch zu bieten hat. Wenn diese Karte zu früh ausgespielt wird, werden 45 Millionen Schritte der Beziehungsbildung ausgelassen. Was eigentlich intim sein sollte, wird billig und die Beziehung entwickelt eine Störung. Ein Typ sagte mal zu mir: »Aber Pastor Carl, ich muss doch sehen, ob wir körperlich kompatibel sind. Was, wenn ich heirate und wir dann herausfinden, dass es im Schlafzimmer nicht funkt? Dass wir nicht zusammenpassen?« Ich sagte ihm: »Dir hat also jemand gesagt, dass sexuelle Kompatibilität eine rein körperliche Angelegenheit ist? Wer hat dir das gesagt? Bei Sex geht es fast nur um emotionale und geistliche Erfüllung, was der Antrieb für die körperliche Verbindung ist. Die *Liebe* ist der Treibstoff für großartige sexuelle Erfüllung. Nicht ein ›Gefühl der Kompatibilität‹.« In der Höhle, in der viele Männer leben, gibt es offensichtlich noch kein WLAN. Das ist die einzige Erklärung für das wiederholte Ruinieren von Beziehungen durch Dummheit.

Mit all dem will ich nur sagen, dass alles, von dem wir denken, dass es uns bereit macht, uns nur noch »weniger bereit« macht. Aufgrund dieser Mythen überhasten wir wichtige Dinge, die uns besser machen können.

Ich sage immer, dass du so lange mit jemandem zusammen sein musst, bis das Hochgefühl der Hormone abklingt. Verabrede dich mit jemandem für einen ganzen Tag. Danach verabrede dich mit der Person durch alle Jahreszeiten des Kalenders hindurch. New York City ist im Juli völlig anders als im Januar. Stell dir vor, du besuchst Manhattan im Juli. Es ist heiß in der U-Bahn, du läufst mit Flipflops herum und sagst dann: »Weißt du was? Ich bin dabei. Das Klima ist perfekt. Heute kaufe ich ein Haus.« Und dann im Januar? Wenn diese extrem schneidenden Winde durch die Straßen von Brooklyn heulen und dir mit ihrer schlimmen Art von Kälte dermaßen ins Gesicht peitschen, dass es dir deinen Tag so *richtig* verdirbt? Wir hätten null Mitleid mit der Person, die dann mit Flipflops an den Füßen frierend draußen sitzt und heulend sagt: »Ich kann es nicht glauben. Immer passiert mir das. Es sollte doch warm sein.« Das ist die Person, die das »Bereitsein« in einer Beziehung überstürzt, die von falscher Sicherheit lebt und jetzt tief in einer Beziehung mit jemandem drinsteckt, der absolut nichts für sie ist.

Was ich damit sagen will? Vielleicht erscheinen die Menschen, die »bereit« sind, nur so, weil sie Frieden mit ihrem Status des »Nicht-Bereitseins« geschlossen haben. Das heißt, dass sie nicht darauf warten, bis sie sich »perfekt fühlen«, bevor sie in etwas hineingehen. Sie sehen nicht über großartige Menschen hinweg, die Makel haben, und halten sie auch nicht für »nicht bereit«. Die wirkliche Bedeutung von Bereitsein, die den Mythos des Bereitseins zerstört, findest du nur, wenn du von deiner Couch aufstehst, dich vom Spiegel losreißt und ein Tänzchen oder zwei wagst. In Beziehungen und im Leben.

Ich war nicht »bereit« zu predigen. Aber ich habe an mir gearbeitet. Wann also habe ich mein »Bereitsein« gefunden? Spontan, als ich den Schritt gemacht und es einfach getan habe. Laura und ich waren nicht »bereit« für Kinder. Niemand ist das jemals. Aber wir bekamen welche (und haben es äußerst genossen, sie zu zeugen, muss ich hinzufügen). Wir lieben uns. Wir haben unser Bestes getan und gegeben, um für unsere Kinder das Beste zu sein. Den Rest mussten wir lernen. Ich bin so froh, dass wir diese drei Kinder haben. Ich hätte mich gar nicht auf sie vorbereiten können. Sie sind viel zu außergewöhnlich. Vielleicht hätte mich Angst davon abhalten können, auch nur zu versuchen, ein guter Vater zu sein.

Und wenn ich so darüber nachdenke, war ich auch *nicht* bereit, eine gewisse Miss Laura Jayne Brett zu heiraten. Ich erinnere mich noch an den Tag, an dem ein bestimmter Mann mich möglicherweise davor gerettet hat, die Frau meiner Träume zu verpassen.

Ich war Praktikant für Brian Houston, meinen Pastor und Chef und einen meiner Helden. Eines Tages saßen wir beim Kaffee und er sagte zu mir: »Wie lange willst du denn noch mit Laura ausgehen, bevor du sie bittest, dich zu heiraten?«

Ich schaute ihn mit einer Mischung aus Ungläubigkeit und Schüchternheit an und sagte: »Ich finde es noch zu früh. Ich arbeite noch an so vielem in meinem eigenen Leben und weiß, dass ich noch nicht bereit bin.«

Brian sagte: »Bereit? Wer hat dir gesagt, dass das irgendetwas mit ›Bereitsein‹ zu tun hat? In einem Punkt hast du aber recht: Du bist ein Chaot. Und du bist noch nicht fertig. Aber das wirst du bis zu deinem Tod auch nicht sein.«

Brian Houston ist kein Freund von Feinsinn, ganz und gar nicht.

Er sagte: »Liebst du sie?«

Ich sagte: »Von ganzem Herzen.«

Er sagte: »Liebt sie dich?«

Ich sagte: »So weit ich weiß, schon. Aber genau das ist es ja. Sie kennt noch nicht alle meine Schwachstellen.«

Er sagte: »Nein, das stimmt nicht. Das tut sie wohl. Wir haben miteinander gesprochen. Aber sie hat sich entschieden, dich trotzdem zu lieben. Wenn du keinen Hintern in der Hose hast, wirst du eine Frau wie Laura verlieren. Sie ist zu gefestigt, um Zeit zu verschwenden.«

Ich untertreibe, wenn ich dir sage, dass ich sein Büro verließ, als hätten meine Füße Feuer gefangen. Was er sagte, war einleuchtend, und mir wurde bewusst, wie wenig einleuchtend das war, was ich bislang getan hatte. Ich hatte in der Vergangenheit viele richtig schlechte Beziehungen gehabt. Ich war in sexueller Hinsicht leichtfertig gewesen und die Narben auf meiner Seele waren der Beweis dafür. Laura war so klug, so sehr in sich ruhend, dass sie vor mir nur mit zwei anderen Typen ausgegangen war. *Nur ausgegangen.* Ich fühlte mich also unwürdig. Als ob ich irgendwie meine schlimmen Zeiten von früher mit Monaten oder Jahren »guter Lebensführung« wettmachen könnte, um ihr zu zeigen, dass ich bereit war.

Mir wurde bewusst, dass ich nie wie von Zauberhand »geheilt« sein würde und dass ich mit meiner Verletzung trotzdem leiten und lieben und Risiken eingehen musste. Emotional bereit? Würde ich nie sein. Aber ich ging zweimal die Woche zu einem Seelsorger und hatte Männer in meinem Umfeld, denen ich vertraute und die mich in Bereichen, die ich nicht angehen wollte, herausforderten. Vielleicht ist emotionale Bereitschaft mit emotionaler Ehrlichkeit gleichzusetzen.

Zu jener Zeit hatte ich auch zwei Jobs und relativ wenig Ahnung davon, was ich nach meiner Bibelschulzeit in Australien machen wollte; ich wusste nur, dass ich in einer Gemeinde dienen wollte. Ich arbeitete sehr viel, um Geld zu sparen, damit ich ihrem Vater – und vielleicht auch mir selbst – beweisen konnte, dass ich »bereit« war. Als ob meine Ersparnisse von 2.000 Dollar ihren Vater beeindruckt hätten. Herr, hilf mir. Finanziell bereit? Auch hier stand ich mit leeren Händen da. Aber ich behielt jede Stelle, die ich annahm, und meine Arbeitgeber mochten mich. Ich hielt mich an mein Budget, sparte mein Geld und übte für den Tag, an dem ich vielleicht einmal Geld haben würde. Finanzielles Bereitsein läuft auf die persönlichen Werte hinaus, nicht darauf, wie viele Vermögenswerte du besitzt.

Als ich die Liste all der Dinge durchging, die mich davon abhielten, Laura zu bitten, meine Frau zu werden, war ich bereit, nicht länger bereit sein zu wollen. Und ich traf die beste Entscheidung meines Lebens: Laura Brett zu heiraten.

Ich werde nie vergessen, wie ich ihren Vater, Kevin Brett, um die Hand seiner Tochter bat. Ich sagte: »Ich habe noch nicht alles, was ich einmal haben werde. Ich weiß nicht, was das Leben uns bringen wird. Aber eines weiß ich: Ich werde Ihre Tochter lieben bis zu dem Tag, an dem ich sterbe, und das wird sich nie ändern.«

Er sagte zu mir: »Mein Sohn, als ich heiratete, hatte ich auch nichts anderes zu bieten. Es hat gereicht. Der Rest wird sich auf dem Weg ergeben. Ihr zwei werdet Großartiges zusammen tun.«

Er sah mein Nicht-Bereitsein, aber nahm in dem Ganzen auch *mich* wahr. Ich bin auf ewig dankbar dafür, dass er das getan hat. Ich bin jetzt schon sehr lange bis über beide Ohren in seine Tochter verliebt.

Weißt du, was ich am Faszinierendsten daran finde, mit ihr nun fünfzehn Jahre verheiratet zu sein? Sie verändert sich immer wieder. Sie hat neue Leidenschaften. Sie hat neue Wünsche. Sie hat neue Anmut in ihrem Leben, die ganze Zeit. Ich muss jeden Morgen aufwachen und sie neu kennenlernen. Ihr zuhören. Die Liebe meines Lebens erforschen. Um herauszufinden, was ich tun muss, um ihr das Gefühl zu geben, dass ich sie jeden Tag mehr liebe. Sie war schon vom ersten Tag an, als ich sie sah mit ihrer ausgewaschenen Lee-Jeans und ihrer wallenden schwarzen

Mähne und ihrem anziehenden, strahlenden Lächeln, mit dem sie mir auf der Stelle den Kopf verdrehte, eine Nummer zu groß für mich. Sie ist immer noch eine Nummer zu groß für mich.

Ich bin so froh, dass ich nicht gewartet habe, bis ich so weit war, ihr Niveau zu erreichen, bevor ich die Gelegenheit nutzte. Zu denken, dass wir jemals bereit sein werden für die tollsten Dinge in diesem Leben ist manchmal eine Beleidigung für die Großartigkeit und das stetig im Wandel begriffene Wesen des Lebens selbst, das Veränderung an sich ist. Vielleicht bist du noch nicht da, wo du jetzt sein willst, aber ich kann dir fast garantieren, dass du nicht mehr dort bist, wo du früher einmal warst.

Ich schlage dir heute vor, darauf vorbereitet zu sein, manchmal im Leben nicht bereit zu sein. Dafür ist der Moment zu wichtig.

Im vergangenen Jahr brachte ich meine Tochter Ava zu ihrem ersten Schulball. Um genauer zu sein, ich fuhr sie hin, lieferte sie ab und wurde von ihr dazu verbannt, ihr den Rest des Abends nicht näher als zwei Meilen zu kommen. Bevor wir losfuhren, wartete ich unten an der Treppe, als sie mit einem breiten Lächeln und einem hinreißenden Auftreten heruntergehüpft kam.

Sie sagte: »Papa, bist du bereit?«

Ich sagte: »Ich bin keine Spur bereit, Mädchen, dich zu diesem Ball zu bringen und zuzusehen, wie du da ohne mich reingehst. Aber los geht's. Ich würde das um nichts in der Welt verpassen wollen.«

So ist das Leben. Wenn es wichtig genug ist, dann sei bereit zu gehen. Auch wenn das Vorhaben dich verunsichert. Das Abenteuer tobt, mit oder ohne uns.

Ich weiß, wofür ich mich entscheide.

Lebe den Moment

Darauf zu warten, dass wir bereit sind, kann uns berauben. Es kann uns die Freude eines neuen Schrittes im Glauben und die Zuversicht nehmen, die wir nur dann erlangen, wenn wir Risiken eingehen und ins Unbekannte aufbrechen. Wie viele Dinge im Leben hättest du schon ausprobiert, wenn du keine Angst vor Misserfolgen gehabt hättest? Wie viele Menschen misst du vielleicht darüber hinaus an einem unrealistischen Maßstab der Vollkommenheit, obwohl du selbst Bereiche hast, die noch einem Heilungsprozess unterliegen? Ich hatte immer den Standpunkt, dass ich anderen genauso viel Gnade geben möchte, wie ich selbst gerne von ihnen hätte. Das hält mich nicht davon ab, hohe Maßstäbe für mich selbst oder andere zu verfolgen, aber es gibt mir Geduld, wenn mir bewusst wird, dass wir alle gemeinsam auf dem Weg sind. Wenn du diese Art von Gnade in deinem Leben aktivierst, wirst du am Ende bessere Beziehungen haben.

KAPITEL 7

WAS MAN AUF EINER EINSAMEN INSEL BRAUCHT

ICH GLAUBE, DASS IN DER Monotonie des Lebens ganz bestimmte Momente verborgen sind. Wir alle verstehen das Gesetz des abnehmenden Ertrags: Je mehr oder öfter man etwas tut, umso drastischer nimmt die Versuchung zu, es immer weniger zu schätzen und es immer weniger voll auszuschöpfen. Das Problem dabei ist: Was, wenn dieses »Etwas« das Leben selbst ist? Was ist, wenn das, was eigentlich eine begegnungsreiche, abenteuererfüllte Reise sein sollte, zum vielbesagten »Alltagstrott« wird? Neuer Tag, neuer Kampf: Der »Traumjob« wird zum Büroalltag. Die Ehe, die du kaum erwarten konntest, wird zur Fußfessel. Die Firma, für die du nachts aufgeblieben bist, von der du geträumt und für die du Pläne geschmiedet hast, wird zu »viel zu viel Verantwortung … Ich wünschte, ich könnte zurück zu den Zeiten, in denen noch alles einfacher war.«

Wir alle kennen das. Ich musste lernen, Gott nicht zu bitten, mich von meinen eigenen Gebetserhörungen zu erlösen. Ich habe tatsächlich Gott gebeten, »mein Leben zu gebrauchen« und mich dann später beschwert: »Herr, ich fühle mich von anderen so ausgenutzt.« Ich habe einmal gebetet, dass Gott mich »als Brücke gebraucht« – dass mein Leben andere Menschen mit Gott in Verbindung bringt, die ihn sonst vielleicht nicht finden würden. Kurz darauf brachte ich meiner Frau gegenüber zum Ausdruck, dass ich das Gefühl habe, andere würden die ganze Zeit auf mir herumtrampeln. Ihre bekanntermaßen schlagfertige Antwort war: »Schatz, das klingt für mich ganz nach einer Brücke.« (Ein Hoch auf alle Ehefrauen, die dem Heulmarathon ihrer Ehemänner ein Ende bereiten.)

Ich glaube, die Schönheit in diesem Leben kommt von der Fähigkeit, durch die Monotonie, durch das Normale zu blicken und aus etwas, was ansonsten gar nicht so besonders aussieht, etwas Bedeutsames herauszuziehen. Wie oft hat dich die Geschichte eines anderen schon überrascht, wenn du dir die Zeit genommen hast, zuzuhören? Darum weigere ich mich zu glauben, dass es »besondere Menschen« auf dieser Welt gibt. Ich glaube, *jeder* hat einen besonderen Wert. Unser Problem ist, dass wir nicht genügend Zeit haben, das zu finden, was allzu oft verborgen ist.

Ich fliege häufig, und um dabei bei gesundem Verstand zu bleiben, bildet man Gewohnheiten und Rituale aus. Die Flüge starten selten pünktlich, selten läuft alles genau nach Plan, darum muss man kleine Spielchen erfinden oder seltsame Hypothesen, um sich damit die Zeit zu vertreiben. Vielleicht ist das krankhaft, aber eine meiner Lieblingshypothesen ist, mir vorzustellen: *Wenn dieses Flugzeug auf einer einsamen Insel notlanden müsste, mit wem würde ich mich dann zusammentun?* Wer würde mir helfen, diese Insel zu regieren? Natürlich würde diese Insel mir gehören und ich würde Menschen brauchen, die mir dabei helfen, die Insel zu bewirtschaften.

Dabei werden sofort diejenigen mit zu viel Gepäck aussortiert, denn das offenbart bereits viel zu viel über sie. Braucht man wirklich siebzehn Taschen und erwartet, dass der Konzertflügel auch noch ins Handgepäckfach passt? Sofort aussortiert.

Dann streicht man die Lauten. Menschen, die auf Flughäfen und in Flugzeugen laut sind, amüsieren mich. Irgendwann im Leben muss ihnen jemand gesagt haben: »Sei immer schön laut. Immer. Dein Gespräch ist das wichtigste aller Zeiten und jeder will es hören.« Und jetzt sprechen sie die ganze Zeit laut. Für solche Leute ist absolut kein Platz auf meiner Insel. Ich brauche Leute, die nicht groß reden, sondern einfach nur zuhören, während wir gemeinsam eine neue Welt aufbauen.

Zum Schluss werden die aussortiert, die laut husten und niesen. Leute mit einem schlechten Immunsystem haben auf meiner Insel nichts verloren.

Als ich irgendwann einmal dieses Spiel in meinen Gedanken durchspielte, beobachtete ich eine Frau, die buchstäblich alle fünf Sekunden laut hustete. Ich war nicht der Einzige, dem das auffiel, und als ich ins Flugzeug stieg, dachte ich: *Die Person, die neben dieser Frau sitzen muss, tut mir echt leid. Scheibenkleister.* Als ich mich auf meinem Sitz niederließ und den anderen Passagieren zusah, wie sie weitergingen, konnte ich schon aus einer Meile Entfernung die hustende Frau näherkommen hören. Ich konnte es nicht erwarten zu sehen, wer das Vergnügen haben würde, fünf Stunden neben dieser Frau zu verbringen. Und zu meinem Erschrecken setzte sie sich genau neben mich.

Fast auf der Stelle begann die Husterei. Als wir abhoben, belagerte mich ihr Husten wie eine angreifende Armee. Nach dreißig Minuten sagte ich: »Kann ich Ihnen vielleicht ein Hustenbonbon anbieten? Ein Pfefferminz? Einen Mundschutz? Irgendetwas? Denn es scheint mir, dass sie ganz schön viel husten.«

Sie drehte sich zu mir und sagte: »Es tut mir so leid. Ich hatte Angst, dass das geschehen würde. Ich habe Lungenkrebs und fliege zu einem Arzt, der mir hoffentlich helfen kann, denn ich habe die Hoffnung schon fast aufgegeben. Und jetzt verderbe ich anderen Leuten auch noch ihren friedlichen Flug.«

Ich wollte auf der Stelle von meinem Sitz aufspringen, auf die Flugzeugtoilette rennen und mich selbst in Brand setzen.

Ich sammelte mich. Ich sagte ihr, dass sie so viel husten könne, wie sie wolle, und dass ich Menschen kennen würde, die den Krebs erfolgreich bekämpft hätten. Dass ich an Heilung und Gebet glaube und dass sie eine Heldin sei und dass sie alle, die ein Problem mit ihrem Husten hätten, zu mir schicken solle. Wir unterhielten uns fast den ganzen Flug über. Sie holte sogar ihre Röntgenbilder hervor, um mir zu zeigen, wo der Krebs saß und wie schlimm er sei. Und mit jeder Einzelheit fühlte ich mich schlechter und schlechter und schlechter. Aber auch besser. Weil ich wusste, dass ich, wenn ich erstmal aus dem Flugzeug gestiegen wäre, mich neu verpflichten würde, nie wieder nach dem Anschein zu gehen. Dabei bin ich gar nicht so schlecht darin, Dinge richtig einzuschätzen. Aber es ist etwas so Mächtiges, dass es nicht überrascht, dass wir es im Auge behalten müssen. Das Leben ist eigentlich wunderschön. Die Menschen sind fantastisch. In alles, was potenziell wie eine Last aussehen könnte, ist ein Segen gemischt.

Ich habe mir angewöhnt zu sagen: »Ich weiß, dass Gott das benutzen wird«, wenn ich mit etwas konfrontiert werde, das suboptimal erscheint. Und was als Problem begonnen hat, wird am Ende zum wahren Segen. »Ich muss« ist eine Problemdenkweise. »Ich darf« ist eine Segensdenkweise. Wenn ich das nächste Mal, wenn ich im Flugzeug neben jemandem sitze, der hustet, denke: *Ich muss jetzt etwas Nettes sagen, weil es meine christliche Pflicht ist,* wird das zu einer ungesunden Last. Wenn ich denke: *Ich darf das Beste daraus machen, ich darf eine Möglichkeit finden, das zu nutzen,* ist es schwer, nicht gesegnet und erfüllt zu leben.

Diesen Schalter können wir alle umlegen. Eines meiner Kinder sagte eines Sonntags auf dem Weg zum Gottesdienst zu mir: »Papa, *müssen* wir in den Gottesdienst gehen?«

Ich sagte: »Überhaupt nicht. Aber ihr müsst auch nichts essen. Tatsache ist, ihr müsst auch nicht in diesem Haus leben.« Ich sagte zu meinem Sohn: »Wir *dürfen* in die Gemeinde gehen. Das ist keine Last, es ist ein Segen für uns.«

Das funktioniert, egal ob du acht oder achtunddreißig bist. Diese kleine Veränderung führt zu vielen besonderen Momenten, die wir sonst nicht erleben würden.

Die Herausforderung für mein eigenes Leben und für jeden, der dieses Buch liest, besteht darin, sich neu zu verpflichten, einen Blick hinter die Dinge zu wagen. Nimm dir am Abendbrottisch einen Moment Zeit, leg dein Smartphone weg und frag jemanden: »Wie war dein Tag?« Und dann warte auch, bis du tatsächlich eine Antwort bekommst, und reagiere mit einer Folgefrage. In unserer oberflächlichen Welt ist keiner mehr zu einer Folgefrage bereit.

Nimm dir bei der Arbeit einen Moment Zeit und schau dir die Leute an, mit denen du zusammenarbeitest. Jeder Mensch hat eine Geschichte. Jeder Mensch hat einen Traum, eine Leidenschaft. Vielleicht ist es an der Zeit, mehr darüber herauszufinden.

Wenn du in einer erfolgreichen Phase deines Lebens bist und die Freude an dem verlierst, was du früher unbedingt einmal wolltest, dann tritt vielleicht einmal für einen Moment oder zwei auf die Bremse und überlege, wie sehr du gesegnet bist. Überlege, wie glücklich du bist, da zu sein, wo du bist, und erinnere andere daran, dass auch vor ihnen noch tolle Dinge liegen.

Ich kann dir versprechen, dass dein Leben in genau dieser Sekunde wesentlich mehr Gold in sich trägt, als dir vielleicht bewusst ist. Ergreife jede Gelegenheit, die du erhältst, um das Mittelmäßige und das Banale zu bezwingen und nimm es nicht an. Es lassen sich besondere Momente finden – wenn wir nur lange genug auf die Bremse treten können, um sie zu sehen.

Lebe den Moment

In allem, was sich wie eine Last anfühlt, ist auch immer ein Segen verborgen. Was ist heute die größte Last in deinem Leben? Schau sie dir genau an und triff die Entscheidung, sie als eine Hilfe für dein Leben anzusehen und nicht als ein Hindernis. Wenn ich meine Kinder von der Schule abhole, zwingt mich das oft, meinen ganzen Zeitplan umzustellen. Wenn ich es auf diese Weise betrachte. Ich habe beschlossen, mich über mein Wachsen in kreativer Planung zu freuen, weil ich so die *Ehre* erhalte, meine Kinder von der Schule abzuholen, solange sie das noch wollen. Es ist eine kleine Verlagerung, die den gesamten Blick auf dein Leben verändern kann. Worüber jemand anderes sich beschwert, darüber will ich mich freuen. Sieh die Dinge als Segen anstatt als Last, wo immer es dir möglich ist.

KAPITEL 8

EROBERE ALLE STRASSEN

»HAST DU HEUTE SCHON IN jemandem das Gold entdeckt?«

Als ich hörte, wie das Telefon meiner Frau Laura das vertraute *Pling* machte, was bedeutete, dass sie eine Nachricht erhalten hatte, erschien ein Text auf ihrem Display. Ich habe schon immer geglaubt, dass Laura halb Frau, halb Engel ist, weil sie das Leben und seine vielfältigen Herausforderungen auf so anmutige Weise und mit dem typischen australischen Sinn für Humor meistert, der sie so leicht lachen lässt. Aber das hier war ein neues Niveau. Während sie zwischen ihrer Rolle als Vollzeit-Mutter von drei Kindern – manche würden vier sagen, weil ich Laura mehr brauche als meine drei Kinder zusammen – und ihrer pastoralen Verantwortung, die sie mit mir zusammen für *Hillsong New York City* trägt, und all den unplanmäßigen Dingen, die das Leben uns allen beschert, hin und her balanciert, ist es ihr trotzdem noch so wichtig, anderen Menschen zu helfen, dass sie sich selbst eine Erinnerung schickt, um dafür zu sorgen, dass das auch geschieht.

»Hast du heute schon in jemandem das Gold entdeckt?« Was für eine Frage.

Ich kenne Leute, die sich möglicherweise daran erinnern lassen, heute »Gold zu finden« oder vielleicht sogar »jemanden zu finden« (und alle Singles nicken jetzt leise mit dem Kopf, wenn sie das lesen). Aber im Alltag das Ziel zu haben, jemand anderem zu helfen, könnte vielleicht zum Goldrausch in einem Paradigmenwechsel werden, den wir alle nötig haben. Denn wie ist die Lage heute? Anderen zu helfen ist jedenfalls nicht die Absicht unserer Kultur und noch nicht einmal die Lebensweisheit der Bücher und Seminare über »siegreiches Denken«, die ich überall sehe. Die werden dir vielmehr sagen, dass du mehr tun, mehr sein, mehr schuften, mehr hashtaggen und mehr arbeiten sollst … für dich selbst. Es gibt Zeiten, da müssen diese Dinge sein. Das Problem entsteht, wenn nie das Ziel festgelegt wird. Was bedeutet »mehr«? Wie viel brauchen wir eigentlich, um endlich sagen zu können: »Ich hab's geschafft. Ich bin erfolgreich.« Wenn du das nicht definieren kannst, dann schnall dich gut an, denn dann bist du unterwegs auf der »Schnellstraße zur Unerfülltheit« – wie ich sie nenne –, und obwohl es auf dieser Straße ein Hauen und Stechen, viel Verkehr und Enttäuschung gibt, sind die Menschen trotzdem ganz versessen darauf, ihre Auffahrt zu nehmen.

Ich weiß sicher, dass es einen besseren Weg, eine bessere Straße gibt, und dass auf ihr genügend Platz ist. Dafür braucht man nichts weiter als echte Leidenschaft für die Suche nach einer Aufgabe in diesem Leben – wobei die Person, die am meisten davon profitiert, möglicherweise nicht du selbst bist. Aber wie sich herausstellt, ist genau das der Weg, auf dem wir uns selbst am meisten helfen.

Ich weise andere immer auf das hin, was ich für den Ausgangspunkt halte, um die Reise durchs Leben tatsächlich zu genießen, anstatt einem Phantom als Ziel hinterherzujagen. Sei dir einfach bewusst, dass du niemals durch das definiert wirst, was du tust. Wenn deine Geltung, dein Status und dein Wert untrennbar mit deinem Beruf oder deiner Beschäftigung verbunden sind, wird es unmöglich sein, die Veränderungen zu meistern, die uns alle im Leben irgendwann treffen. Wir sind so daran gewöhnt, Menschen Wert beizumessen, weil sie einen bestimmten Titel besitzen, dass wir vergessen haben, dass es in Wirklichkeit *Menschen* sind, die einem Titel erst Wert verleihen.

Wenn du das in deinem Inneren über dich selbst weißt, ist es wirklich einfach, erfolgreich und effizient in Titel und Träume und Ansprüche hineinzuwachsen, die sich noch in der Entwicklung befinden. Du wartest nicht länger auf die Erlaubnis, wachsen zu dürfen, oder auf Menschen, die dir eine Stimme geben, sondern fängst an, selbst eine Stimme zu sein. Du wartest nicht mehr darauf, dass andere dir sagen: »Jetzt bist du dran«, weil du schon in dem Moment, in dem du aufgewacht bist, wusstest: »Ich bin schon die ganze Zeit dran.«

Als ich als Pastor anfing, gab mir jemand einen wertvollen Ratschlag. Er lautete: »Warte nie darauf, dass andere dir sagen, wann du bereit bist. Denn wenn du jung bist, werden sie zu dir sagen: ›Du bist zu jung, warte, bis dir jemand eine Tür öffnet.‹ Wenn du älter bist, werden sie sagen: ›Du bist zu alt, warte, bis Türen aufgehen, die niemand sonst wählt. Im Rückblick wirst du dann irgendwann sagen: ›Wann war denn jetzt eigentlich meine Zeit?‹«

Als ich das hörte, fing ich an, meine Straße zu erobern. Und damit meine ich, dass ich beschloss, alles, was ich tat, so zu tun, als sei es das Letzte, was ich je tun würde, natürlich in dem vollen Bewusstsein und der Hoffnung, dass es nicht so sein würde. Ich würde mich nicht damit aufhalten, mir erstmal anzuschauen, was ich alles tun könnte, denn ich war von dem gefesselt, was ich als Nächstes tun wollte. Ich würde nichts nur der Form halber tun, denn die Gelegenheit direkt vor mir war meine Zeit wert.

Weißt du, was geschieht, wenn du so lebst? Du stichst heraus. Du genießt das Leben. Du wirst schonungslos effizient und diszipliniert – weil alles wichtig ist. Und ehe du dich versiehst, fängst du an, kleine Momente wie Spielmarken auf einem Casinotisch in Las Vegas vor dir zu stapeln, und andere sagen zu dir: »Wie bist du da bloß hingekommen?« Und es fällt dir schwer, das zu erklären, weil du einfach nicht aufgehört hast zu arbeiten, zu lieben, dich auszustrecken und das zu tun, was du tun *kannst*, anstatt darüber zu lamentieren, was du *nicht* tun kannst, während du anderen bei dem zusiehst, was *sie* tun.

Was, wenn ich dir sagen würde, dass einfach zu tun, was gerade in deinem Herzen ist, selbst bei den kleinen Entscheidungen, dir weitaus mehr Türen öffnen kann, als du dir je vorgestellt hast? Ich brauchte die Lektion einer trauernden Mutter, um diese Art von Leben zu beginnen und nie wieder zurückzublicken.

Ich bin mir sicher, du hast das auch schon erlebt. Dich überkommt ein flüchtiges Gefühl, ein Impuls: vielleicht die Idee für ein eigenes Lied oder der Drang, über eine Idee nachzudenken, die dir schon eine Weile durch den Kopf geistert. Aber du tust es ab und denkst: *Das mache ich irgendwann später. Ganz bestimmt.* Vielleicht ist es sogar etwas Kleineres, wie der Drang, einen Freund zu ermutigen, aber du denkst: *Ach, dem wird es schon gut gehen. Ich will ihn jetzt nicht stören.* Und du steckst dir die Taschen voll mit guten Absichten, bis du keinen Platz mehr hast.

Das passierte mir ständig. Egal, ob die Angst mir im Weg stand oder ob ich zu beschäftigt war: Ich spürte die Chance eines Moments und sah, wie er verflog. Bis auf das eine Mal, als ich die Idee hatte, Kim Simpson eine Nachricht zu schreiben.

Ich war mit ihrem Sohn Will befreundet gewesen. Nach der Highschool landete er wegen verschiedener Drogendelikte für ein paar Jahre im Gefängnis, traf dann aber die Entscheidung, sein Leben zu ändern. Ich weiß noch, wie ich eines Abends in Virginia

Beach predigte und ihn in der vierten Reihe sah. Er saß dort in Anzug und Krawatte, und obwohl ich ihn lange nicht gesehen hatte, hatten sich sein Lächeln und sein Gesicht nicht verändert.

Er sagte: »Carl, ich komme jetzt jede Woche hierher. Ich bin raus aus dem Gefängnis und habe den Entzug hinter mich gebracht. Ich bin seit ein paar Monaten clean und werde mich jetzt in jedem Gottesdienst hier in diese Reihe setzen.«

Wir verbrachten viel Zeit miteinander. Ich hörte mir gerne seine Geschichten an und besonders gerne traf ich seine Freunde aus dem Gefängnis. Es ist etwas Besonderes an Menschen, die ihre Freiheit ganz neu schätzen können, und sie machten einen besseren Menschen aus mir und weckten in mir mehr Leidenschaft für das Leben. Ich wurde einer von Wills Unterstützern. Wer weiß, wie es ist, wenn Angehörige von einer Sucht frei werden, weiß auch, dass es eine besondere Ehre ist, wenn man bei freigewordenen Abhängigen, die ihren Lebensentwurf neu ausarbeiten, auf der Kurzwahltaste für herausfordernde und problematische Zeiten eingespeichert ist. Und obwohl ich meine Rolle sehr ernst nahm, verpasste ich eines Abends den einen Anruf, bei dem ich hätte rangehen müssen.

Als ich an jenem Abend nach einem langen Tag in meinem eigenen Leben, in dem ein neugeborenes Baby mit dem Namen Ava Angel stundenlang seine Stimmbänder ausgetestet hatte, bevor es endlich aufhörte zu schreien und einschlief, mein Telefon ausschaltete, konnte ich nicht wissen, dass Will anrufen würde. Ich wachte auf, als Kim Simpson anrief.

»Kannst du bitte ins Krankenhaus kommen? Will ist dort.«

An besagtem Abend war eine teuflisch verschnittene Sorte Heroin durch die Stadt gegangen und hatte mehr als zehn Personen das Leben gekostet, die offensichtlich alle bei derselben Quelle die Droge bezogen hatten. Einer davon war Will. Als ich mit Kim ins Krankenhaus kam, wurde er nur noch künstlich am Leben erhalten, aber sie sagte, dass sie mit dem, was die Ärzte ihnen gesagt hatten, ihren Frieden gemacht hätten, und ich solle nun für Will beten, während sie Abschied von ihm nahmen. Ich werde nie vergessen, wie ich meine Hände auf sein Gesicht legte, als wir Gott für sein Leben dankten. Ich umarmte Kim und stolperte wie betäubt nach draußen zu meinem Auto.

Ich saß da und dachte darüber nach, dass ich Will hätte anrufen sollen. Dass ich ihn angerufen hätte, wenn ich Bescheid gewusst hätte. Ich gebe mich nicht der Illusion hin, dass ich irgendeine Art von Erlöser bin, und andere sagen in solchen Krisen gut gemeinte Dinge wie: »Das entzog sich deiner Kontrolle.« Klar, das stimmt bis zu einem gewissen Grad. Aber das macht null Unterschied, wenn diese unerbittlichen Wellen des Kummers deine Seele überrollen und du fast an deinen Tränen erstickst, weil du jemanden verloren hast, den du gerne hattest.

Ich brauchte lange, um mir selbst zu vergeben – und nicht darüber *hinwegzukommen*, dass Will gestorben war, sondern *durchzukommen*, so gut ich nur konnte. Damals wusste ich noch nicht, dass ich in der Zukunft noch oft in diese Lage kommen würde. Aber damals beschloss ich, immer das zu tun, was ich tun konnte: Nicht an einen Freund in Not zu *denken*, sondern mich bei einem Freund in Not zu *melden*. Menschen, die ich gerne habe, nicht nur »gute Schwingungen« zu schicken, sondern mich wirklich bei ihnen zu melden und ihnen dankbare Worte zu schicken.

Es ist unmöglich, alles zu tun. Aber es ist sehr wohl möglich, ein wenig zu tun. Und auch das Wenige summiert sich.

Fünf Jahre danach wollte ich jemandem auf dem Handy eine Nachricht schreiben, dessen Name mit *K* beginnt, da schlug mir die Autovervollständigung plötzlich den Namen *Kim Simpson* vor. Aus irgendeinem Grund stiegen mir die Tränen in die Augen. Einen Moment lang erinnerte ich mich an Will und dachte: *Ich sollte Kim eine Nachricht schicken und ihr sagen, wie gern ich sie habe.*

Und dann begannen die üblichen Ausflüchte den anfänglichen Gedanken zu vernebeln:

Sie ist bestimmt beschäftigt.

Es ist schon so lange her, dass du ihr das letzte Mal geschrieben hast – das wäre jetzt komisch.

Es ist nicht gerade feinfühlig, dass du dich in der Vergangenheit so wenig bei ihr gemeldet hast. Bete einfach für sie.

Aber meine innere Überzeugung, den Moment zu nutzen und die Straße zu erobern, gewann die Oberhand. Das geschieht, wenn man sich lange genug an einer Überzeugung festbeißt. Dann überlagert sie jedes Gefühl, das dich in eine andere Richtung lenken will. Also schickte ich ihr eine Nachricht.

> *Kim, ich habe dich lieb und denke gerade an dich. Will fehlt mir und ich bin dankbar, dass ich ihn kennenlernen durfte und dich immer noch kennen darf. Ich wünsche dir einen schönen Tag. Dein Carl.*

Innerhalb von wenigen Minuten kam die Antwort:

> *Carl! Du weißt ja nicht, wie viel mir das bedeutet. Heute ist Wills Geburtstag. Er ist jetzt schon eine Weile nicht mehr da. Ich weiß nicht, ob überhaupt einer seiner Freunde weiß, dass er heute Geburtstag gehabt hätte, und ich habe*

mit dem Gefühl gekämpft, dass er in Vergessenheit geraten ist. Diese Nachricht heute ist für mich wichtiger, als du dir jemals vorstellen kannst.

Ich hatte keine Ahnung gehabt. Ich freute mich, dass das Timing der Gnade Gottes so perfekt gewesen war. Ich war ebenfalls zutiefst überzeugt davon, dass es möglicherweise viele solcher Momente gegeben hatte, an denen ich hätte teilhaben können, wenn ich sie mir nicht hätte entgehen lassen. An diesem Tag schwor ich mir aufs Neue, an das zu denken, was ich tun kann. Wenn eine Mutter, die ich gernhabe, ein kleines bisschen Gold in einer unspektakulären Textnachricht von einem entfernten Freund finden konnte, wie viel mehr Gold mag dann vielleicht in unserem oder in dem Leben von anderen zu finden sein, wenn wir uns entschließen hinzusehen?

Gibt es heute jemanden, den du anrufen solltest? Dann ruf an. Gibt es jemanden, dem du vergeben musst? Dann versuche es.

Die Titel von Menschen interessieren mich nicht. Mich interessiert ihr Charakter.

»Der richtige Ort zur richtigen Zeit« interessiert mich nicht. Ich konzentriere mich auf »alle Orte jederzeit«.

Wenn ich mit etwas beschäftigt bin, dann tue ich es aus ganzem Herzen.

Wenn ich ein Fenster habe, dann öffne ich es und trete es notfalls ein, damit noch zwei andere hindurchpassen.

Ich bin kein »Prediger«. Auch wenn ich predige. Ich bin ein leidenschaftlicher Mensch, der anderen Menschen helfen will und dabei zufälligerweise auch predigt. Aber mein Titel wird und kann nicht die Beharrlichkeit bestimmen, mit der ich diese Berufung verfolge, die wir Leben nennen. Das ganze Leben. Lass dir von deinem Titel nicht sagen, wer du bist. Deine Zeit ist jetzt. Heute.

Eines Tages sagte Jesus etwas zu einer Gruppe von Menschen auf einem Berg, die weder einen Titel noch einen sozialen Status besaßen. Er sagte: »Ihr seid das Licht der Welt. Wenn ich euch auf einen Berg stelle, dann nicht, um euch zu verstecken. Sondern damit ihr strahlen könnt! Also strahlt. Lebt mit einem großen Herzen, das die Menschen zu dem großen Herzen Gottes im Himmel führt.« Jesus sagte nichts darüber, dass wir »einen Titel erlangen sollen« oder »genügend Wissen sammeln sollen« oder »unsere Gaben einsetzen sollen, wenn die erträumte Zeit gekommen ist«. Nichts von alledem. Jesus wusste, was ich bete, das weiß ich jetzt.

Wo bin ich heute? Vielleicht nicht da, wo ich morgen sein werde. Aber ich nehme mich überallhin mit. Ich kann meine Lage nicht immer kontrollieren. Aber ich kann meinen Geist, meinen Glauben, meine Leidenschaft kontrollieren. Und du kannst das auch.

Richte dir auf deinem Smartphone heute Abend eine Erinnerung für morgen ein, mit den Worten: »Hast du heute schon in jemandem das Gold entdeckt?«

Lebe den Moment

Hast du die ganze Zeit auf etwas gewartet, worauf du eigentlich nicht länger warten musst? Einfluss und Bedeutung liegen nicht in Titeln oder Positionen. Sondern in Leidenschaft und vorsätzlichem Leben. Mein Pastor brachte mir vor langer Zeit bei, mit Vorsatz das zu erfüllen, was in meinem Herzen ist. Was nicht bedeutet, dass du erfüllst, was in meinem Herzen ist, weil du dich immer auf das konzentrierst, was du nicht hast. Was kannst du *heute* tun? Wen kannst du *heute* erreichen? Erobere deine Straße heute mit Leidenschaft und sie wird dich zwangsläufig auf eine Autobahn der Gelegenheiten führen.

KAPITEL 9

DEINE SICHERHEIT IST DEINE GELASSENHEIT

IRGENDWANN MÜSSEN WIR ALLE EINMAL genau unter die Lupe nehmen, woher unsere Sicherheit eigentlich kommt. Für viele Zusammenbrüche ist oft Unsicherheit der letztendliche Grund – angefangen bei Beziehungen bis hin zu Träumen und großen Glaubensschritten –, sodass sie in der Liste der tödlichsten Dinge der Welt geführt werden sollte; direkt neben so ziemlich allen in Australien beheimateten Tieren.

Das Sicherheitsthema wird wahrscheinlich keiner auf dieser Seite der Ewigkeit jemals vollständig meistern oder unter die Füße bekommen. Doch ich glaube, es spricht viel für diejenigen unter uns, die nicht bereit sind, sich mit einem bestenfalls »wackligen« Sicherheitssystem zufriedenzugeben. Sicherlich gibt es für uns in diesem Leben eine bessere Alternative, als unseren Wert und Status in Dingen, Titeln und Beliebtheit zu finden. Ich glaube das ganz fest, und da sich die Ideen und Gedanken unserer Kultur zu diesem Thema als unbrauchbar erwiesen haben, ist es vielleicht an der Zeit, das Problem direkt anzugehen und sich damit zu befassen, worauf wir unsere Sicherheit und unseren Selbstwert gründen.

Es ist traurig, aber wahr: Unsicherheit ist etwas Augenscheinliches. Wenn sie ohnehin jeder sehen kann, können wir sie genauso gut auch angehen. Unsicherheit hat etwas *Lautes* an sich. Wenn man in New York lebt, sieht man das häufig. Wenn Typen einen Raum betreten und sich selbst ankündigen, sich selbst bewerben und immerzu über sich selbst reden, sind das untrügliche Zeichen dafür, dass nicht viel mit ihnen los ist. Sicherheit gibt dir den Frieden, dass du dich nicht darstellen musst. Dass du dich nicht in den Vordergrund stellen musst. Dem Typen, der lächelnd im hinteren Bereich des Raums sitzt und dem anderen Typen zuhört, wie er davon spricht, wie groß sein Büro ist, gehört wahrscheinlich das ganze Gebäude, in dem der andere sein Büro hat. Unsicherheit hält dich am Reden, weil du Angst hast vor dem, was die »Stille« vielleicht aufdecken könnte. Wenn du etwas gut kannst, dann wird sich das schon zeigen. Wirklich sichere Menschen gedeihen im Schatten, weil sie wissen, dass ihre Zeit kommen wird.

Einer meiner Freunde, ein echter New Yorker, klärte mich einmal über den Drogenhandel in New York City auf. Als ein begeisterter Fan der Serie *The Wire* (wenn du diese Krimiserie nicht magst, können wir niemals Freunde werden) kann ich von diesem faszinierenden und tödlichen Gewerbe, das meine Stadt und viele andere Städte immer noch so fest im Griff hat, nicht genug bekommen. Wir waren wegen eines Basketball-Spiels in Harlem, als ein Typ in einem Auto vorfuhr, das mindestens 100.000 Dollar wert war. Er war überall mit Schmuck behängt und war, wie man aus der Farbe seiner Kleidung schließen konnte, sehr stolz auf seine Zugehörigkeit zu einer bestimmten Gang. Ich sagte zu meinem Freund, dieser Typ sei »wahrscheinlich ein ganz Großer«. Mein Freund gab mir seine sehr scharfsinnige Beobachtung weiter, dass dieser Kerl in Wirklichkeit überhaupt nichts Besonderes sei. Er sagte, die echt großen Nummern in dieser Stadt führen mit Mietwagen durch die Gegend. Je unauffälliger, desto effizienter. Und obwohl ich als Prediger dazu neige, wirklich alles zu einer Predigt zu verarbeiten, ist die Verbindung zur praktischen Anwendung hier nicht zu übersehen: Irgendwann müssen wir in dem ruhen, wer wir sind, und unsere Produktivität für uns sprechen lassen.

Wenn du toll bist, dann musst du das nicht jedem sagen. Dann wird deine Arbeit das schon zeigen. Dein Charakter wird das unterstreichen und das Reden für dich übernehmen. Du musst nicht jede Geschichte in jedem Gespräch noch toppen, um sicherzustellen, dass jeder weiß, dass auch du etwas Interessantes gemacht hast. Du kannst fröhlich und bereitwillig andere beklatschen, wenn sie etwas erreichen, ohne Wege zu finden, das anzuzweifeln, was sie getan haben, um dich da, wo du stehst, besser zu fühlen.

Echte Sicherheit kann aus dir einen phänomenalen Cheerleader machen. Du kannst für andere etwas tun, ohne dich vergewissern zu müssen, dass das, was du getan hast, erwidert wird. Denn wenn du sicher bist, kannst du aus aufrichtigen Motiven Dinge tun, die unsichere Menschen nicht tun können. Das ist bedingungslose Liebe, denn hier gibt es keinen Wettstreit. Sicherheit erzeugt noch mehr Sicherheit. Wenn du keine hast, dann solltest du sie schnell finden, denn sie kann eine der größten Stärken in deinem Leben werden.

Ein anderer Freund von mir hat dieses Problem früher buchstäblich verkörpert. Obwohl er Karriere in der Modewelt gemacht hatte, sowohl vor als auch hinter der Kamera als Designer und Model, waren seine Sicherheit und sein Erfolg nicht auf demselben Niveau. Wir kennen das ja schon von dem Beispiel mit der Dysmorphophobie weiter vorne – dass Menschen manchmal damit zu kämpfen haben, sich so zu sehen, wie sie wirklich sind. Er machte sich also immer wichtig, indem er jedem erzählte, wie viele Menschen ihn für gutaussehend hielten. Er sagte immer: »Mensch, heute bin ich auf der Straße unterwegs gewesen und mindestens fünf Mädels haben mich angesprochen und nach meiner Nummer gefragt.« Jedes Mal, wenn jemand anderes etwas erreicht hatte, fand er einen Weg, von einer noch größeren Errungenschaft seinerseits zu sprechen. Wenn du einen Urlaub gewonnen hättest, dann hätte dieser Typ sicher einen Weg gefunden zu erzählen, dass er eine ganze Insel geschenkt bekommen hätte. Wir alle kennen solche Leute.

Irgendwann einmal hatte ich es einfach satt und fragte ihn, ob ihm klar sei, dass ihm immer weniger Leute glauben würden, je mehr er prahle. Ich fragte mich, ob er wusste, dass er irgendwann in der Tatsache ruhen konnte, dass wir alle ihn super fanden und ihn *um seinetwillen* mochten.

An jenem Tag kam die Wahrheit ans Licht. Darüber, dass er sich schon sein ganzes Leben lang abmühte, den Leuten zu beweisen, dass sie Unrecht hatten. Dass niemand ihm jemals geholfen hatte und er deshalb die Angewohnheit nicht ablegen konnte, sich selbst zu helfen.

Das ist kein Frieden. Das ist permanenter Druck, gepaart mit Unsicherheit. Findest du, dass du zu laut über dich selbst redest? Vielleicht ist es an der Zeit, ein neues Kapitel aufzuschlagen, was deine Sicherheit betrifft. Wenn du nicht sicher darin bist, wer du bist, wirst du den Rest deines Lebens damit verbringen, anderen zuzuhören, was sie über dich sagen, und dieses Recht sollten sie nicht haben.

Weil ich Christ bin, sollte mein Weg zur Sicherheit wohl viel weiter fortgeschritten sein als bei Menschen, die unsicher sind, woher sie kommen und warum sie hier sind oder ob es überhaupt einen Gott gibt. Ich glaube nicht nur an Gott, ich glaube auch, dass Gott mich geschaffen hat, dass Jesus mich gerettet hat und dass seine Hand mich leiten wird, egal was ich in diesem Leben »leiste«.

Ich habe keine Entschuldigung dafür, aus einer Position der Unsicherheit heraus zu handeln. Es wäre ganz sicher nicht einfach, wenn ich meine Arbeit verlieren, niemand mich kennen und niemand mir je auf den Rücken klopfen und sagen würde: »Das machst du toll.« Aber ich bete, dass meine Sicherheit darüber, wer ich bin, immer stärker sein wird als meine Sicherheit über das, was ich tue.

Es gibt Dinge, die sich völlig unserer Kontrolle entziehen. Wirtschaftskrisen, kultureller Wandel und allgemeine Schicksalsschläge und Katastrophen, von denen keiner verschont bleibt, sind der lebendige Beweis dafür, dass sich das, was wir in diesem Leben tun, verändern wird. Trotzdem neigen wir viel zu sehr dazu, unseren Glauben in Dinge zu setzen, die nichts Bleibendes versprechen können. Viele Menschen sind aufgrund ihrer Kindheit und der Menschen, mit denen sie groß wurden, bei diesem Thema oft sehr weit abgeschlagen. Ich kann schon gar nicht mehr sagen, wie oft ich herzzerreißende Geschichten von Menschen gehört habe, die mir offen erzählt haben, wie ihre Eltern einen negativen Samen des Zweifels in sie gesät haben, eine wohlbegründete Furcht, dass sie wieder fallengelassen werden könnten, wie schon so oft zuvor. Manchmal basiert unsere Unsicherheit auf realen Gegebenheiten.

Aber ich glaube immer noch, dass wir diese Probleme überwinden können. Kannst du keine größeren Risiken eingehen? Kannst du nichts Neues wagen? Kannst du das, was du hast, nicht schnell und bereitwillig hergeben, weil du nicht sicher bist, dass du mehr dafür bekommst? Dann hast du Probleme mit Unsicherheit, die deine Fähigkeit beeinträchtigen, diese Welt wirklich zu verändern. Ich will ein Leiter, Ehemann und Pastor sein, der so sicher ist, dass er schnell lieben, großzügig geben und von ganzem Herzen vergeben kann, weil ich weiß, worin mein Leben verankert ist.

Kürzlich gab mein Schwiegervater – der zufällig eine der sichersten und lebensbejahendsten Legenden Australiens ist, die einem je begegnen könnten – meiner Tochter Charlie »einfach nur so« siebzig Dollar. Egal, wie reich du bist, siebzig Dollar sind toll. Und wenn du erst zehn bist, dann sind sie der Jackpot.

Ich habe das gemacht, was ich immer mache, wenn meine Kinder Geld geschenkt bekommen: Ich sagte ihr, sie solle es mir geben, denn schließlich habe ich ihr das *Leben* geschenkt und jetzt steht sie in meiner Schuld. Nein, ich sagte ihr, sie solle einen Teil davon zurücklegen und in der kommenden Woche der Gemeinde spenden. Das angewendete Prinzip hier ist, dass wir uns daran erinnern, wo unsere Quelle ist, denn wenn wir etwas nicht weggeben können, dann haben wir es sowieso nie wirklich gehabt. Laura und ich haben vor langer Zeit den Entschluss gefasst, mindestens zehn Prozent von unseren Einkünften der Gemeinde zu geben, der wir uns verpflichtet hatten. Darum hatte Charlie natürlich auch die Idee, zehn Prozent zu geben. Ich sagte ihr, sie solle darüber beten, entscheiden, wie viel sie von ihrem außergewöhnlichen Geldsegen spenden wolle, und es mir am Sonntag erzählen.

Ich hatte es ganz vergessen. Als ich an jenem Tag aufstand, um einen Gottesdienst zu leiten, zupfte mich jemand am Bein. Es war Charlie, mit einem Umschlag in der Hand. Sie sagte: »Papa, hier ist mein Opfer.« Ich sah kurz nach, um zu sehen, wie viel in diesem Umschlag war, weil meine Kinder in der Vergangenheit auch schon mal ohne mein Wissen in meinem Namen mein Geld gespendet hatten.

Als ich mir sicher war, dass dies nicht der Fall war, sagte ich: »Wie viel willst du geben?«

Sie sagte: »Die ganzen siebzig, Papa.«

Ich sagte: »Mädchen, das ist so toll. Aber das musst du nicht tun. Sieben Dollar reichen völlig aus.«

Sie sagte darauf: »Papa, das ist in Ordnung. Ich möchte alles geben. Und wenn ich mehr brauche, dann frage ich einfach dich!«

Bitte glaub mir, als ich fertig war mit Weinen, konnte der Geldautomat mich nicht davon abhalten, so viel Geld abzuheben, wie ich nur konnte, um ihre großzügigen kleinen Taschen zu füllen. Ich war überzeugt, dass dieses Menschlein so viel Glauben und Sicherheit in Bezug auf ihren Papa hatte, dass sie alles geben konnte, was sie hatte, weil sie null Angst hatte, dass ihre Bedürfnisse nicht gestillt werden würden.

Das ist wahre Sicherheit. Ich werde meine besten Ideen weitergeben. Weil ich weiß, wo es mehr zu finden gibt. Ich werde jeden ermutigen, den ich sehe. Weil ich selbst ermutigt bin. Ich werde andere hervorheben und feiern. Weil ich in meinem Inneren weiß, wo mein Wert und mein Ansehen herkommen. Wenn du noch nicht so lebst, dann kannst und solltest du es tun.

Wenn wir anfangen, unsere Unsicherheit abzulegen, denke ich, dass sich in dieser Welt eine Menge für uns aufzutun beginnt. Eine geschlossene Faust ist ein schlechter Empfänger. Eine offene Hand kann so viel mehr ergreifen. Es gibt in deinem Leben mehr Frieden für dich, als dir bewusst ist. Die Frage ist nur: Wie viel davon willst du?

Ich fordere dich heraus, einem Bereich der Unsicherheit in deinem Leben entgegenzutreten. Tu das genaue Gegenteil von dem, was deine Angst dir sagt. Tag für Tag wird der Griff dieser Angst lockerer werden und du wirst anfangen, einen Blick von deinem *freien* Ich zu erhaschen.

Lebe den Moment

Was im Leben macht dich am unsichersten? Der Erfolg von anderen? Menschen, die das tun, was du irgendwann einmal tun willst, aber momentan noch nicht tun kannst? Vergleichst du dich ständig mit Menschen und Dingen, die nicht in derselben Liga spielen wie du? Tu genau das Gegenteil von dem, was die Unsicherheit dir sagt. Freue dich für jemanden, der am Gewinnen ist, wenn du versucht bist, ihn schlechtzumachen. Reiche jemandem die Hand, von dem du dir wünschst, dass er dir die Hand reichen würde. Wenn sich der Vergleich mit anderen einschleicht, erinnere dich daran, dass du zufrieden damit bist, einfach du selbst zu sein. Die Unsicherheit hat dich nicht so fest im Griff, wie du dir vielleicht vorstellst.

KAPITEL 10

EIN TRAUMHAFTES LEBEN

»LENTZ, BIST DU DAS?«

Ich hörte einen alten Freund von der anderen Seite der Bar und mir war bewusst, dass es schon lange her war, seit wir uns das letzte Mal gesehen hatten. Er und ein anderer Typ waren dabei, sich einen Weg durch die Menge zu bahnen, um uns auf diese unmissverständliche Weise zu begrüßen, die jedem klarmacht, dass sie nicht mehr ganz nüchtern waren. Es ist kein Stolpern, und definitiv kein Sprint. Eher so etwas wie ein »betrunkenes Schwanken«, das mich jedes Mal zum Lachen bringt.

Nachdem ich Christ geworden war, bin ich eine ganze Weile nicht mehr zu Hause in Virginia Beach gewesen. Ich war auf der anderen Seite der Welt auf der Bibelschule gewesen und hatte angefangen, in einer Gemeinde zu arbeiten. Ich hatte bis dahin ein paar interessante Gerüchte über mich gehört: Ich würde für das Friedenskorps arbeiten. Ich wäre auf einen Missionseinsatz in den Kongo gegangen und nie wieder zurückgekehrt. Ich wäre einer Sekte beigetreten. Das war alles in Ordnung für mich, denn ich hatte gelernt, dass man nicht viel bewirkt, wenn die Leute nicht über einen reden. Aber mir war nicht klar gewesen, wie »mysteriös« meine Entscheidungen geworden waren – bis zu diesem Gespräch.

Dieser alte Freund sagte: »Carl! Was um alles in der Welt hast du gemacht? Ich habe gehört, du seist Priester geworden. Warum machst du denn so etwas?«

Ich versicherte ihm, dass ich in Wirklichkeit nicht Priester, sondern Pastor geworden war – und ich erklärte ihm den gewaltigen Unterschied zwischen den beiden.

»Na gut, das klingt aber trotzdem schrecklich«, sagte er. »Lass mich dir erzählen, was *ich* alles gemacht habe. Ich verdiene mehr Geld, als ich zählen kann. Ich habe eine feste Freundin, aber ich habe auch so ungefähr zehn »nicht-feste« Bräute in Reserve, falls du weißt, was ich meine. Ich bin an niemanden fest gebunden. Ich habe einen echten Job *und* einen Job, von dem die Regierung nichts wissen darf, und wurde bislang noch nie erwischt. Ich kann in der Stadt hinkommen, wo ich will, und jeder kennt mich. Ich habe ein traumhaftes Leben!«

Ich saß da und hörte meinem Freund eine Weile zu und nickte höflich, aber als ich wieder ging, konnte ich nicht anders, als daran zu denken, wie sehr sein »traumhaftes« Leben für mich eher wie ein Albtraum klang. Und wie furchtbar nah ich dem Versuch gewesen war, genau dasselbe traumhafte Leben zu führen, bevor ich mich entschied, den Kurs zu wechseln und nicht »dem Traum« hinterherzujagen, sondern einer Realität – einer, in der ich so präsent bin, dass ich nach keinem Szenario mehr suche oder mich sehne, das höchstwahrscheinlich sowieso nie kommen wird.

So ist das mit fehlgeleiteten Träumen: Es besteht die große Chance, dass man die Realität und die Gelegenheit übersieht, die direkt vor einem liegen. Dieses ganze Buch – und, ehrlich gesagt, meine kurzen achtunddreißig Jahre auf dieser Erde – könnte man so zusammenfassen: Ich will so gut, so bewusst, so leidenschaftlich, so zielgerichtet leben, dass das, wovon ich früher geträumt habe, enttäuschend ist.

Ich bin auf gar keinen Fall gegen Träume. Doch ich vertrete die Ansicht, dass sich wenigstens meine Füße auf dem Boden bewegen müssen, wenn schon mein Kopf oben in den Wolken hängt und träumt. Vielleicht eine der bewegendsten Predigten oder öffentlichen Reden der Moderne hat Martin Luther King jr. gehalten, als er erklärte: »I have a dream …« (Ich habe einen Traum …). Aber das Besondere daran war, dass er auch einen Alltag hatte, der ihn ständig in die Lage versetzte, sich auf diesen Traum zuzubewegen. Ich werde nicht auf ein Szenario warten, bei dem ich sage: »Ja, mein Traum. Jetzt ist die Zeit für Erfolg.« Ich denke, wir können durch Planung eine Realität schaffen, in der wir Erfüllung finden. Aber vielleicht fängt es damit an, den Traum zu *verändern*. Oder vielleicht fängt es damit an, den Traum *loszulassen* – damit er keinen Platz in deinem Herzen und Verstand besetzt hält, der mit etwas noch Besserem gefüllt werden könnte. Manche machen sich vielleicht lustig über meinen Freund in der Bar und denken: *Dieser Typ hat keine Ahnung davon, was ein traumhaftes Leben überhaupt ist.* Möglicherweise stimmt das. Aber wir haben sicher *alle* keine Vorstellung davon, was ein Traumleben ist, wenn es sich nur auf die Zeit beschränkt, in der wir schlafen.

Meine Traumgemeinde? Das ist die, in der ich gerade Pastor bin. Mein Traumhaus? Das ist das, in dem ich gerade schlafe. Ich bin mir sicher, dass es nicht mein letztes sein wird, und ich habe zweifellos auch ein paar Vorstellungen davon, was die Zukunft bringen könnte. Aber ich werde nicht die ganze Zeit mit diesem nagenden Gefühl herumlaufen, das sehr viele Menschen haben: Dieses Gefühl, das besagt: »Es muss noch etwas Besseres geben.« Das ist so, als würde man ein Baby in seinem Bettchen ansehen und es nie auf den Arm nehmen, nie mit ihm zusammen lachen, ihm nie auf die Nase tippen und dieses himmlische Babylachen hören, wenn es den Rhythmus seiner eigenen Stimme und deiner entdeckt. Stattdessen wirfst du jeden Tag einen Blick in das Bettchen und sagst: »Irgendwann wird das mal ein außergewöhnlicher Mensch sein. Nächstes Jahr komme ich zurück und schau wieder nach.« Manchmal müssen wir lernen, nicht so weit vorauszuschauen, dass uns die Tatsache entgeht, dass, das, was wir haben, einen Blick wert ist.

Ich habe, glaube ich, meine Tattoo-Phase hinter mir gelassen, aber wenn ich mir noch ein weiteres Tattoo stechen lassen würde, wäre es der Spruch TRÄUME GROSS, ABER LEBE BESSER. Im Wesentlichen ist es das, was die Bibel in Epheser 3,20 sagt: Gott »aber, der weit über die Maßen mehr zu tun vermag als wir bitten oder verstehen, gemäß der Kraft, die in uns wirkt, ihm sei die Ehre«. Diese Stelle öffnet mir jeden Tag die Augen für die Kraft im Hier und Jetzt. Denn wenn das stimmt – und das glaube ich von ganzem Herzen –, sind meine Träume fantastisch. Aber Gott ist so gut, dass er sie sowieso übertreffen wird, sie auf bessere Weise neu schreiben wird, also kann ich genauso gut so leben, als ob das, was ich tue, der Traum *ist*, weil wahrscheinlich mehr drin steckt, als mir bewusst ist.

Ich habe nie davon »geträumt«, Pastor zu werden. Nie. Ich hätte mir das nie im Leben ausgesucht. Aber ich bin froh, dass Gott nicht immer meine Traumbestellungen entgegennimmt wie ein Ober in einem Diner in Brooklyn. Denn ich habe unterwegs herausgefunden, wozu ich geboren wurde. Im Kampf. Und ich habe gehört, dass andere Menschen genau die gleiche Geschichte erzählen.

Irgendwann einmal habe ich einen Brief aus Seattle, Washington, erhalten, der diesen Gedanken für immer in meinem Leben festmachen sollte. Ich hatte dort ein paar Wochen zuvor gepredigt und konnte an diesem Abend spüren, dass die Leute verstanden hatten, worum es ging. Wenn man Prediger ist, kann man manchmal spüren, ob das, was man sagt, nur die Köpfe der Leute unterhält oder ob es wirklich Auswirkungen auf ihre Herzen hat. Bei Letzterem ist das Feedback im ersten Moment erst einmal ruhiger, aber du weißt, dass die Menschen die Information auf einer anderen Ebene aufnehmen. Das war mein Eindruck nach diesem Abend. In dem Brief stand:

> *Die Botschaft darüber, dass ich genau jetzt etwas tun kann und dass ich nicht auf den perfekten Zeitpunkt und die perfekte Phase warten muss, gefiel mir wirklich gut. Ich habe immer gedacht, dass ich irgendwann einmal Prediger im vollzeitlichen Dienst sein würde. In einer Gemeinde. Mein aktueller Beruf als Polizist ist zwar toll, aber ich dachte immer, dass das vielleicht nur ein Vorläufer sei. Als du gepredigt hast, wurde mir klar, dass ich auf nichts warten muss. Dass ich einen Teil meines Traums in meinem täglichen Leben ausleben kann. Also fing ich an, anders zu arbeiten. Normalerweise fahren wir fast ohne zu reden mit der Person auf dem Rücksitz, die wir verhaftet haben, zur Polizeiwache. Aber ich fing damit an, Filme von Predigten abzuspielen, die mir gefielen, manchmal deine Predigten, damit sie, in Handschellen, diese auf dem Weg ansehen konnten. Ich dachte: »Wo sollen sie denn auch hingehen?«[1] Oftmals baten sie mich, für sie zu beten, an sie zu denken, wenn sie sich mit den Konsequenzen ihres Handelns auseinandersetzen mussten, und ich kann ihnen immer*

---

1 Das, liebe Freunde, nenne ich mal ein gefesseltes Publikum.

sagen, dass sie nie vergessen sollen, dass die Gnade Gottes immer verfügbar ist, ganz egal, was wir getan haben. Einige dieser Menschen haben mich nach ihrer Freilassung aus dem Gefängnis sogar ausfindig gemacht und gebeten, in die Gemeinde kommen zu dürfen, um mehr Informationen über die Predigt zu erhalten, die sie gehört hatten. Also danke dafür, dass du mir geholfen hast zu sehen, dass ich tatsächlich eine strahlende Zukunft vor mir habe. Aber schon mein »Jetzt« ist ziemlich genial. Ich bin ein predigender Polizist, ein Pastor für Straffällige.

Das klingt für mich nicht wie ein Traum. Es klingt viel besser. Dieser Mann ist ein guter Freund von mir geworden und über die Jahre habe ich mitbekommen, wie er eine Beförderung nach der anderen erhalten hat bis hin zu seiner jetzigen Position in seiner Abteilung als hochrangiger Ermittler. Aber manchmal müssen wir den Traum töten, bevor so etwas geschieht. Denn erst dann kann die Realität noch heller strahlen, weil sie unsere ganze Aufmerksamkeit besitzt.

Das lässt sich viel leichter umsetzen, als du vielleicht glaubst. Fang den morgigen Tag damit an, dankbar zu sein, dass er überhaupt angefangen hat. Such dir die gewöhnlichste Sache heraus, die du tust, und triff eine bewusste Entscheidung, sie mit Leidenschaft zu tun und zu sehen, was geschieht. Das ist keinesfalls ein Zaubertrank, der dir endlose Beförderung und Macht garantiert. Aber es ist ein todsicherer Weg, nicht die Dinge zu vernachlässigen, die du jetzt im Moment tun kannst.

Kürzlich wurde ich gefragt: »Lebst du deinen Traum? Es sieht so aus.« Ich antwortete voller Respekt: »Nein, ich habe den Traum getötet. Ich lebe etwas weitaus Besseres. Eine Realität, die ich spüren und teilen und weitergeben kann.«

Ich sehe nicht meine Träume, wenn ich die Augen schließe. Und ich denke, wenn wir sie wirklich öffnen, können wir etwas weitaus Besseres leben.

Lebe den Moment

Jeder Traum endet auf dieselbe Weise. Mit dem Aufwachen. »Wach bleiben« ist zu einem Trendbegriff geworden für Menschen, die sich kultureller Probleme, Ungerechtigkeit und allem anderem, das unmittelbare Aufmerksamkeit fordert, bewusst bleiben wollen. Vielleicht wird das außer Acht gelassen, wenn es darum geht, dies auf unser eigenes Leben und unsere eigenen Gelegenheiten anzuwenden. Heute ist ein fantastischer Tag, um aufzuwachen und damit anzufangen, Auswirkungen auf die Menschen in unserem Alltag zu haben. Da sowieso kein »Traum« an einem einzigen Tag wahr wird, kannst du genauso gut auch den Weg genießen, während du darauf wartest, dass etwas geschieht. Wer weiß? Wenn du wach wirst für die Realitäten in deinem Leben, wirst du vielleicht auf etwas stoßen, von dem du noch nicht einmal wusstest, dass es dich fasziniert. Was das Verfolgen eines einzelnen Traumes war, kann zu einer Realität werden, in der du viele Gelegenheiten auslebst, wenn du dich entscheidest, für alle Möglichkeiten wach zu werden, die Gott dir in den Weg gelegt hat.

KAPITEL 11

WENN JESUS INSTAGRAM HÄTTE

ICH MAG DIE SOZIALEN MEDIEN. Die Vorteile der Vernetzung und der Möglichkeit, mit anderen Menschen und bei Ereignissen und Themen auf dem Laufenden zu bleiben, überwiegen bei weitem die kleineren Ärgernisse der gelegentlichen Internet-Trolle oder Negativnachrichten, auf die man stoßen kann. Vor allem mag ich Instagram, denn ich lerne visuell: Ich schreibe und lese gerne Texte zu Bildern, die anderen Menschen wichtig sind.

Eine der Herausforderungen von Instagram ist jedoch, dass wir manchmal keine Ahnung haben, wie es zu dem Foto oder Bild kam. Wir kennen nicht den Weg dahin, die Geschichte dahinter, die Faktoren, die dazu beigetragen haben, und noch nicht einmal, wie viele der 79 möglichen Filter gewählt wurden, um dieser dunklen Ecke genau die richtige Färbung zu verleihen. Bis zu einem gewissen Grad ist das nichts Besonderes. Es sei denn, Menschen lassen sich von einem nahezu »mythischen« Ziel faszinieren, das nicht wirklich existiert. Du siehst, wie jemand ein Foto von einem Auto postet? *Oh, dieses Auto will ich.* Du siehst vielleicht das Fahrrad nicht, mit dem er die Jahre zuvor in nicht so glücklichen Zeiten gefahren ist. Du siehst ein Foto, wie jemand ein geschäftliches Meeting hochrangiger Mitarbeiter leitet, mit dem Hashtag *#corporateceolife,* und du denkst: »Ich will auch Chef werden.« Aber du siehst nicht, wie oft er Kaffee geholt hat, als er noch eine unbedeutende Hilfskraft war.

In meiner Welt als Pastor ist das sehr verbreitet, denn ob die Menschen es zugeben oder nicht, man sieht, was andere tun, und das kann ungesunde und unnötige Vergleiche und Frustrationen erzeugen. Wenn man Pastor ist und auf Instagram jemandem folgt, der scheinbar ständig zu Tausenden von Menschen predigt und bei dem jeder Gottesdienst überfüllt ist, kann man in die eigene Welt zurückkehren und mit der eigenen momentanen Wirklichkeit hadern. Das Problem ist, dass sich bei solchen tollen Fotomomenten keiner freiwillig zum Affen macht. Und darüber hinaus zeigen nur sehr wenige Menschen Fotos von ihren schlechten Tagen auf Instagram. Ich habe noch nie das Foto eines Pastors auf Instagram gesehen mit dem Text: »Hier bin ich. Sieht so aus, als würden 80 Prozent meiner Leute heute nicht auftauchen wollen.«

Vielleicht wäre es der Sache zuträglich, wenn sie es täten. Wenn wir uns entscheiden, für das, was wir in diesem Leben tun können, Verantwortung zu übernehmen und tagein tagaus treu und leidenschaftlich darin bleiben, wird sich daraus irgendwann ein weiterer Moment ergeben. Und dann noch einer. Und noch einer. Und irgendwann ist man so sehr gewachsen und so stark, dass andere anfangen werden zu fragen: »Wann hattest du deine große Chance? Was war ›dein Moment‹?« Und man wird ihnen erklären müssen, dass man eigentlich gar nicht weiß, wann der große Moment war, weil man einfach treu in dem gewesen ist, was sich direkt vor einem befand, und dann eines Tages aufgeschaut und noch nicht einmal gemerkt hat, wie viel Raum man schon eingenommen hat.

Ich mag Geschichten vom »großen Durchbruch«. Sie taugen für unglaubliche Filme. Aber wenn ich meine Helden studiere und mir auch meine eigene Geschichte anschaue, wird mir bewusst, dass das, »wofür man bekannt ist«, im Vergleich zu dem, was man tun musste, um tatsächlich dort hinzukommen, fast verblasst.

Die meisten Menschen würden Jesus Christus sofort mit einem Kreuz in Verbindung bringen. Auf gute oder schlechte Weise, im richtigen Kontext oder völlig ohne Kontext – die meisten Menschen wissen zumindest, dass Jesus an einem Kreuz gestorben ist. Schon allein das gehört zu haben, ist wichtig und lebensverändernd genug. Aber was mich an Jesus fesselt – und was das »Instagram« von ihm am Kreuz noch unfassbarer macht – ist der Weg, der ihn an dieses bestimmte Ziel geführt hat.

Ich frage mich oft: Was wäre, wenn Jesus Instagram gehabt hätte? Wäre das nicht unglaublich gewesen? Sein Benutzername wäre natürlich @derwahrekoenig gewesen. »Hier bin ich. Schwebend. Am Chillen. *#schwebenundchillen.*« Aber ich frage mich, ob die Leute ihm gefolgt wären. Denn im Rückblick sehen die Dinge, die da geschehen sind, für uns zwar unfassbar aus, aber in dem Moment selbst sahen sie wahrscheinlich ziemlich gewöhnlich aus. Manchmal lesen sich die Berichte von Jesus in den Evangelien wie die Schlagzeilen aus der Sportschau, aber in Wirklichkeit war Jesus ganz Mensch. Er wird Tage gehabt haben, die wie viele unserer eigenen Tage ausgesehen haben. Der Unterschied ist, dass jeder Moment, in dem er lebte, jede Person, der er begegnete, eine Rolle in einer viel größeren Geschichte spielte.

Ein Moment berührt mich noch bis heute ganz besonders, wenn ich davon lese. Ganze Menschenmassen folgten Jesus nach. Nicht auf Instagram, sondern buchstäblich. Die Menschen waren fasziniert von seinem Leben, den Wundern, die sie sahen, und den Fragen, die er aufwarf. Und eines Tages, als er gerade irgendwohin unterwegs war, hielt er inne, schaute an einem Baum hoch und sprach zu einem Mann, der dort hinaufgeklettert war, um einen besseren Blick auf ihn erhaschen zu können.

Der Name des Mannes war Zachäus, und er war ein berüchtigter und verachteter Mensch. Die meisten machten einen großen Bogen um ihn. Aber die Augen Jesu waren weit geöffnet. Er sprach nicht nur mit ihm, sondern aß am Ende sogar zu Abend mit ihm. Das verletzte die Grenzen allgemeingültiger Regeln. Ganz zu schweigen davon, dass das Abendessen in jenen Tagen und in jenem Zeitalter nicht nur einen kurzen Moment dauerte. Es war sehr wahrscheinlich eine sehr lange Prozedur. Ich weiß nicht, welche Pläne Jesus gehabt hatte, bevor er Zachäus dort im Baum entdeckte, aber er änderte sie. Das Ergebnis war: Zachäus war von Jesus so beeindruckt, dass er beim Abendessen aufstand und verkündete: »Sieh mal, Herr! Hier und jetzt gebe ich die Hälfte meines Besitzes den Armen, und wenn ich jemanden betrogen habe, werde ich es vierfach zurückerstatten.« Das muss ein unglaublicher Moment gewesen sein. Ich frage mich, worüber Jesus wohl mit ihm geredet hatte. Welche Witze er wohl erzählt hatte. Welche Überleitungen er wohl benutzt hatte. Irgendetwas musste an diesem Tisch geschehen sein, dass am Ende ein Mensch vom Tod zum Leben durchdrang. Was nehme ich aus dieser Geschichte mit? Vielleicht muss ich mehr Unterbrechungen in meinem Leben dulden. Vielleicht hätte ich es lieber, dass bestimmte Ereignisse in meinem Leben anders verliefen, aber wenn ich meine Augen offen halte, kann ich sogar aus ungewollten Momenten das Beste machen.

Kurz zurück zur Parallele mit Instagram: Das meiste an dieser Begegnung wäre unspektakulär gewesen. Sie war ganz offensichtlich unpassend. Viele hätten das Ganze falsch aufgefasst, da Jesus in dieser Kultur nach Meinung vieler zur falschen Zeit am falschen Ort mit den falschen Leuten zusammentraf. Übrigens, wenn Jesus wirklich Instagram gehabt hätte, hätte er wahrscheinlich zu den Kommentaren die schlagfertigsten Antworten aller Zeiten gehabt. »Jesus, wie kannst du nur mit solchen schlimmen Leuten abhängen? Du bist schrecklich. Ich schreibe das aus Liebe. Von @ logineye.« Jesu Antwort: »Ich bin eben Gott.« Das hätte er wahrscheinlich jedes Mal gesagt. Aber es hätte nicht einen vergeudeten Moment gegeben. Ich denke, wir haben eine Menge Momente im Leben, die durch Frustration oder Erschöpfung auf eine »Dieser Moment ist noch nicht einmal ein Foto wert«-Weise ungenutzt bleiben können. Wenn wir das zulassen, werden wir unmöglich wirksam tun oder sein können, wozu wir berufen sind. Einfach nur, weil unsere Tage manchmal unspektakulär aussehen, heißt das nicht, dass hinter der nächsten Ecke nicht etwas Übernatürliches auf uns wartet.

Aber nachdem ich Geschichten wie die von Jesus und Zachäus und so viele andere gelesen habe, habe ich gelernt, dass dieses eine Foto, dieser eine Moment, noch viel mehr bedeutet, wenn man Jesus dadurch schließlich so erkennt, dass man vor dem Kreuz landet. Dieses Kreuz war nicht nur für die Bekannten oder die Coolen oder die Follower. Es war für die Menschen in den Bäumen.

Selbst wenn etwas Gewaltiges geschehen ist, bin ich mir trotzdem immer der vielen kleinen Faktoren bewusst gewesen, die eine Rolle dabei gespielt haben, dass ich durch diese offene Tür gehen konnte. Aber diese große offene Tür war nie mein Ziel gewesen. Ich bin mein ganzes Leben lang immer mit dem Spalt eines »Gelegenheitsfensters« zufrieden gewesen, während andere Menschen, die ich kenne, ungeduldig auf die große »Gelegenheitstür« warten. Dafür war mir die Zeit zu schade und darüber hinaus ist mir klargeworden, dass ein offenes Fenster manchmal sowieso die bessere Möglichkeit ist, um in ein riesiges Haus der Gelegenheit zu gelangen.

Ich sprach einmal mit einem aufstrebenden Leiter, der mich mit Fragen löcherte, wie er seine Gemeinde zum Wachstum bringen könne. Er fragte mich, ob es bestimmte Themen gebe, über die ich spreche, ob es »Methoden« gebe, die uns dabei helfen, ganz vorne zu bleiben und dafür zu sorgen, dass wir nicht selbstgefällig oder träge werden mit dem, was wir haben. Und ich sagte ihm, dass ich ihm ganz ehrlich nicht eine Sache nennen könne, außer dieser: »Halte deine Augen offen, wenn du in den Supermarkt gehst.«

Als ich als Prediger in Virginia Beach begann (einen »Virginia-Gruß« an alle, die aus dieser großartigen Stadt kommen – wir haben den Hip-Hop und Basketball erfunden), leiteten wir eine ganz kleine Bewegung, von der ich das Gefühl hatte, sie habe das Potenzial zu wachsen. Und wir hatten keine großen Träume oder große Ideen, also dachte ich, dass ich persönlich mein Bestes geben und jeden einzelnen fragen würde, der mir über den Weg lief, ob er zum Gottesdienst kommen wolle. Ich fragte sogar einmal einen Polizisten, nachdem er mir einen Strafzettel ausgestellt hatte, ob er kommen wolle. Er lehnte ab und hielt mich für komisch. Manchmal gewinnt man, manchmal verliert man.

Aber diese Art zu denken brachte mich dazu, immer hinzuschauen und hinzuhören. Denn ich wusste, wenn ich eine Person erreichte, würde diese Person mindestens noch eine andere erreichen. Und so würden wir Stück um Stück die Nachricht verbreiten.

An einem Sonntag war ich einmal zu spät dran. Und als ich anhielt, um meinen gewohnten Kaffee und meinen Krispy-Kreme-Donut zu besorgen – über die ich inzwischen herausgefunden habe, dass sie tatsächlich im Himmel gemacht werden, wie es der Slogan behauptet –, eilte ich zum Bezahlen zur Kasse. Ich zog mein Geld heraus und konzentrierte mich dann auf eine Textnachricht. Erst beim Hinausgehen registrierte ich, dass der Mann hinter dem Tresen zu mir gesagt hatte: »Wohin gehen Sie?« Also ging ich wieder zurück und entschuldigte mich dafür, dass ich ihm gerade nicht zugehört hatte.

»Ich gehe zum Gottesdienst«, sagte ich. »Das würde Ihnen auch gefallen. Wollen Sie mitkommen?«

Er sah mich an und sagte: »Ich gehe nicht in die Kirche. Mit Gottesdiensten habe ich nichts am Hut.«

Ich mache das Ganze schon lange genug, um zu wissen, dass manche Leute etwas sagen, weil sie hoffen, dass man miteinander ins Gespräch kommt, und andere, weil sie hoffen, das Gespräch damit zu beenden. Hier handelte es sich um letzteren Fall.

Ich schaute auf sein Namensschild.

»Nun, Ross«, sagte ich. »Ich gehe in eine Gemeinde voller Leute, die Kirche eigentlich auch nicht mögen. Darum haben wir diese Gemeinde so gebaut, dass es eigentlich nicht um Kirche geht. Es geht hauptsächlich um Jesus. Sie müssen einfach mal vorbeikommen.«

Er dachte kurz darüber nach und sagte: »In Ordnung, ich probiere es mal aus.«

Später am Abend machte er es wahr. Ich hielt ihm einen Platz frei und er kam und setzte sich dorthin – in seinen Arbeitsklamotten, mit seinem Namensschild und allem.

An jenem Abend veränderte sich das Leben von Ross. In der darauffolgenden Woche rief er mich an und sagte: »Wenn es in Ordnung ist, dann würde ich gerne meine Frau mitbringen.«

Und ich sagte zu ihm: »Nein, Ross. Wir akzeptieren hier nur halbe Paare, bis wir sicher sind, dass derjenige es auch ernst meint.

Natürlich können Sie sie mitbringen!« An jenem Tag kam seine Frau mit. Ihr Leben wurde dadurch tief berührt und ich konnte eine weitere Freundschaft schließen.

In der darauffolgenden Woche rief Ross mich wieder an und sagte: »Jetzt möchte meine Tochter aus meiner früheren Ehe mit fünf ihrer Freunde kommen. Dürfen sie?«

Ich sagte: »Ross, du musst damit aufhören, mich jedes Mal zu fragen, ob irgendwer mitkommen kann. Jeder einzelne, der hier Platz findet, ist herzlich willkommen.«

Innerhalb eines Monats reservierte ich mehr als fünf Sitzreihen für Ross und seine Leute. Kurz darauf wurden daraus noch mehr Reihen. Einmal sah ich mich während des Gottesdienstes um und als ich ein paar dieser Gesichter sah, dachte ich bei mir: *Dem Himmel sei Dank für Supermärkte.*

Seither ist mir klargeworden, dass das in jedem Bereich meines Lebens funktioniert. Ich warte nicht mehr auf die großen Gelegenheiten. Ich hoffe nicht mehr, dass ich über irgendein märchenhaft perfektes Szenario stolpern werde, das alles gut werden lässt. Ich kann den Moment nutzen, der vor mir liegt, mein absolut Bestes geben, treu sein und Frieden haben, egal, was als Nächstes passiert. Ich kann das, was in meinem Leben als Nächstes geschieht, zu einem großen Teil nicht kontrollieren, aber ich habe Einfluss auf das, was sich mir an Momenten, Menschen und Gelegenheiten jetzt gerade bietet.

Ich stelle dir folgende Herausforderung: Nimm dir heute, diese Woche, einen Moment und lass nicht zu, dass es nur »noch so ein« Moment ist. Nur noch so ein Tag im Büro. Nur noch so eine Fahrt zum Laden mit meiner Tochter. Nur noch so eine Geschichte, die ich meinem Kind vor dem Einschlafen vorlesen muss. Nur noch so eine Nachricht an meine Frau, in der ich ihr schreibe, dass ich auf dem Nachhauseweg bin.

Nein! Es ist nicht einfach nur »noch so ein« Moment. Mach daraus die beste Geschichte, die du je vorgelesen hast. Mach daraus die außergewöhnlichste, fesselndste U-Bahn-Fahrt aller Zeiten. Mach daraus die herzlichste, romantischste Nachricht, die du je verschickt hast. Glaub mir, bei Letzterem wird bestimmt noch mehr für dich rausspringen. Und auch bei den anderen Dingen.

Halte die Augen offen in diesem Supermarkt, den wir Leben nennen. Lass dich von Tagen oder Phasen, in denen du dich ständig im Schatten fühlst, nicht der Realität berauben, dass der Sonnenschein bereits unterwegs zu dir ist. Manchmal gibt es Tage, an denen keiner glaubt, dass dein Leben in die richtige Richtung geht. Solange du selbst es glaubst, lass sie denken, was sie wollen. Du darfst wählen, wie dein Tag sein soll und mit welcher Einstellung du ihn erlebst.

Meine Tochter Charlie machte mal an einem Nachmittag ein unglaubliches Foto von einem Sonnenuntergang. Schweren Herzens habe ich ihr erlaubt, ein Instagram-Konto zu eröffnen, weil sie so kreativ ist und ich will, dass sie sich ausdrücken kann und keine Angst vor der großen bösen Welt des Internets hat. Darüber hinaus kontrolliere ich, wer ihr folgt, und das sind nur ein paar wenige. Aber ich habe den Ausdruck auf ihrem Gesicht gesehen, als sie auf das Foto starrte, das sie gemacht hatte, und sagte: »Papa, ich will das posten, weil es mir gefällt. Aber was ist, wenn es sonst niemandem gefällt?«

Ich sagte: »Mädchen, du solltest das unbedingt posten. Sofort. Weil es *dir* gefällt. Wenn es anderen auch gefällt, toll. Aber lass nicht zu, dass dich das jemals davon abhält, etwas zu genießen. Auch wenn du die Einzige bist, die das sieht, was du siehst.«

Sie postete es, aber ich habe daraus gelernt. Ich dachte an Momente in meinem Leben, die ich vielleicht nicht völlig gelebt oder die ich vielleicht mehr ertragen als genossen habe, weil ich mir Gedanken darüber machte, wie andere sie wohl sahen. Und mich fragte, ob sie ihnen auch gefielen. Ob sie sie verstehen konnten. Ich habe beschlossen, so viel ich kann zu ergreifen, wann immer sich mir die Gelegenheit bietet. Und manchmal sind die Fotos oder Tage, die anderen Leuten nicht gefallen, am Ende diejenigen, die mir selbst am besten gefallen. Schönheit – selbst Bedeutung – liegt anscheinend immer noch im Auge des Betrachters.

Lebe den Moment

Am besten schaffst du es durch »deinen Prozess« des Wachstums und der Landeinnahme in deinem Leben, wenn du dafür sorgst, dass jemand anderes daran beteiligt ist. Die Möglichkeit, neue Begeisterung zu entfachen, indem du anderen dienst, Lektionen deines Weges weitergibst und deinen Blick von deinen eigenen Umständen weglenkst, wird wohl stark unterschätzt. Was als Dienst und Segen für andere beginnt, wird am Ende zu etwas, was dir selber weitaus mehr hilft als den anderen. Wenn du immer nur der Held in deiner eigenen Geschichte bist, wird das eine ziemlich langweilige Erzählung. Vielleicht ist es an der Zeit, Platz für andere zu machen.

KAPITEL 12

ICH HABE KEINE AHNUNG, WOHIN ICH GEHE

ES IST NICHT EINFACH, in diesem Leben Richtungsweisung zu finden. Wenn es das wäre, dann gäbe es nicht so viele Optionen, Methoden und Seminare mit Antworten zu genau diesem Thema. Ich finde es immer noch sehr lustig, dass die zwei häufigsten Fragen, die auf Google gestellt werden, folgende sind: »Ist Tupac tot?« (unsinnige Verschwörungstheorien gibt es viele dazu, aber Snoop Doggs Tupac-Hologramm auf dem Coachella-Konzert vor ein paar Jahren war mir dann doch ein bisschen *zu* real) gefolgt von »Warum lebe ich überhaupt?« Es gibt keinen einzigen Menschen auf der Welt, der die letztere Frage nicht mindestens eine Million mal geistig bewegt hat. Einige von uns schaffen das sogar innerhalb einer Woche.

Das Problem, wenn man die ausschlaggebenden und wichtigen Antworten finden will, liegt darin zu erkennen, dass das Vorhandensein von vielen Antworten nicht bedeutet, dass davon auch wirklich welche *richtig* sind. Du kannst eigentlich immer jemanden finden, der dir genau das erzählt, was du hören willst. Wenn du Veganer sein willst, kannst du unzählige Blogs und Webseiten finden, die genau beschreiben, warum du nie wieder mit Fleisch in Berührung kommen solltest. Wie ein Leben als Veganer deine Lebensqualität drastisch verbessern wird. Wie verrückt es ist, das nicht zu wissen. Wenn du es allerdings hasst, Pflanzen zu essen, kannst du genauso viele Blogs und Webseiten finden, die sich der Aufgabe verschrieben haben, jedes einzelne Argument zu widerlegen, das ein Veganer je vorgebracht hat. Wenn du deine Kinder ohne Schläge erziehen willst, kannst du einem Club beitreten, der elterliche Diplomatie fördert. Dort erfährst du, wie du deinem Kind »Optionen« eröffnen und dich total gut dabei fühlen kannst, wenn dein Kind dir sagt, was du tun sollst, anstatt andersherum, denn darum geht es bei der Diplomatie. Wenn du dich scheiden lassen willst, kannst du Menschen finden, die dir sagen werden, dass die Ehe sowieso ein veraltetes soziales Konstrukt und Monogamie überwiegend ungesund ist und dass man sich eh die ganze Zeit ver- und entliebt und sich nicht ein ganzes Leben lang einem einzelnen Kapitel der Liebe verpflichten sollte, wenn man ein ganzes Buch davon haben kann. Und ab geht's zum Scheidungsanwalt. Umgekehrt kannst du hingehen und mit einem Eheberater oder jemandem wie mir sprechen, der dir wahrscheinlich einen weisen Rat gibt, der etwa in diese Richtung geht: »Schau erst mal in dich hinein, bevor du nach draußen siehst. Die meisten Eheprobleme lassen sich überwinden und es gehört eine Menge Opfer und Dienen dazu.« Oder: »Also echt, niemand ver- und entliebt sich so einfach. Das ist eine Erfindung von Hollywood. Wir entscheiden uns zu lieben und wir entscheiden uns, damit aufzuhören. Also schieb das nicht auf deine Gefühle – lebe ganz bewusst deine Entscheidung.« (Nur nebenbei: Falls du dich als Quelle der Weisheit unbeliebt machen willst, benutze häufig Schlagworte und Phrasen wie: *Opfer bringen, es geht nicht um dich, stirb dir selbst, halte deine Gelübde in Ehren, schau in den Spiegel.* Das wird dir sicher ein bisschen Frieden und Ruhe verschaffen.) Eigentlich suchen wir in unserer Welt keine Richtungsweisung, sondern Trost – etwas, was am besten zu unseren Wünschen passt. Und das geschieht oft auf Kosten echter Richtungsweisung. Darum ist es so wichtig, von wem du dir etwas sagen lässt.

Wir müssen eifersüchtig darüber wachen, woher und von wem wir unsere Informationen bekommen, sonst werden wir irgendwann vielleicht zurückblicken und merken, dass wir viel zu viel Blut, Schweiß und Tränen in eine Richtung oder eine Sache oder Leidenschaft gesteckt haben, die eigentlich null Auswirkungen auf die Menschen und die Welt hat, die zu verändern wir berufen sind.

Weil ich Jesus nachfolge, habe ich ein gewaltiges Vorbild, das es mir im Wesentlichen unmöglich macht, meinen Lebenszweck zu verfehlen. Mein Lebenszweck ist es, so zu leben, wie Jesus lebte, so zu sprechen, wie Jesus sprach, andere Menschen so zu behandeln, wie Jesus sie behandelte, Erbarmen zu haben, wie Jesus es hatte, andere Menschen so zu lieben, wie Jesus sie liebte. Was ich tue, um meinen Lebensunterhalt zu verdienen, ist zweitrangig im Vergleich zu dem, wer ich bin und wo ich hingehe. Das ist eine wichtige Unterscheidung, die wir in diesem Leben machen müssen. Häufig wird das, was wir tun, nicht zu dem passen, wer wir sind. Deine Arbeit oder deine Berufsbezeichnung wird von manchen vielleicht unterschätzt. Aber wenn du weißt, wo du hingehst, wenn du weißt, warum du hier bist, wertest du am Ende deinen Beruf auf und nicht er dich.

Diese Sichtweise, die ich habe, kommt von Weisheit und ist keine Glückssache. Kürzlich sah ich, wie ein Freund von mir einen Blick auf sein Horoskop in der örtlichen Tageszeitung warf. Wenn du meinst, an Horoskope glauben zu müssen, dann tu das. Zufällig bin ich jemand, der glaubt, dass er mit Gott sprechen kann, dem *Schöpfer* der Sterne, anstatt mit jemandem, der mir nur sagt, welches Sternzeichen ich habe. Mein Freund sagte: »Das ist für mich ein Monat, in dem ich richtig etwas bewirken werde. Ich bin Skorpion.« Ich sagte zu ihm: »Mensch! Dann mach dich schnell an die Arbeit, denn ich dachte eigentlich, dass wir im Zeitalter des Wassermanns leben. Dein Zeitfenster ist möglicherweise sehr begrenzt.« Wenn die Richtung meines Lebens von meinem Sternzeichen abhängig ist, dann kann ich auch gleich alles hinschmeißen.

Ich will das Beste aus meinen Tagen herausholen und es ist vermutlich einfacher, als wir denken, die Kontrolle über die Richtung zu bekommen, die wir einschlagen. Wo fängst du am besten an? Schau dir all die Informationen genau an, die du über dich, dein Leben und darüber, wer es dir geschenkt hat, gesammelt hast. Sind diese Menschen *für* dich? Wollen sie dein Bestes? Manchmal ist es sehr hilfreich, sich Menschen anzuschließen, die schon gemacht haben, was du machen willst, und bereits einige der häufigsten Minenfelder des Lebens erfolgreich durchquert haben.

Viele von uns wissen zum Beispiel, dass Rauchen unseren Körper völlig zerstört und tötet. Trotzdem finden sich Millionen von Erwachsenen, die rauchen. Ich habe meine erste Zigarette mit vierzehn geraucht. Ich wusste, dass es schlecht ist und meiner Gesundheit schadet. Viele Zigaretten und viel zu viele Jahre später besaß ich endlich die Weisheit, mit dem Rauchen aufzuhören. Reines Wissen kann dich bis zur Tür leiten. Aber du brauchst Weisheit, um sie zu öffnen und hindurchzugehen.

In diesem Leben brauchen wir alle Weisheit. Sie unterscheidet sich sehr stark von Wissen. Wissen besteht aus Fakten oder Informationen, die wir durch Erfahrung gesammelt haben. Weisheit ist angewandtes Wissen. Wissen kannst du in einem Klassenzimmer erwerben. Cool. Aber ich möchte Menschen zuhören, die Weisheit besitzen. Die es tatsächlich *getan* haben. Es gibt einen

Grund, warum es so wenige gute Sprecher in den Gemeinden und Bibelschulen gibt. Meistens lernen die Menschen das Predigen von einem Dozenten in einem Klassenzimmer. Ich habe das Predigen von einem Prediger gelernt, der selbst predigt. Lass dich von jemandem mitnehmen, der dir Orte zeigt, an die du alleine nie kommen würdest.

Als ich nach New York City zog, wurde das Zurechtfinden dort für mich anfangs zur Feuerprobe. Ich bin in Virginia aufgewachsen und habe mich dort an bestimmte Dinge gewöhnt wie Höflichkeit, Verkehrsregeln und eine Straßenführung, die Sinn macht. Wenn du allerdings das erste Mal in New York City landest und nicht gerade ein kartografisches Naturtalent bist, ist alles sehr verwirrend.

Dass ich überallhin die U-Bahn nahm, machte die Sache nur noch schwieriger. Wer dieses Vergnügen schon einmal hatte, weiß wovon ich rede. Die meisten Züge tragen als Kennzeichnung die Buchstabenkürzel des jeweiligen Streckenabschnitts, und manchmal muss man mehrere Züge nehmen, um ans Ziel zu kommen. Wenn man sich verirrt und jemanden um Hilfe bittet, dann sind die meisten New Yorker zwar cool, aber auch immer in Eile. Ihre Erklärung klingt dann fast wie ein alter Hip-Hop-Song aus Schulzeiten: »Nimm die 1, dann die L, dann die F, dann die Q, dann die 7.« Dann sagst du: »Alles klar.« Und setzt deine unglückselige Wanderung fort.

An einem ganz bestimmten, sehr frustrierenden und heißen Sommertag stieg ich wieder einmal an der falschen Haltestelle aus und dachte: *Weißt du was? Jetzt mach ich mal kurz eine Pause und setze mich einen Moment hin und sammle meine Gedanken.* Also setzte ich mich auf etwas, das ich für irgendeine Kiste hielt.

Eine Frau kam auf mich zu und sagte: »Hast du dich verirrt, Schätzchen? Alles in Ordnung? Woher kommst du?«

Ich sagte: »Ich habe mich tatsächlich verirrt, denn ich bin nicht von hier. Was hat mich verraten?«

Sie sagte: »Nun, vor allem, dass du auf einer Rattenfalle sitzt.«

Ich blickte hinunter und merkte, dass ich tatsächlich auf einem tragbaren Zuhause für das ekligste Geschöpf aller Zeiten saß, das in New York City lebt. Der Beweis dafür war ein riesiger Schwanz, der zu einer sehr toten New Yorker Ratte gehörte. Diese nette Frau nahm mich bei der Hand, ging mit mir zu einem riesigen Stadtplan und zeigte mir ganz langsam und deutlich, wo ich hingehen musste, wie viel Zeit ich zum Umsteigen hätte und wo ich mich nicht hinsetzen solle, wenn es so voll ist. Sie drückte mich sogar.

Von jenem Tag an war mir vieles klarer und das U-Bahn-Fahren funktionierte viel besser. Ich verpasste immer noch gelegentlich, an der richtigen Stelle auszusteigen, aber ich fühlte mich viel sicherer. Und kurz darauf beriet ich mit meiner Weisheit schon andere verwirrte Menschen in diesem Dschungel aus Beton.

In diesem Leben muss man manchmal demütig und bereitwillig genug sein, sich von Menschen ansprechen und in die richtige Richtung lenken zu lassen. An jenem Tag hätte ich den Coolen spielen und vorgeben können, dass ich absichtlich auf dieser Rattenfalle säße, und weiterhin ungewollt durch die fünf Stadtbezirke touren können. Aber ich bin froh, dass ich das nicht getan habe.

Ich kann dir gar nicht sagen, wie viele Menschen mir über den Weg gelaufen sind, mit denen ich gebetet und die ich beraten habe, die in eine Richtung unterwegs waren, in die sie nicht hätten gehen müssen. Fast immer handeln sie nach einer falschen Richtungsweisung. »Jemand hat mir gesagt …« »Meine Eltern haben gesagt …« »Das ist alles, was ich im Leben erwarten kann …« Wenn du, wie ich, zu den Glücklichen gehörst, die nette und tolle Eltern hatten, die voller Weisheit waren, kannst du den nächsten Abschnitt überspringen. Aber wenn nicht, dann frage dich, wie du zu deinen Schlüssen gekommen bist. In welche Richtung gehen deine Beziehungen? Gefällt dir die Richtung, die deine Karriere einschlägt? Bist du glücklich mit den Spuren, die du in diesem Leben hinterlässt? Bist du stolz auf die Richtung, die du denen hinterlässt, die nach dir kommen werden?

Wenn du eine dieser Fragen mit nein beantwortet hast, dann ist es noch nicht zu spät. Es fängt damit an, die Wahrheit zu suchen. Vielleicht musst du tief danach graben, wer du *warst*, um wirklich herauszufinden, wer du *bist* und wer du *werden* kannst.

Ich hatte einmal ein Gespräch mit einem Freund, dessen Ehe kurz vor der Scheidung stand. Er sagte: »Ernsthaft, es kommt nicht überraschend. So war es bei den Männern in meiner Familie schon immer.« Ich bat ihn sofort, seine Informationsquelle zu benennen, damit ich dort anrufe und demjenigen mitteile könne, dass seine Hilfe nicht mehr gebraucht würde und wir uns weigerten, in diese Richtung zu gehen. Geht dein Leben in eine falsche Richtung? Dann heb die Hand. Suche Weisheit. Und wenn du das tust, dann sei darauf vorbereitet, dass du vielleicht Dinge zu hören bekommst, die du gar nicht hören willst, aber hören musst. Es wird nicht nur für *dein* Leben eine Hilfe sein, sondern auch das Potenzial besitzen, diejenigen zu formen, die dir eines Tages folgen werden.

Lebe den Moment

Weißt du, wohin du gehst? Vielleicht ist die wichtigere Frage die: Weißt du, wer dich geschickt hat? Denn wenn du dem »Wer« vertraust, ist das »Wohin« viel erträglicher, wenn du vor unsicheren Zeiten stehst. Der Sinn des Lebens ist mehr als nur eine Arbeitsstelle oder ein Plan, den du für dich für richtig hältst. Mit Bestimmung leben ist eine Geisteshaltung. Wir können in jedem Szenario unsere Bestimmung erfüllen, wenn wir dem Plan vertrauen und vor allem demjenigen, der den Plan erstellt hat. Es gibt keine bessere Zeit als jetzt, um sich einigen der schwersten Fragen des Lebens zu stellen. Warum bin ich hier? Wo in diesem Leben finde ich Freude und Leidenschaft und wie kann ich mehr davon bekommen? Eines ist sicher: Wenn du diese Fragen meidest, entsteht mehr Druck und weniger Frieden. Gott hat dich nicht auf diese Erde gestellt, damit du einfach nur existierst, um dann wieder zu verschwinden. Lebe mit Bestimmung, ganz bewusst. Jeden einzelnen Tag.

KAPITEL 13

THE WALKING DEAD – DIE ZOMBIES

ES IST EIN GUTES GEFÜHL, wenn man sagen kann: »Ich bin auch dabei gewesen.« Wenn Leute über ein erinnerungswürdiges und bedeutsames Ereignis sprechen, klingt es, als wäre dabei gewesen zu sein auf merkwürdige Art ein Ehrenabzeichen, das vielleicht niemandem außer dir wichtig, aber trotzdem ziemlich befriedigend ist.

Ich erinnere mich noch daran, dass meine Mutter und mein Vater, als ich klein war, leidenschaftlich gerne Anekdoten und Erinnerungen austauschten, deren Bedeutsamkeit ich meistens nicht verstand. »Junge, ich erinnere mich noch an deinen ersten Schultag!« Juhu. Schön für dich, Mama. Das war sicher ganz toll. Aber je älter ich werde, umso mehr verstehe ich es. Die Zeit ist kurz, unsere Kultur bewegt sich extrem schnell und manche Dinge in diesem Leben muss man buchstäblich festhalten, genießen und wertschätzen, denn »Präsent-Sein« kann der vielleicht wertvollste Daseinszustand in unserem Leben sein.

In einer Sache zu leben ist etwas ganz anderes, als nur »dabei« zu sein. Es kann deine Wahrnehmung darüber drastisch ändern. Eines ist sicher: Ich will nicht wie ein Schlafwandler durch dieses Leben gehen. Wir alle kennen das Gefühl, zu spät aufzuwachen, weil wir eine Liebesaffäre mit der Schlummertaste unseres

Weckers haben. Und dann muss alles schnell gehen, du verlässt das Haus noch im Halbschlaf und jeder sieht sofort: Dein Outfit passt nicht zusammen, die Haare sind zerzaust und du siehst verschlafen aus. Und du musst dich durch ein oder zwei Besprechungen durchmogeln, während du die ganze Zeit weißt, dass wahrscheinlich alle anderen wissen, dass du gerade erst aufgestanden bist.

Ich weiß noch, wie ich einmal richtig früh am Morgen das Haus verließ, um zum Flughafen zu gelangen, und das Gefühl nicht loswurde, dass ich irgendetwas vergessen hatte – nur um nach ungefähr anderthalb Kilometern festzustellen, dass ich meine Schuhe vergessen hatte. Auch das ist ein Grund dafür, dass die Serie *The Walking Dead* solch ein kulturelles Phänomen ist. Weil die Menschen sich mit den Zombies identifizieren können, die ziellos von einer Sache zur nächsten wandern.

Vor allem in meiner Elternrolle fühle ich mich manchmal so, weil ich so sehr damit beschäftigt bin, für meine Kinder zu sorgen und sie zu erziehen, dass ich mir manchmal Sorgen mache, ob ich genug Zeit damit verbringe, diese kleinen Menschen auch richtig zu genießen. Und ich versuche, dagegen anzugehen, mit wechselndem Erfolg.

Kürzlich teilte meine Frau mir mit, dass eine unserer Töchter eine Tanzaufführung in der Schule um … warte mal … acht Uhr früh an einem Dienstagmorgen habe! Ich würde gerne herausfinden, welches merkwürdige Elterntreffen stattgefunden hatte, bei dem das beschlossen wurde. »Mal sehen, wie wir Tanzaufführungen für Eltern noch schlimmer machen können. Verlegen wir sie doch einfach auf morgens, vor Unterrichtsbeginn, an einem Dienstag.«

Laura kennt meinen Hang zum Verschlafen, Abhetzen und dazu, nur zur Hälfte anwesend zu sein, darum warnte sie mich, dass ich fertig und anwesend sein solle, damit ich es nicht verpassen würde. Klar verschlief ich, schaffte es gerade noch so, stolperte mit dem Frühstück in der Hand hinten in die Aula und erinnere mich buchstäblich an nichts von dem, was dort geschehen ist. Verantwortungsbewusstere Eltern waren natürlich früher da, filmten ganz eifrig dieses gewaltige Ereignis auf unterschiedlichen Kameras, eilten nach Hause und luden besagte Videos auf Facebook hoch. Und niemand wird sie sich je ansehen. Aber meine Frau hat den fotografischen Beweis davon, wie schlecht *ich* in diesem Moment aussah.

Später am Tag geriet ich in Panik, weil mir klar wurde, dass meine Tochter Charlie mich sicher fragen würde, welcher Teil ihrer Zwanzig-Sekunden-Einlage mir am besten gefallen habe, wofür ich mein Gedächtnis auf kreative Weise würde bemühen müssen. Ich sah mir Lauras Video und Fotos von diesem Tanz an und musste mich sehr anstrengen, um vorzutäuschen, dass ich mich an ein Ereignis erinnerte, bei dem ich tatsächlich dabei gewesen war. Es funktionierte. (Charlie, wenn du das liest: Ich liebe dich und das war das einzige Mal, dass das passiert ist, und ich werde so gut ich kann dafür sorgen, dass es nie wieder geschieht. Und ich werde es wiedergutmachen und dir ein Pony kaufen, falls diese Wunde immer noch frisch sein sollte.) Aber ich habe die Kraft des Moments verpasst.

Für mich ist das unsere Herausforderung als Menschen. Ich will nicht so stark auf die Zukunft fixiert sein, dass ich die Kraft der Gegenwart verpasse. Ich will nicht so von dem motiviert sein, was als Nächstes kommt, dass ich die Freude im Hier und Jetzt versäume. Und ich weiß, dass es möglich ist, alles aus den Tagen, aus den verborgenen Momenten, herauszuholen. Die Teile des Weges, die manchen banal erscheinen, können für mich faszinierend sein.

Man hat mir einmal gesagt, dass die Menschen oft gar keinen Standortwechsel brauchen, sondern einen Wechsel ihres Blickwinkels. Das ist genauso wahr, wie der Tag lang ist. Ich glaube sowieso nicht, dass standortbedingte Zufriedenheit ein erreichbares Ziel ist. Denn wohin du auch gehst, du nimmst dich immer mit. Entweder lernen wir also, wie wir mit Vision leben können und gleichzeitig äußerste Zufriedenheit aus dem entwickeln, wer wir sind und was wir schon haben, oder wir verbringen den Rest unserer Tage damit, nach etwas zu suchen, das zu besitzen wir von Haus aus die Kraft haben. Ich will das erste. Und du solltest das wohl auch.

Ich würde vermuten, dass wir viel mehr Schönheit, viel mehr Gelegenheit haben, als uns bewusst ist. Und es ist an der Zeit, dieses Leben zu leben. Ich will nicht, dass das Leben einfach nur an mir vorbeizieht. Ich will das Leben gestalten. Ich will nicht, dass meine Umstände mich bestimmen; ich will meine Umstände bestimmen. Ich will wie Arlene sein, eine meiner Bekannten und ganz persönlichen Heldinnen.

An einem Samstag spätabends bekam ich einen Anruf von ihr. Eine unserer Stärken als Gemeindefamilie ist, dass wir alles dafür tun, um andere einzuladen und zu erreichen. Häufig erhalte ich Dutzende von Textnachrichten von Menschen, die mich bitten, Sitzplätze für sie zu reservieren, oder jemanden hineinzuschmuggeln, wenn das Fassungsvermögen des Gebäudes erschöpft ist. Arlene fragte mich also: »Pastor Carl, kannst du mir morgen im Gottesdienst bitte acht Plätze reservieren?«

Das wäre an sich schon eine coole und vernünftige Bitte. Aber das Besondere in diesem Fall war, dass Arlene mehrere Kämpfe gegen den Krebs überlebt hatte. Damals war sie gerade mitten in der Chemotherapie. Sie hatte nur sehr wenige Haare und was noch davon übrig war, hatte sie grellpink gefärbt. Um es mit ihren eigenen Worten zu sagen: »Ich bin aus Puerto Rico und will gut aussehen.« Du lernst ganz schnell, dass du dem besser nichts entgegensetzt, wenn grimmig entschlossene Puerto-Ricanerinnen dir so etwas sagen.

Ich sagte: »Arlene, hast du nicht die ganze Woche Behandlungen gehabt? Wie hast du Zeit gefunden, andere Menschen zu erreichen?«

Sie sagte: »Nun, genau so. Ich lag in meinem Krankenhausbett und war frustriert darüber. Und mir wurde klar, dass es an diesem Ort Menschen gibt, denen es noch schlechter ging als mir. Anstatt also vor Selbstmitleid zu zerfließen, versuchte ich, das Leid von jemand anderem zu lindern.«

Und an jenem Tag wurde sie zu einer wandelnden Erweckung. Sie versprühte Leben, sie versprühte Hoffnung inmitten ihres eigenen Sturms. Ihre Situation veränderte sich kein bisschen. Aber in ihrem Geist hatte sich etwas verändert.

Ich will genau denselben Geist entwickeln. *Du* musst denselben Geist entwickeln. Denn du hast die gewaltige Chance, viel mehr aus dem Moment herauszuholen, in dem du dich jetzt gerade befindest, als dir jemals bewusst war.

Lebe den Moment

Kannst du Zeit finden, um innezuhalten und dankbar zu sein für alles, was du im Leben hast? Heute ist ein toller Tag, um eine Bestandsaufnahme der Dinge zu machen, die du hast, und dafür dankbar zu sein. Und nicht, um dem »Mehr« hinterherzujagen. Mache weniger Fotos mit deinem Handy und nutze viel mehr deine richtigen Augen, um Erinnerungen zu schaffen. Lege das Smartphone beim Abendessen weg und greif eine Unterhaltung auf, die einen Tag zuvor vielleicht zu kurz gekommen ist, weil viel unwichtigere Dinge deine Seele überschwemmt hatten. Mein Lieblingsmoment vor kurzem war, als ich meinen Computer mitten in etwas Wichtigem zuklappte, weil es so aussah, als wäre mein Sohn tief in Gedanken versunken. Ich sagte: »Roman, worüber denkst du nach?« Er sagte: »Ich frage mich, ob Wolken elastisch sind. Kann man auf ihnen herumhüpfen?« Wir unterhielten uns eine Stunde lang über Wolken. Ich erinnere mich nicht daran, welche E-Mail ich an diesem Abend nicht zu Ende geschrieben habe. Ich werde mich aber auf ewig an diese kleine Stimme und unsere Wolkenunterhaltung erinnern. Entscheide dich heute, einfach mal herunterzuschalten und das zu genießen, was um dich herum ist.

KAPITEL 14

ES IST NICHT SO SCHLIMM, WIE DU DENKST

WENN DIE WEISHEIT EINEN BESTEN Freund hätte, dann wäre sein Name Perspektive. Wenn diese beiden Waffen in unserem Leben zusammenwirken, sind sie eine nahezu unbezwingbare Macht. Wir alle kennen, kannten oder *sind* Menschen, denen es irgendwann an Perspektive gefehlt hat, was eine wirklich schmerzhafte Sache sein kann. Denn sehr oft in diesem Leben können wir unsere eigentliche Lage nicht ändern. Aber wir können die Art und Weise ändern, wie wir sie betrachten, und manchmal entscheidet das über Leben und Tod. Ein andermal entscheidet es darüber, ob wir eine Arbeitsstelle oder einen Menschen aufgeben oder unsere Perspektive in der Situation verändern und ein besseres Ergebnis erhalten.

Perspektive ist die »Sache«, die dich davon abhält, einer dieser »Typen« zu sein. Hast du schon mal jemanden gesehen, der etwas macht, weil er denkt, dass er es gut kann, und es in Wirklichkeit alles andere als gut kann? Solche Typen hatten offenbar niemanden, der ihnen eine wirklichkeitsgetreue Perspektive vermittelt hat. Solche Typen sind es, die bei Casting-Shows wie *American Idol* oder *Deutschland sucht den Superstar* jämmerlich versagen, die Bühne verlassen und dann von ihrer Mutter mit den Worten getröstet werden: »Junge, die haben doch keine Ahnung.

Du bist ein Star. Ich habe einen Star großgezogen. Und wir können auch woanders glänzen.« Und dann geht dieser Typ weiter durchs Leben, ohne die schlichte Perspektive, dass er zwar vielleicht ein Star ist, aber eben nicht an diesem speziellen Himmel.

Das passiert uns wohl oder übel. Wenn wir im Alltag die Perspektive verlieren, sehen wir die Arbeitsstelle, die wir mal bekamen und für die wir wirklich dankbar waren, plötzlich als Sackgasse. Das Projekt, an dem wir arbeiten und von dem wir einmal so fasziniert waren, wird zur Last. Eigentlich hat sich nichts verändert. Außer unserer Perspektive.

Bei Singles kommt das andauernd vor. Sie wollen unbedingt heiraten. Ihre Perspektive ist: »Wenn ich erst einmal verheiratet bin, werden meine Probleme verschwinden und ich werde so viel stärker sein. Weniger Versuchung, weniger Stress. Alles, was ich brauche, ist eine verwandte Seele.« Und dann heiraten sie, Zeit und Umstände entwickeln sich und dieselben ehemals glückseligen Denker fangen an zu sagen: »Mein Problem ist, dass ich verheiratet bin. Wenn ich Single wäre, könnte ich so viel mehr machen.«

Oh ja, wir alle kennen das. Perspektive ist etwas Flüchtiges. Das liegt an unserer menschlichen Natur, der die Niederlage sehr viel näherliegt als der Sieg, und wenn du und ich nicht jemanden haben – und der muss uns noch nicht einmal zwangsläufig etwas Neues beibringen, sondern uns nur an etwas erinnern, das wir bereits wissen –, ist es nur eine Frage der Zeit, bis wir eine schlechte Entscheidung treffen, die auf einer schlechten Wahrnehmung beruht.

Ich weiß noch, wie ich mal mit einem Freund gebetet habe, der bei der NBA jahrelang mal drin und mal draußen war. Er war der Inbegriff des Überfliegers, des Punktejägers. Was in der NBA richtig wertvoll ist – aber gleichzeitig auch entbehrlich, je nachdem, was ein Team gerade braucht. Also gibt es Zeiten, in denen Typen wie er richtig Pech haben und darauf warten müssen, dass sie wieder engagiert werden.

Während dieser Zeit konzentrierte sich mein Freund ganz auf die Gemeinde. Sie stand für ihn völlig im Mittelpunkt. Er war voller Leben, voller Glauben, und ich erinnere mich wortwörtlich daran, wie er mit mir betete: »Gott, wenn du eine Tür öffnest, werde ich alles geben. Ich werde alles tun. Ich werde jede Rolle ausfüllen. Ich werde nichts für selbstverständlich nehmen.«

Gott, wie er nun mal ist, erhörte dieses Gebet. Ich weiß noch, wie ich meinen Freund in die Arme schloss, der gerade überglücklich war, weil er seine Chance bekommen hatte, und ein paar Monate lang war er ein unglaubliches Mitglied des Teams. Ich diene beiden professionellen Basketballmannschaften in New York als Seelsorger (darunter auch mein liebstes Sorgenkind, die Knicks), darum habe ich den besten Blick auf die Spiele und beobachte normalerweise die Spieler auf der Bank und die Körpersprache auf dem Spielfeld. Auf diese Weise kann man die Gesundheit eines Teams am schnellsten beurteilen. Die Körpersprache im Kontext Basketball lügt nicht.

Also, zurück zu meinem Freund: Am Beginn der Saison schwenkte er noch Handtücher, um seine Unterstützung kundzutun. Er war der erste, der von der Bank aufstand, um zu gratulieren. Er war buchstäblich »glücklich, dabei zu sein«. Mitten in der Saison bemerkte ich, wie sein Enthusiasmus verflog. Er jubelte nicht mehr so schnell. Was früher noch ein schneller Beifall für andere war, war jetzt höchstens noch ein Klatschen aus Nächstenliebe. Einmal wurde er in den letzten Spielminuten einer bereits vorzeitig entschiedenen Partie ins Spiel gebracht, etwas, das man häufig als »garbage time« bezeichnet. (Ich habe es früher immer als »Zeit zu glänzen« bezeichnet. Auch hier wieder, Sache der Perspektive.) Er hatte einen Fastbreak, sammelte sich an der Freiwurflinie und warf einen Korb. Bei manchen Spielern ist das keine große Sache. Aber wenn man ein Spieler ist, der dafür bekannt ist, sich blitzartig zu bewegen, den Ball beim Dunken direkt in den Korb zu stopfen und die Leute gut zu unterhalten, dann ist so was fast unverzeihlich.

Mir reichte es. Ich fand ihn nach dem Spiel im Kabinengang auf seinem Weg nach draußen und fragte ihn, was um alles in der Welt los sei. Er sagte: »Mensch, ich bekomme nicht die Minuten, die ich haben will. Ich mag meinen Trainer nicht. Ich will nicht erst gegen Ende des Spiels zum Einsatz kommen.« Ich sagte zu ihm: »Erinnerst du dich noch, was vor ein paar Monaten war? Als du kein Engagement hattest? Als du nicht wusstest, ob du jemals wieder auf der Spielerliste stehen würdest? Ach, und übrigens, hast du vergessen, dass man dir eine unerhörte Menge Geld dafür bezahlt, dass du Ball spielst? Und dass du dieses Spiel *liebst*?«

Ich halte ihm zugute, dass er sagte: »Du hast recht. Ich sehe das falsch.« Wir beteten zusammen, wir weihten uns erneut unserer Leidenschaft und der Kerl machte weiterhin eine ziemlich unglaubliche Karriere.

Ich habe ihn nicht mit dem Gedanken zurückgelassen: »Mensch, dem habe ich aber die Ohren lang gezogen.« Ich blickte direkt in den Spiegel und bat Gott, *mir* zu helfen. Denn es geschieht zu oft. Ich will der Typ Mensch sein – und damit bin ich sicherlich nicht alleine –, der der Perspektive nicht nur einen kurzen Besuch abstattet, sondern damit *lebt*. Perspektive aus innerem Antrieb bringt uns so viel mehr, weil sie grundlegend ist.

Die meisten Menschen, die ich kenne, entwickeln nur dann eine Perspektive, wenn ihnen etwas Dramatisches oder Traumatisches zustößt. Nach dem 11. September waren in New

York fast alle Kirchen jeglichen Bekenntnisses zum Bersten voll. Warum? Weil die Menschen für einen flüchtigen Moment die Perspektive erhielten, dass das Leben buchstäblich vor unseren Augen schwinden kann. Diese Tragödie hat niemanden verschont. Obdachlose waren davon betroffen und Millionäre änderten sich für immer. Jeder dachte darüber nach, was als Nächstes kommt. So wie »Ich muss meine Angelegenheiten in Ordnung bringen oder wenigstens einen Blick darauf werfen, was meine geistlichen Überzeugungen sind.«

Das Problem ist, dass nur wenige Monate später die Kirchen wieder zurück bei ihrer üblichen Besucherzahl waren. Die Perspektive kam und ging wieder, fast so schnell wie die Tragödie selbst. Der Tiefpunkt sollte nur ein einziges Mal unser Lehrer sein. In unserer Welt landen die Menschen jedes Jahr in seinem Klassenzimmer.

Ist Perspektive eine Priorität für dich? Das muss sie sein. Gefällt dir dein Auto nicht? Immerhin hast du eins. Sind deine Beine müde davon, weil du den ganzen Tag bei der Arbeit stehen musst? Immerhin hast du Beine. Fühlst du dich schuldig, wenn du das Haus verlässt, um zur Arbeit zu gehen, weil du am Abend zuvor nicht genügend Zeit für deine Kinder hattest? Immerhin ist heute ein neuer Tag und du kannst besser planen und für die nächste Gelegenheit, die sich bietet, die beste Gutenachtgeschichte aller Zeiten vorbereiten. Perspektive ist so präsent wie die Blätter auf dem Boden im Herbst – wenn sie dir wichtig ist.

Ein richtig praktischer Weg, um Perspektive als Waffe zu nutzen, ist der kleine Trick »erst denken, bevor du in Panik verfällst«. Es ist nicht einfach. Aber wenn du ihn anwendest, kann er dir ernsten Kummer, Stress und Spontanentscheidungen ersparen. Dazu braucht es definitiv Menschen, denen du vertraust, auf die du dich stützen lernst, denn in Momenten der Herausforderung kannst du nicht immer deiner eigenen Sicht der Dinge trauen. Dein Verstand wird dich austricksen und ehe du dich versiehst, wird genau das zu einem größeren Problem, was eigentlich keines sein sollte.

Ich würde mich keinesfalls als Hypochonder bezeichnen. Aber ich habe auf die harte Tour lernen müssen, dass ich absolut unqualifiziert bin, wenn es darum geht, meine eigene Krankheit oder »potenzielle Krankheit« zu diagnostizieren. Eines Abends im Sommer hatte ich eine kleinere Hautreizung an meinem Schienbein. Das Jucken machte mich verrückt. Ich war draußen gewesen und im Sommer habe ich eine wechselseitige Hass-Beziehung zu Stechmücken – ich hasse sie und sie hassen mich. Also ging ich davon aus, dass sie der Grund waren. Aber dann sah ich im Fernsehen eine Sendung über Krankheiten, die von Stechmücken übertragen werden, und wie sie sich ausbreiten. Und je länger ich zusah, umso schneller begannen sich meine Gedanken zu drehen. Indem ich dann meine Symptome googelte, machte ich alles nur noch schlimmer.

Lass mich eins klarstellen: Google ist genial. Aber wenn du Beziehungsberatung brauchst oder Fragen über deine Zukunft hast, dann brauchst du nicht Google sondern Jesus und dann musst du in meine Gemeinde kommen und wir müssen uns unterhalten. Google ist ein Werkzeug, aber kein Guru und kein Freund.

Auf jeden Fall führte mich diese Google-Suche zu so vielen schrecklichen Bildern von Schienbeinproblemen, Krankheiten und Seuchen in Verbindung mit noch mehr exotischen Schienbeinproblemen, die zum Tod führen, dass ich zu dem Zeitpunkt, als ich ins Bett ging, sicher war, dass ich eine Kombination aus Skorbut, Ebola am Bein und Wundbrand hatte.

Am nächsten Tag ging ich als Erstes zum Arzt, zog mein Hosenbein hoch und sagte. »Herr Doktor, es ist schlimm. Ich habe es schon gegoogelt. Ich bin in Schwierigkeiten.«

Weißt du, was er sagte? Du hast es sicher schon erraten: »So schlimm ist es gar nicht. Es ist nicht nur nicht so schlimm, es ist überhaupt nicht schlimm.«

Ich sagte: »Aber Herr Doktor, ich habe meine Symptome doch gegoogelt, vertrauen Sie mir.«

Und er fuhr fort mir zu sagen, wie viele Menschen sich in Schwierigkeiten bringen, weil sie genau das tun. Er sagte: »Wie wär's, wenn Sie das nächste Mal gleich zum Arzt gehen, wenn Sie sich nicht wohlfühlen? So schlimm ist das nicht.«

Ich würde wagen zu behaupten, dass mindestens die Hälfte der Dinge, die dich im Moment gerade nachts nicht schlafen lassen und extreme Angst und Sorge verursachen, nicht so schlimm sind, wie du vielleicht denkst. Und selbst wenn sie tatsächlich schwerwiegend sind, selbst wenn sie wirklich komplex sind, wenn du dann wenigstens auf eine Person zählen kannst, die in diesem Leben einen Blick über deine Schulter wirft und sich genau dieselbe Situation ansieht wie du und dir ein bisschen Perspektive vermittelt, dann wirst du wieder in Schwung kommen. Du wirst mit mehr Kraft durchkommen, als du für möglich gehalten hättest.

Deine Situation muss sich nicht ändern. Aber dein Geist kann es. Deine Hoffnung kann es. Und manchmal braucht es nur noch eine andere Person, die einen Blick darauf wirft, um dir mitzuteilen, dass du es auf jeden Fall bis zum nächsten Tag schaffen wirst.

Lebe den Moment

Was brauchst du, um nicht nur Perspektive zu »bekommen«, sondern sie auch zu behalten? Früher habe ich gewisse Situationen immer so gehandhabt: Erst reagieren und dann reflektieren. Für gewöhnlich habe ich das immer bereut. Denn wenn ich andere Faktoren gekannt hätte, hätte ich andere Entscheidungen getroffen. Jetzt habe ich mich einem anderen Muster verschrieben. Es sieht so aus: Reflektieren, reagieren, ruhen. Schon allein das Schreiben und Lesen bringt eine andere Denkweise in die Gleichung mit ein. Reflektiere das, womit du konfrontiert bist. Reagiere darauf bewusst und zuversichtlich. Ruhe in dem, was darauf folgt, weil du weißt, dass du dein Mögliches getan hast – und geh weiter. Manchmal sind es die einfachen Dinge, die uns dabei helfen, uns aus den scheinbar komplexesten Situationen wieder hinauszumanövrieren.

KAPITEL 15

DIESES MÄDCHEN IST GIFT FÜR DICH

ES BRAUCHT NICHT VIEL, um eine Bestimmung entgleisen zu lassen. Das ist etwas, was kaum zu bestreiten ist. Obwohl es Jahrzehnte dauern kann, Glaubwürdigkeit aufzubauen und einen guten Ruf zu festigen, braucht es nur einen einzigen Moment, um ernsthaften Schaden anzurichten. Glücklicherweise können wir, ähnlich wie bei einem Auto, das ständig gewartet und überprüft werden sollte, um den Totalausfall zu vermeiden, unser Leben so aufbauen, dass ein potenziell tödliches Problem schon sehr früh erkannt wird. Ich glaube sogar, dass wir verhindern können, dass das Problem überhaupt Wurzeln in unserem Leben schlägt. Das trägt die Bezeichnung »es auf die leichte Tour lernen«. Unsere anderen beiden Optionen sind, »es auf die harte Tour lernen«, was wir dann machen, wenn wir schlechte Entscheidungen treffen, diese umkehren und irgendwie einen Gewinn daraus ziehen, und »es auf die tragische Weise lernen«, was die Menschen dann machen, wenn sie Fehler begehen, dafür bezahlen, die Ursachen niemals beheben und dieselben Fehler immer wieder machen.

Im vorigen Kapitel habe ich den »absoluten Tiefpunkt« nicht ohne Grund erwähnt. Das ist nicht nur ein schlechter Ort, um etwas zu lernen, noch schlimmer ist es, wenn Menschen sich dafür entscheiden, dort zu leben, sich dort zu akklimatisieren, ihn als gegeben anzunehmen, und andere dorthin einladen. Ich kann gar nicht mehr zählen, wie oft ich als Pastor gerufen wurde, um in einer fast unrettbaren Situation zu helfen, nur um festzustellen, dass das Problem anfangs nur ein kleines war. Hätten die Betroffenen irgendwann in diesem Prozess, oder besser noch *davor*, tatsächlich Hilfe oder Weisheit bekommen, hätte es viel einfacher sein können.

Wenn man mitbekommt, wie ein Leben in sich zusammenstürzt – durch öffentliches Fehlverhalten, durch eine Ehe, die in der Katastrophe endet – kann es von außen betrachtet so wirken, als käme es »aus heiterem Himmel«. Das tut es niemals. Es ist eine schleichende Aushöhlung von Prinzipien, Überzeugungen und Maßstäben, die abdriften und sich verändern durften, ohne dass etwas dagegen unternommen wurde. Die Situation könnte an einem einzigen Tag explodiert sein, keine Frage. Aber die Lunte an dieser Katastrophen-Dynamitstange wurde schon viel früher gezündet. Noch viel frustrierender ist die Tatsache, dass es sehr oft nichts wirklich Großes war. Aber ein bisschen »Gift« wird am Ende immer das große Ganze zerstören. Jedes Mal.

Manchmal kann das Gift in unserem Leben anfangs ganz schmackhaft sein. Darum ist Perspektive möglicherweise unerlässlich, wenn man sein Leben inmitten einer Welt rein halten will, die an jeder Ecke Gift anbietet. Bei jeder Gelegenheit spreche ich ausführlich darüber, denn wenn du keine Perspektive hast, dann wirst du teuer dafür bezahlen. Und wenn du keine echten Freunde hast, die dir ihre Sicht auf *deine* Sicht geben, dann ist der Kampf schon fast vorbei, bevor er überhaupt begonnen hat.

Vor Jahren hielt ich eine Predigt, die von Simson aus der Bibel inspiriert war, musikalisch untermalt von der legendären Hip-Hop-

Gruppe Bell Biv DeVoe. Sowohl in der Geschichte als auch in dem Song geht es um nichts anderes als Perspektive. Kurz der Hintergrund zu Simson: Er war ein Mann, der von Gott berufen war, ein abgesondertes, heiliges und kraftvolles Leben zu führen. Er hatte wirklich Kraft. Auch wenn du nicht an die Bibel oder ihre geistliche Bedeutung glaubst, solltest du einmal diese Geschichte aus dem Alten Testament im Buch Richter 16,1–31 lesen. Sie ist wirklich gut.

Simson konnte von anderen nicht besiegt werden. Er war so etwas wie eine alttestamentliche Mischung aus Rambo, »Braveheart« William Wallace und Achilles. Es gibt eine Geschichte, in der Simson einen Eselskiefer aufhebt und damit seine Feinde erschlägt. Dieser Typ war speziell. Leider beschreibt die Geschichte auch, wie sein Leben endete: blind, gedemütigt und im Gefängnis. Obwohl Gott ihn am Ende seines Lebens noch mit einer weiteren Heldentat aus übernatürlicher Kraft ehrte, ist Simsons Geschichte traurig für mich, weil er verlor. Und weißt du, was ihn ausschaltete und zu seiner Gefangennahme führte? Es war keine wilde Armee. Es geschah nicht auf dem Schlachtfeld. Es war eine Frau … und ein Schläfchen. Ein Schläfchen!

Simson hatte ein Geheimnis und Gott hatte ihm aufgetragen, es ausnahmslos für sich zu behalten. Aber er hatte sein Auge auf eine bestimmte Frau geworfen und Stück um Stück machte sie ihn mürbe und fand ihn eines Tages in einem verletzlichen, verzweifelten Zustand und entlockte ihm sein Geheimnis. Und *das* war's.

Wenn ich das heute lese, kann ich nur fragen: »Wo waren seine Freunde?« Dieser Typ war in vielerlei Hinsicht eine Legende, aber er hatte niemanden, der zu ihm sagte: »Was, dieses Mädchen da? Die bringt dir Unglück. Lass es sein. Geh einfach weiter.« Stattdessen spielte er mit dem Feuer. Sicher war es am Anfang noch nicht so schlimm und sah auch nicht danach aus. Aber so ist es im Leben: Die meisten Dinge, die uns zu Fall bringen, sehen wir selbst nicht kommen.

Der Song *Poison* (Gift) hat einen kultverdächtigen Rhythmus, der auf Partys sogar Weiße zum Tanzen bringt, und enthält eine einfache Aussage, die im Grunde eine Warnung an einen Freund in Bezug auf eine Frau ist, mit der er sich trifft. Seine Freunde plädieren: »Dieses Mädchen ist Gift!«, gefolgt von: »Vertraue niemals einer großen Bibel und einem Lächeln« (mein eigener poetischer Remix). Mir hat dieser Song immer gefallen, weil das genau die Art von Rat ist, die ich gerne höre und gerne gebe. Nicht: »Dieses Mädchen ist interessant, aber sei vorsichtig.« Nicht: »Ich weiß nichts über sie, aber lass uns mal vom Besten ausgehen.« Nein, nicht mit mir. Gift.

Wenn ich mir so ein paar Entscheidungen in meinem Leben ansehe und meine Vorsicht nur für eine halbe Sekunde vergesse und eine meiner Überzeugungen aufgebe, eine halbherzige Entscheidung treffe, obwohl ich mein Leben einer Schwarz-oder-weiß-Überzeugung verschrieben habe, weil ich denke: »Ach, es wird schon gut werden. Ist zwar nicht ideal. Aber so ist es halt« – bereue ich es *jedes Mal.* Wenn ich Leiter sein und als solcher leben will, kostet das etwas. Aber ich glaube, die alternativen Kosten eines durchschnittlichen Lebens sind um vieles höher.

Ein Mentor hat mir einmal gesagt: »Wenn du zu dem einen Prozent Menschen gehören willst, die wirklich etwas bewirken, dann musst du 99 Prozent aller Dinge hinter dir lassen.« Das ist eine ziemliche Ansage. Und sie stimmt. Aber wenn das eine Prozent verglichen mit gut einfach *gewaltig* ist, dann bin ich dabei.

Wenn du das liest, dann mach eine gedankliche Bestandsaufnahme der Dinge, die heute in dein Leben, deine Seele eindringen. Es ist vielleicht kein Mädchen oder Kerl, und vielleicht geht es auch gar nicht um eine Beziehung. Diese Depression, die nicht gestoppt wird? Gift. Die negative Stimme, die die lauteste Stimme in deinen Gedanken ist? Gift. Eine Gewohnheit, mit der du lebst, an die du dich angepasst und die du als normal akzeptiert hast? Gift. Die Schuld, die du wegen vergangener Fehlschläge immer noch mit dir herumträgst, die sich um dein Leben wickelt wie eine endlose Kette? Gift. Du hast heute jedes Recht dazu, einige Entscheidungen zu treffen, um dein Leben so zu reinigen, dass du potenzielles Gift als das erkennst, was es ist: keine Option.

Wenn du anfängst, dein Leben so zu betrachten, wird es dir leichtfallen zu bestimmen, was dich beeinflussen darf und was nicht.

Ich habe in den letzten Jahren auf der Basis eigener Beobachtung eine Liste der »wichtigsten Gifte« erstellt, die bekannt dafür sind, das Leben von Menschen zu ruinieren. Was kämpft um den ersten Platz auf der Liste? Das Gift mit dem Namen »Versagen«. Wenn du dich in deinem Geist hiervor nicht schützt und es nicht immer wieder aus deinem Herzen vertreibst, sobald du darauf stößt, dann lautet die Frage nicht, ob es dir schadet, sondern *wann* es das tut. Und da wir alle versagen, sollte es dann zumindest nicht tödlich sein, nur weil wir es zugelassen haben. Wenn dieses Gift anfängt, dein System zu belasten, dann lässt du zu, dass ein Fehler deine Sichtweise auf alles andere verändert. Eine gescheiterte Beziehung bedeutet nicht, dass auch alle anderen Beziehungen scheitern werden. Nur weil du eine schlechte Entscheidung getroffen hast und eine Idee deshalb nie Früchte getragen hat, heißt das nicht, dass du nicht trotzdem ein kreatives Genie mit einer glorreichen Zukunft bist. Nur weil eine Person dich enttäuscht hat, heißt das nicht, dass alle anderen dich auch enttäuschen werden. Wie schade ist es doch zu sehen, dass jemand in seinem Leben nie vorwärts geht, weil das Gift des Geschehenen ihn so lahmgelegt hat, dass er die Verheißung und die Zukunft nicht ergreifen kann.

Ich erinnere mich, dass ich einmal jemanden in die Gemeinde eingeladen habe und derjenige mir eine Antwort darauf gegeben hat, die man häufig bekommt: »Ich komme nicht in die Gemeinde. Sie ist voll mit Heuchlern und ich bin in der Gemeinde so verletzt worden, dass ich nie wieder in eine gehen werde.« Das Erste, was ich immer sage, wenn ich die Heuchler-Entschuldigung höre, ist: »Damit hast du recht. Und wir haben für noch einen weiteren Heuchler Platz in unserer Gemeinde – für dich.« Wir alle haben Bereiche, in denen wir heucheln. Das nennt sich auch Unvollkommenheit. Also ist der Gedanke, dass beispielsweise *das* ein Hinderungsgrund sei, um in die Gemeinde zu kommen, unlogisch.

Aber genau das macht das Gift des Versagens. Es erzeugt Angst vor dem, was sein könnte, weil das Versagen der Vergangenheit zu Fesseln an deinen Füßen wird. Die Helden in meinem Leben sind alles Menschen, die das Versagen oder den Geist der »Endgültigkeit«, der besagt, dass etwas vorbei und hoffnungslos ist, überwinden konnten, indem sie sich durchgekämpft und ihr Herz und ihren Geist frei gehalten haben. Und meine Helden sind nicht immer historische Legenden oder Menschen, die für ihren Erfolg berühmt sind. Manchmal sind es meine heutigen Freunde, die sich durch unvorstellbares Leid und Verlust und Versagen gekämpft haben, um das Licht zu finden in diesem Leben, das manchmal so viel Finsternis zu bieten hat.

Mein Freund Levi Lusko zum Beispiel wies das Gift der Endgültigkeit in einer Situation zurück, die ich mir kaum vorstellen kann. Levi ist Pastor in einer Gemeinde in Montana und einer der nettesten und angenehmsten Menschen, die ich kenne. Wenn du ihm begegnen würdest, würdest du vielleicht denken, dass er in einer anderen Welt leben muss, denn wer könnte sonst so positiv und freundlich sein. Aber das stimmt nicht. Tatsächlich haben er und seine Frau Jennie schon so viel durchgemacht, dass es meiner Meinung nach nur fair wäre, wenn Gott sie für den Rest ihres Lebens davor bewahren würde, auch nur einer einzigen weiteren Herausforderung zu begegnen. Er erzählt davon in seinem Buch *Through the Eyes of a Lion* (Durch die Augen eines Löwen). Ich werde hier nur einen kurzen Auszug wiedergeben, aber empfehle dir, das Buch so schnell wie möglich zu besorgen, denn es ist lebensverändernd, wenn man davon zum ersten Mal erfährt.

Ich hörte von einem Freund von mir, dass ich Levi anrufen solle, weil etwas Schreckliches passiert sei. Als ich es tat, konnte ich kaum fassen, was mir gesagt wurde. Am 20. Dezember 2012 war seine hinreißende fünfjährige Tochter Lenya aufgrund von asthmatischen Komplikationen, die unerklärlicherweise zum Atemstillstand geführt hatten, gestorben. Levi hielt seine Tochter in den Armen und versuchte sie wiederzubeleben, bis der Notarzt eintraf, aber es war zu spät. Fünf Tage vor Weihnachten wurde seine Familie mit einem Moment konfrontiert, wie ihn keiner vorhersehen kann und auch niemand je erleben möchte.

Ich habe selbst zwei Töchter und ich kann mir ein Leben ohne sie nicht im Entferntesten vorstellen. Das ist ein Gefühl, das die meisten von uns Vätern gleichermaßen haben. Als ich das also hörte, flog ich nach Montana. Ich konnte keinen Rat geben, hatte keinen Trost anzubieten, dachte aber, ich könnte wenigstens da sein und meine Liebe in Person anbieten. Über dieses Anfangskapitel, die Zeit nach dieser Tragödie, lässt sich nur schwer sprechen. Eltern sollten nicht ihre Kinder begraben müssen. Aber sie haben diesen Sturm der Verwirrung und Komplexität tapfer überstanden und sind im Laufe der Zeit als Familie auf ihrem Weg der Heilung geblieben.

Wenn du die Lusko-Familie und ihre vier Kinder – Alivia, Daisy, Clover und ihren jüngsten Sprössling Lennox – heute treffen würdest, könntest du dir wohl nicht vorstellen, dass sie etwas so Schlimmes durchgemacht haben. Aber ich weiß ganz sicher, dass sie jeden Tag die Entscheidung getroffen haben, das Gift der Bitterkeit und Endgültigkeit und Hoffnungslosigkeit zurückzuweisen und jeden noch so kleinen Sonnenstrahl, der sich durch die Wolke dieses dunklen Kapitels hindurchstehlen konnte, herauszufiltern. Ich werde nie vergessen, wie Levi mich zwei Jahre nach Lenyas Tod zu deren Grab mitnahm und mir zeigte, was er und seine Kinder jedes Jahr tun, wenn sie zu jenem Tag zurückgehen und sich einen Moment Zeit nehmen, um sich an ihr Leben zu erinnern. Zu dieser Jahreszeit ist Montana mit herrlichem weißen Schnee überzogen, so weit das Auge reicht, auch die Friedhöfe. An normalen Tagen sind Friedhöfe schon triste und traurige Orte, aber das scheint noch ausgeprägter zu sein, wenn es kalt ist und der Schnee alles zudeckt, was sie sonst weniger ausdruckslos sein lassen könnte. Aber Lenyas Grab kann man nicht übersehen. Weil sie mit Lebensmittelfarbe Bilder in den Schnee gemalt haben, überall Farbe verspritzt haben, nur um sich daran zu erinnern, dass wir uns selbst inmitten von äußerstem Schmerz entscheiden können, alles so zu bemalen, wie wir es gerne möchten. Sie erinnern sich an ihr Leben, nicht an ihren Tod. Sie erinnern sich daran, wie wunderbar sie war, und lehnen die Bitternis ab, nicht sehen zu können, wie sie sich entwickelt hätte.

Wenn das schon alles gewesen wäre, was sie je getan haben, würde ich ihnen enormen Respekt dafür zollen, aber ihr Drang, Hoffnung zu finden, endet nicht damit, dass sie diesen Ort mit Farbe bemalen. Sie trafen als Familie die Entscheidung, lebenswichtige Teile von Lenyas kleinem Körper zu spenden, damit sie passenden Empfängern eingesetzt werden könnten, die dringend Organe brauchten. Sie spendeten ihre beiden Hornhäute und ihre Herzklappen. So kam es, dass ein Mann und eine Frau im Alter von 53 und 54 Jahren aufgrund von Lenyas Augen ihr Augenlicht wieder zurückbekamen. Stell dir mal vor: Menschen, die vorher blind waren, konnten jetzt wieder *sehen*. Selbst im Tod öffnete dieser kleine Engel buchstäblich die Augen der Blinden. Während ich dieses Buch schreibe, gibt es diesen besonderen Teil von Lenya noch, der auf der Erde weiterlebt und anderen Menschen hilft.

Inmitten von schrecklichem Kummer entschieden sich Levi und Jennie, opferbereit zu bleiben und gingen sogar so weit, dass sie Teile ihrer kostbaren Tochter spendeten, und was dabei herauskam, war übernatürlich. Wenn du also Levi und Jennie nach schweren Zeiten und Tragödien fragst, ist in der Geschichte dann von Schmerz die Rede? Absolut. Sie werden den Verlust ihrer Tochter nie »überwinden«. Das sollen sie auch gar nicht. Aber sie werden es weiterhin schaffen, *durch*zugehen und ihr Andenken Tag für Tag zu bewahren. In ihrer Erinnerung geht es nicht nur um Verlust. Sie enthält jetzt auch Wunder. Sie bezieht auch andere Menschen mit ein. Sie enthält jetzt *Leben*. Dieser Schmerz diente einem Zweck, der schon sehr viele Menschenleben verändert hat. Und es immer weiter tun wird, weil die Familie Lusko es nicht zuließ, dass diese Geschichte vom Gift der »Endgültigkeit« durchdrungen wurde.

Darum geht es, wenn wir uns schweren Zeiten stellen. Wir müssen nicht »vergessen«. Wir müssen aber verändern, woran wir uns *erinnern*. Wenn Levi von seiner Tochter spricht, wird er den Teil nicht auslassen, dass sie diese Erde viel zu früh verlassen hat. Aber er wird dort nicht *stehenbleiben*. Die Geschichte geht weiter.

Als Vater, Freund und Mit-Pastor ist dies alles in vielerlei Hinsicht herausfordernd für mich. Um ganz ehrlich zu sein, kann ich mir nicht vorstellen, dass ich den Mut gehabt hätte, den Levi und Jennie in dieser Situation immer wieder neu an den Tag gelegt haben. Ich würde sie nicht verurteilen, wenn sie ihren Glauben verloren hätten, sich schwer damit täten, wieder zu lieben, und Mühe damit hätten zu glauben, dass das Leben trotzdem schön sein kann. Was ihnen zugestoßen ist, ist ein perfektes Beispiel dafür, dass nicht nur guten Menschen, sondern auch großartigen Menschen schlimme Dinge zustoßen können. Es gibt keine Erklärungen, die ausreichend wären. Es gibt keine gut formulierten Floskeln, die bei so viel Schmerz auf dieser Seite der Ewigkeit auch nur im Entferntesten Frieden bringen könnten. Aber er hat mich dazu inspiriert, niemals zuzulassen, dass die Dinge, die in meinem Leben falsch laufen, all das verdunkeln, was sich noch als richtig erweisen kann. Levi liebt das Leben immer noch. Er predigt immer noch voller Leidenschaft. Er liebt Gott immer noch, trotz unbeantworteter Fragen, und hat beschlossen, das potenzielle Gift in seinem Leben als Kraft zu nutzen.

Ich weiß nicht, ob du jemals etwas erlebt hast, das so hoffnungslos aussah, dass es Auswirkungen auf jeden Bereich deines Lebens hatte. Vielleicht ist etwas gescheitert oder es hat dich jemand enttäuscht und du findest es äußerst schwierig zu glauben, dass du jemals wieder träumen, wieder lieben und wieder Luft holen kannst. Wenn das der Fall ist, dann bin ich froh, dass du das hier gerade liest. Du kannst. Du wirst. Du musst. Wegen deiner Geschichte, deinem Vermächtnis – die vielen Menschen, die sehen müssen, wie du vorwärtsgehst, werden dir eines Tages dafür danken, dass du nicht aufgegeben hast.

Jedes Mal, wenn du es mit etwas zu tun hast, das dein ganzes Leben vergiften könnte, dann denke an Folgendes: Das Gift braucht deine Erlaubnis. Wir müssen Menschen und Situationen das Recht geben, uns tief zu berühren. Wir können schlimme Dinge, verletzende Menschen und negative Umstände nicht vermeiden, aber das heißt nicht, dass wir zulassen müssen, dass deren Wirkung auf uns zu etwas Dauerhaftem wird. Häufig haben wir unwissentlich Dingen erlaubt, in unserem Leben und Herzen zu bleiben, die diese Erlaubnis nicht verdienen. Ich möchte mein Leben so gestalten und bewahren, dass ich mir ständig bewusst bin, dass ich die lebensspendende Positivität dem todbringenden Gift vorziehen kann, wenn es um das geht, was meinem täglichen Leben Antrieb gibt.

Ich bete, dass dieselbe Offenbarung auch dir die Augen öffnet. Du bist zu wertvoll, um das Gift nicht schon von Weitem zu erkennen und dich davor zu schützen. Warum beginnst du nicht gleich jetzt? Bestimme die Melodie deiner eigenen Seele. Bestimme die Tür zu deinem eigenen Schicksal. Sorge dafür, dass du die Zukunft nicht auf dem Altar deiner Vergangenheit opferst. Deine Zukunft ist so strahlend hell, dass eine andere Denkweise für dich überhaupt nicht in Frage kommen sollte.

Lebe den Moment

Wenn du einen ehrlichen und schonungslosen Blick auf das wirfst, was dich heute beeinflusst, auf die Beziehungen, die dir am wichtigsten sind: Sind sie hilfreich oder verletzen sie dich? Könnte man sagen, dass einige Dinge, die gar nicht für dein Leben in Frage kommen sollten, Gelegenheit bekommen haben, sich auszubreiten? Mit Gift kann man nicht spielen. Mit ihm kann man nicht argumentieren. Man kann es nicht ausgleichen. Wenn du also wirklich glaubst, dass dein Leben wichtig ist und dass die Art und Weise, wie du dich in deinem persönlichen Leben fühlst, eindeutig Auswirkungen darauf haben wird, wie du in der Öffentlichkeit funktionierst, dienst und auftrittst, ist es vielleicht an der Zeit, neu zu bewerten, wie schnell du Dinge nahe an dein Herz kommen lässt. Wenn es nicht hilfreich ist? Dann weg damit. Wenn es dich nicht besser macht? Dann muss es draußen bleiben. Für immer. Ersetze das Gift in deinem Leben und du wirst ein neues Gefühl der Kraft verspüren, um in ganz vielen Bereichen Land einzunehmen. Mach es dir bewusst. Wenn du es anfangs nicht für dich machst, dann mach es für die vielen anderen, die Hoffnung durch dich und deine Geschichte bekommen werden.

KAPITEL 16

ES WAR NOCH NIE COOLER, UNCOOL ZU SEIN

ICH WAR NOCH NIE JEMAND, der einfach nur anders sein wollte. Ich habe oder hatte wohl denselben Wunsch wie die meisten anderen Menschen, nämlich anderen zu gefallen und akzeptiert zu werden. Es gibt Menschen, die scheinbar immun gegen dieses Thema sind, und euch gehört mein Respekt. Ihr seid fantastisch. Aber für den Rest von uns kann der Wunsch »dazuzugehören« buchstäblich das Ausschlusskriterium sein. Ausgeschlossen von unserer Berufung, ausgeschlossen von dem Ort, an dem wir sein müssten, und ausgeschlossen aus den Momenten, die wir zu etwas Großem machen und maßgeblich mitbestimmen sollten.

Ich garantiere euch, ich bin noch nicht einmal sicher, ob ich weiß, was gerade »cool« ist und meine Töchter werden dem ganz laut zustimmen. Ich bin alles andere als ein Wortführer der Coolen. Aber aus irgendeinem Grund wurde unsere Gemeinde im Lauf der Jahre zum Inbegriff von »cool«. Unsere Gemeinde ist cool und darum ist sie so effektiv. Manchmal ist das ein Kompliment. Manchmal aber auch herablassend und völlig perspektiv- und zusammenhanglos.

Es verblüfft die Menschen immer, wenn sie in der Gemeinde wider Erwarten jemanden antreffen, der so aussieht wie sie, oder jemanden, der nicht in die Schublade »Gemeindemensch«

passt, die sie sich in ihrer sonderbaren kleinen Perspektive ausgedacht haben. Darüber hinaus verändert »Coolsein« das Leben nicht. Es verlängert unser Leben nicht und es ist nicht zwangsläufig gleichbedeutend mit Ertrag. Wenn also jemand zu mir sagt: »Deine Gemeinde hat eine coole Beleuchtung und Musik, darum funktioniert sie so gut«, erinnere ich ihn daran, dass es nicht die Beleuchtung ist, die Auswirkungen auf eine Seele hat. Es ist nicht nur die coole Musik, die jemanden dazu bringt, sein Leben völlig zu verändern. Menschen bauen nicht freiwillig Woche um Woche eine Gemeinde, weil es cool ist. Es ist zwar in Ordnung, wenn etwas »cool« ist, aber das ist nichts Dauerhaftes, noch schafft es echte Veränderung.

In unserer schnelllebigen Kultur ist etwas, wenn es richtig cool wird, schon wieder out. Das hält aber die Leute nicht davon ab, zu diesen Dingen zu strömen wie die Lemminge zu den Klippen, und mit dem verzweifelten Bedürfnis der Menschheit, dazugehören zu wollen, Geschäfte zu machen. Aber jeder, der daran interessiert ist, die Chancen in seinem Leben zu nutzen, muss in Kauf nehmen, manchmal nicht cool zu sein, und das tun, was in *seinen* Augen richtig ist. Was das Beste ist. Und oftmals wird das Beste mit dem Coolen auf Kriegsfuß stehen.

Denk mal über Folgendes nach: Häufig sind die Dinge, die wir in unserem Leben am dringendsten brauchen, nicht cool. Verletzlich sein ist nicht cool. Hilfe annehmen ist nicht cool. Demütig sein ist nicht cool. Freundlich sein ist leider auch nicht cool. Und das mag relativ offensichtlich scheinen, aber ich weiß, dass es da draußen in der Welt jede Menge potenzielle Leiter gibt, die die »Mauer des Coolseins« nicht durchbrechen können. Weil es bedeutet, auszuscheren und gegen den Strom zu schwimmen. Dinge zu tun, die niemand sonst tut oder getan hat. Den Menschen ist nicht bewusst, dass Trendsetter, Multimillionäre, echte Pioniere zu ihrer Zeit nie wirkliche Akzeptanz gefunden haben. Nur im Rückblick schätzen wir diese Dinge.

Wenn du dir ein spontanes Basketballspiel ansiehst, haftet ihm immer noch der dominante Stil eines legendären Teams an, das auch als die »Fab Five« bekannt geworden ist. Das waren junge, forsche, hauptsächlich afroamerikanische Spieler, die richtig laut spielten, unfassbar schlabbrige kurze Hosen, schwarze Schuhe und schwarze Socken trugen. Damals war das nicht »cool«. Ihnen war das egal. Trotzdem haben sie stark daran mitgewirkt, große Teile der Basketball-Kultur zu verändern. (An dieser Stelle ein Hoch auf meinen Kumpel Rob Pelinka, der allen Weißen Hoffnung auf eine Teamzugehörigkeit gab. Darüber wird viel zu wenig gesprochen!) Unsere Welt braucht noch mehr davon: Menschen, die so selbstsicher sind, dass sie der Konvention trotzen und mutig genug sind, Risiken einzugehen und anders zu sein.

Ich wette, dass in deinem Herzen, tief in deiner Seele etwas ist, an das du leidenschaftlich glaubst, dich aber nicht traust es auszuleben, weil du Angst davor hast, was andere dann denken werden. Der erste Schlüssel hierzu ist: Andere Menschen denken nicht annähernd so viel über dich nach, wie du glaubst. Die meisten Menschen haben ihre ganz eigenen Dramen und Ängste im Hinblick auf einzugehende Risiken zu bewältigen. Und was den Rest betrifft, diejenigen, die dich vielleicht verurteilen oder kritisieren, beweist allein schon die Tatsache, dass sie Zeit dafür haben, dass du dich sowieso nicht um ihre Meinungen kümmern musst. Schon vor langer Zeit habe ich eines gelernt: Menschen, die nichts zu tun haben, haben sehr viel Zeit, über Menschen zu reden, die viel zu tun haben.

Wenn du Menschen findest, die ihr Leben genießen, ihre Zeit optimal nutzen, dann sind das keine Menschen, die morgens aufwachen und denken: *Wen kann ich heute wohl beeindrucken?*

Auf keinen Fall. Was für ein Mensch bemühe ich mich zu sein? Einer, der aufwacht und sagt: »Ich werde heute etwas bewirken. Irgendwie. Wenn es anderen gefällt, können sie mitmachen. Wenn nicht, dann können sie mir zuschauen. Aber ich lasse mich davon nicht beeinflussen.«

Ich erinnere mich noch an einen Tag, an dem mir diese Aussage so lebhaft vor Augen geführt wurde, dass es mich bis in die Seele traf. Ich ging dorthin, wo ich dienstags immer am liebsten bin, Chelsea Piers in Manhattan, um wie gewöhnlich Basketball zu spielen. Die Jungs in dieser Sporthalle sind ein so regelmäßiger Bestandteil meines Lebens geworden, dass sie für mich wie eine eigene kleine Welt sind. Ich liebe das einfach. Aber spontane Basketballspiele unter Erwachsenen finden auch nicht ohne die Versuchung statt, »cool« zu sein. Was Spiele und deren Qualität an sich zerstört. Die Jungs versuchen NBA-Stars nachzuahmen. Sie machen Würfe, die sie besser nicht machen sollten. Sie spielen nicht so stark auf Abwehr, weil sie Angst haben, sie könnten dabei stürzen und am Ende auf irgendeinem Video landen, das sich viral im Internet verbreitet. Sie verbringen tatsächlich Zeit damit, ihre Outfits passend zusammenzustellen, als ob das wichtig wäre. Und genauso jemand bin *ich*.

Andere Jungs versuchen auch, cool zu sein. Selten sieht man jemanden, der sich ehrlich anstrengt und ins Zeug legt. Ich kam also hinein und sah sofort einen Typen, der etwas tat, das nicht der Norm entsprach. Er machte Aufwärmübungen, wie man sie von früher kennt, rannte hin und her, berührte die Linien auf dem Platz, *sprintete*. Er weckte augenblicklich mein Interesse. In New York ist das alleine noch nicht besonders merkwürdig, weil viele Jungs Kokain nehmen, bevor sie spielen, was ein eigenes Buch füllen würde, das ich mir für später aufheben werde. Aber er hörte nicht auf zu sprinten. Er trug Knieschoner, Ellbogenschoner und wahrscheinlich auch einen Rückenschoner – da bin ich mir nicht sicher. Aber er war spielbereit.

Als das Spiel begann, klatschte er buchstäblich die ganze Zeit. Er stürzte sich auf die freien Bälle. Er schimpfte mit seinen Teamkollegen, wenn sie nicht hart genug spielten. Sein Team verlor das Spiel und ungefähr drei Minuten lang war der Kerl untröstlich.

Und dann setzte er noch eins drauf. Während des nächsten Spiels, in dem er nicht mitspielte, stand er am Rand und feuerte irgendwelche Leute an. Er klatschte. Er rannte freien Bällen hinterher und spielte sie zurück aufs Feld. Du musst wissen, dass so etwas normalerweise nicht passiert. Der wortreichste Basketball-Austausch – die schrecklichen kirchlichen Liga-Spiele mal ausgenommen – ist in etwa: »Los, spiel den Ball. Hey, echt jetzt, spiel ihn ab.« Nach dem Spiel fing er wieder damit an, seine Sprintrunden zu drehen.

Das war zu viel für mich. Ich musste ihn fragen, wie um alles in der Welt er so zielstrebig und leidenschaftlich sein konnte. Denn hier bekam niemand Geld dafür. Er sagte Folgendes: »Mir ist schon klar, dass ich nicht cool aussehe. Aber vor sieben Jahren wurde ich in den Rücken geschossen. Ich war gelähmt und saß fünf Jahre im Rollstuhl. Die Ärzte sagten zu mir, dass es keine Hoffnung gäbe, jemals wieder laufen zu können. Ich sagte zu Gott, wenn ich durch irgendein Wunder jemals wieder laufen könnte, würde ich keinen Schritt mehr für selbstverständlich halten. Ich würde nie wieder ein Basketballspiel als selbstverständlich betrachten. Ich würde nie wieder irgendetwas als selbstverständlich ansehen. Ich verstehe schon. Ich mache einen seltsamen Eindruck. Ich bin nicht cool. Aber glaub mir, ich habe mehr Spaß als alle anderen hier. Ich liebe es zu spielen.«

Ich war verblüfft. Ich war überführt und sagte zu ihm: »Du bist der coolste Typ hier drinnen, mein Freund.« Ich konnte nicht aufhören, darüber nachzudenken. In der restlichen Zeit auf dem Spielfeld übernahm ich ebenfalls Verantwortung. Ich stürzte mich auf freie Bälle. Ich hatte *Spaß*. Als ich nach Hause ging, sah ich mir mein Leben an und dachte, dass es eine Riesenchance sei, so zu leben wie dieser Mann. Wen kümmert es, was die Leute denken? Das Leben ist zu kurz, um cool zu sein.

Und weißt du, was die Ironie dabei ist? Die uncoolen Leute geben am Ende immer den Ton an. Es ist seltsam paradox, aber auch genial. Ich frage mich, was du wohl tun würdest, wenn du dir nicht so viele Sorgen über die Meinung von anderen machen würdest? Ich bin froh, dass Steve Jobs entspannt damit umgehen konnte, dass die anderen ihn als Nerd bezeichneten. Ich bin froh, dass Warren Buffett es entspannt sah, als die anderen sagten, er würde sich nicht cool anziehen. Ich bin froh, dass es N. W. A. egal war, dass wütendes Rappen nicht cool war. Ich bin froh, dass es meinem Pastor Brian Houston egal war, dass es nicht cool war, dafür zu sorgen, dass Gottesdienste nicht drei Stunden lang dauerten und mit Dingen vollgestopft waren, die niemanden interessierten. Ich bin froh, dass es Brandon Marshall egal war, dass es uncool war, anderen zu sagen, dass psychische Störungen etwas Reales sind und die Menschen sich Hilfe holen müssten, so wie er.

Fast alle, die ich bewundere, wurden irgendwann einmal als »nicht cool« abgestempelt. Darum komme ich heute gut damit klar, wenn mir jemand sagt, ich sei cool. Denn es besteht die Chance, dass sie damit einen Teil von mir meinen, der noch eine völlige Baustelle ist und vielleicht hatte ich das Glück und war gerade für einen Moment lang zufällig auf derselben Welle unterwegs wie die Popkultur. Dieselben Menschen werden mir wahrscheinlich irgendwann später auch einmal sagen, dass ich nicht cool bin. Das ist der Grund, warum das alte Sprichwort immer noch so wahr klingt: Wenn du für das Lob der anderen lebst, wird ihre Kritik dich umbringen.

Ein Hoch auf die Wiedergeburt des Uncoolen. Die weniger befahrene Straße kann einsam sein. Aber es gibt dort Unmengen von Parkplätzen und Platz zum Atmen. Lebe das Uncoole. Es wird wahrscheinlich das, was du tust und tun wirst, noch sehr viel heißer machen.

Lebe den Moment

Was würdest du tun, wenn es dir völlig egal wäre, was andere Menschen von dir denken? Wie würdest du leben, was würdest du verfolgen und wie viel Spaß hättest du letztendlich? Wenn der vorrangige Grund, warum du etwas tust, mit den Worten beginnt: »Weil andere denken könnten«, musst du das noch mal überdenken. Kein anderer muss dein Leben leben. Kein anderer wird letztlich für das verantwortlich sein, was du in diesem Leben getan hast. Darum ist es sinnlos, die Meinung von anderen die treibende Kraft in deinem Leben sein zu lassen. Ich glaube, man kann mit Sicherheit sagen, dass es nicht der »Coolness-Faktor« ist, der Menschen attraktiv macht, sondern der »Einzigartigkeitsfaktor«. Wir sind als Originale geschaffen, es gibt also keinen Grund, auch nur einen einzigen Tag als schlechte Kopie von jemand anderem zu leben. Sei du selbst. Es ist weniger anstrengend und macht viel mehr Spaß.

KAPITEL 17

DU MUSST NICHT ALLES GUT KÖNNEN

ICH LIEBE ES ZU GEWINNEN. Ganz ehrlich. Ich gewinne sogar so gerne, dass ich bei Familienspielen schon mal die eine oder andere Regel ändere, wenn ich mich wirklich bedroht fühle. Ob es um Brettspiele, Kartenspiele oder Bibelverse auswendig aufsagen geht – wenn ich das Gefühl habe, dass meine Kinder zu gut sind, ziehe ich ganz kreativ meine »Das-ist-mein-Haus-und-hier-bestimme-ich«-Karte und sorge dafür, dass ich ein paar Punkte mache. Nenn mich ruhig »Schummler«. Dann sag ich eben »Zweiter« zu dir.

Dem liegt ein Prinzip zu Grunde, das ich für wichtig halte: Wir müssen gewinnen wollen – und zwar unbedingt. An dieser neuen Welle der politischen Korrektheit ist von Haus aus etwas falsch, wenn sie behauptet, wir dürften nicht sagen, dass jemand gewonnen und jemand verloren hat. Das ist dumm. Wenn mein Sohn jemals mit einem Pokal nach Hause kommt, den es fürs »Dabeisein« gab, und seine Mannschaft nicht wirklich gewonnen hat, werde ich diesen Pokal zertrümmern. Pokale sind für Gewinner, Freunde. Ich werde ein Spiel erfinden, ihn gewinnen lassen und ihm dafür einen riesigen Pokal überreichen. Mein Sohn soll niemals Verlieren mit Gewinnen verwechseln. Beides lehrt uns etwas fürs Leben, aber wir können nicht so tun, als würde das eine mit dem anderen Hand in Hand arbeiten.

Ich bin keineswegs gegen das Gewinnen. Trotzdem will ich anderen unbedingt zusprechen, dass es in Ordnung ist, nicht in *allem* gewinnen zu müssen. Man kann sich ruhig manche Dinge im Leben ansehen und sagen: »Weißt du was? Das ist vielleicht nicht so mein Ding. Schon gar nicht das Wichtigste. Ich werde tun, was ich kann, aber ich werde nach etwas suchen und mich auf etwas konzentrieren, das ich gut kann.« Das Bedürfnis, immer die Nummer Eins sein zu wollen, ist der Grund, warum viele Menschen häufig in gar nichts die Nummer Eins werden. Wir fangen an, uns zu vergleichen. Wir lassen uns entmutigen oder verteidigen uns und strengen uns noch mehr an. Was zu negativen Momenten führt. Und ehe du dich versiehst, wirst du schon von Dingen vereinnahmt, die in deinem Leben gar nicht so viel Gewicht haben dürften.

Die besten Leiter in unserer Kultur haben oft Folgendes gemeinsam: Sie sind selbstkritisch. Sie wissen, was sie gut können. Und sie wissen auch ganz genau, was sie *nicht* gut können und umgeben sich mit Menschen, die in diesen Bereichen kompetent sind. Was passiert dann normalerweise? Alle werden besser. Und die Menschen sind auf ihrem Weg insgesamt glücklicher.

Ich habe Menschen beraten, die sich ihr ganzes Leben lang bewusst waren und sich Sorgen darüber machten, was sie nicht gut können. Es beherrscht ihr Leben. Am Ende verlieren sie die Fähigkeit zu sehen, was sie gut können und wofür sie geboren wurden. Es ist eine Falle, die zu einem wirklich entmutigenden Leben führt. Ich sage den Menschen immer: »Was gefällt dir? Was ist deine Leidenschaft? Was sehen Menschen in dir, die du gut kennst und denen du vertraust? Gehe dem nach. Wachse irgendwie darin. Darin an sich liegt schon Erfüllung.«

Was auch immer du tust, du willst dich nicht immer wieder dabei ertappen, wie du dich zu beweisen versuchst. Denn der Einzige, der bei diesem Szenario verliert, bist du. Manchmal ist es in Ordnung, nur die zweite Geige zu spielen, die B-Seite der Kassette zu sein, jemand anderem zu helfen, einen größeren Gewinn zu erzielen – was oft zu einem größeren Gewinn für alle Beteiligten führt.

In Basketball-Begriffen gesprochen: Es wird dich nicht umbringen, den Ball abzuspielen.

Ich hatte das Vorrecht, einigen tollen Leuten zu begegnen, die in ihrem Bereich *richtig* gut sind. Sogar zu *den Besten* gehören. Einer meiner Freunde, von dem du vielleicht schon gehört hast, heißt Kevin Durant. Er ist begabt – so sehr, dass es für normale Menschen wie mich schon nervig ist – und er hat *gearbeitet*, um ein Meister seines Fachs zu werden.

An einem richtig heißen Julitag, nachdem er Sport gemacht und ich zugesehen und gelernt und vorgegeben hatte, dass auch ich mich so anstrengen würde wie er, wollte er, um die Sache noch abzurunden, am Ende zwei gegen zwei spielen. Es waren nur drei Jungs in der Sporthalle, darum hob ich natürlich meine Hand und sagte: »Klar, ich spiele mit.« Dazu muss ich allerdings sagen, dass drei von den vieren, die mitspielten, Profi-Basketballspieler waren. Im Spätjuli, nach der Saison, will kaum ein Profispieler, den ich kenne, sich in einer Sporthalle aufhalten oder überhaupt über Basketball nachdenken. Somit sind Spiele grundsätzlich keine »Spiele«. Das ist Arbeit, es ist wichtig, es gehört zum Geschäft und sollte normalerweise den Profis überlassen werden.

Aber ich habe eine Profi-Basketballspieler-Mentalität. Was heißt, dass das, was ich in puncto Basketball über mich selbst denke, sehr wahrscheinlich nichts mit der Realität zu tun hat. Aber egal. Verurteile mich nicht. Ich bin ein Überlebenskünstler und natürlich war ich in diesem Spiel voll dabei.

Ich landete in Kevins Mannschaft und habe es tatsächlich überlebt. Hat es geholfen, dass Kevin die ganze Arbeit gemacht hat? Sicher hat es das. Aber es war eine Teamanstrengung. Das Spiel war bei 21 aus und Kevin hatte 18. Die anderen beiden hatten auch 18 und wir hatten den Ball. Kevin spielte mir den Ball zu und ich versichere dir, ich war frei und hatte Platz zum Werfen. Also ließ ich das Ding das erste Mal in diesem Spiel fliegen.

Und ich warf daneben. Die anderen bekamen den Rebound, warfen schnell und punkteten, und wir verloren. Du liest das richtig: Ich bin der Kerl, der ein Zwei-gegen-zwei-Spiel mit Kevin Durant verloren hat! Ich hatte bei diesem ganzen Spiel buchstäblich nur eine Aufgabe, und das war nicht die, auf den Korb zu werfen.

Hinterher sagte er: »He, Kumpel, warum hast du ihn nicht zurückgespielt?«

Ich sagte zu ihm: »Junge, ich stand frei und ich bin ein Werfer. Das ist meine Aufgabe.«

Er sagte: »Ist ja schön, aber ich bin der bessere Werfer.« Missbilligend schüttelte er den Kopf und ging weg. Wir verließen die Sporthalle und haben seither nie wieder über dieses Spiel gesprochen. Dieses Spiel kostete mich zwanzig Minuten Schweigen von dem Basketballer mit dem besten Punkteschnitt, den die Welt je gesehen hat. (Ich habe Kevin gefragt, ob es für ihn in Ordnung sei, wenn ich diese Geschichte in das Buch aufnehme. Er sagte: »Natürlich. Es ärgert mich immer noch. Manchmal denke ich noch daran.« Bedenke, dass er eine Woche zuvor das NBA-Finale als MVP [wertvollster Spieler] gewonnen hatte. Dieser Kerl liebt es zu gewinnen, Leute.)

Wenn du dir dein Leben ansiehst – und ich weiß, dass es mir so geht – gibt es da Zeiten, in denen du Dinge aus den falschen Gründen erzwingst? Bist du auf Dinge fixiert, die auf lange Sicht gesehen nicht wirklich wichtig sind für unsere höhere Berufung und das, was wirklich zählt? Gott hat uns sicher nicht auf diese Erde gesetzt, damit wir alles gut können. Aber ich bin sicher, dass er jeden von uns so einzigartig geschaffen hat, dass wir hier sind, um *etwas* zu tun, das außergewöhnlich ist und echte Auswirkungen auf andere hat. Vielleicht ist das Wissen darüber, was wir nicht gut können, fast genauso mächtig wie das Wissen über das, was wir gut können.

Ich habe mal gehört, dass wir genau das sind, was zwischen dem liegt, was wir sagen, und dem, was wir tun. Das gefällt mir. Der Frieden liegt in der Mitte. Nachdem du das heute gelesen hast, nimm dir die Zeit, darüber nachzudenken, was dir gefällt, was du gut kannst und zu wem du gut sein willst. Bleib nicht dabei hängen, darüber nachzudenken und dich damit zu befassen, was bis jetzt noch nicht geschehen ist, und lass dich davon nicht begrenzen. Diese Welt braucht das Beste von dir fast genauso sehr wie *du* selbst.

Lebe den Moment

Ich habe mal folgenden Spruch gehört: »Ein Alleskönner ist ein Meister von nichts.« Ich habe schon viele Menschen kennengelernt, die versuchen, in so vielen verschiedenen Dingen gut zu sein, dass nichts wirklich sitzt. Projekte werden nie fertiggestellt, Mitgliedschaften in Fitnessstudios werden nie genutzt, Versprechen werden nicht erfüllt. Das ist keine Art und Weise zu leben. Ich denke, es liegt Kraft und Frieden darin, wenn man sich auf etwas konzentriert, das man liebt und in das man sein Leben investiert. Seine Leidenschaft investiert. Finde unbedingt etwas Neues, um deinen Erfahrungshorizont zu erweitern. Aber wenn du etwas gefunden hast, das dir Kraft gibt, dann nutze es. Werde ein Meister darin. Es wird dich am Ende sicher in mehr hineinführen, aber es wird nicht zu Lasten dessen gehen, was du jetzt bereits hast.

KAPITEL 18

ICH FORDERE ETWAS ANDERES

ICH BIN LEUTEN BEGEGNET, die sagen, sie wollen sich ändern. Sie sind wortgewandt, sie sind authentisch und manchmal überzeugen sie mich sogar. Das Problem ist nur, dass die *Vorstellung* von Veränderung etwas völlig anderes ist als die *Realität* der Veränderung. Unbedingt eine Familie haben zu wollen, ist ein toller Gedanke. Wenn du dann endlich deine eigene Familie, eigene Kinder hast, und alles was damit verbunden ist, dann wird es auch Zeiten geben, in denen du deine lieben Kleinen am liebsten nach Sibirien verschicken und nie wieder von ihnen sprechen würdest, glaub mir.

Die Vorstellung, das eigene Leben zu ändern und es neu zu bewerten, ist inspirierend. Ich kenne niemanden, der morgens aufwacht und sagt: »Ich möchte heute bei niemandem eine Wirkung hinterlassen. Hoffentlich bin ich völlig irrelevant und dieser Tag ist schnell vorbei.« In unserem Inneren wollen wir wohl alle ein Vermächtnis hinterlassen. Wir alle wollen mehr erleben als nur den alltäglichen Trott dieses Lebens. Wir wissen nur nicht, wie.

Als Pastor einer Gemeinde ärgert es mich sehr, wenn Prediger fantastisch inspirierende Predigten mit null Praxisbezug halten, an dem man sich festhalten kann. Was ist denn, wenn ich dir ein schönes, teures Auto schenke und du einsteigst und es kein

Lenkrad hat? Viel Glück damit. Das passiert in Gottesdiensten ständig. Die Menschen stehen auf und brüllen laut *Amen* zu dem, was der Prediger sagt, und wenn du sie dann fragst: »Was begeistert dich so daran?« sagen sie: »Ich weiß nicht genau. Aber es ist begeisternd!«

Motivation ist etwas Fantastisches. Inspiration ist etwas Gewaltiges. Aber weder das eine noch das andere kann wirklich etwas Bedeutungsvolles in unserem Leben bewirken. Beides muss mit einem wahren Wunsch nach Veränderung verbunden sein, dem unmittelbar Entscheidungen folgen, die keine anderen Möglichkeiten offenlassen.

Einer meiner besten Freunde ist ein sehr inspirierender, fröhlicher und spontaner Mensch. Er gehört zu der Sorte Mensch, die aus dem Nichts heraus sagt: »Hey, lass uns Traubenmarmelade machen. Gibt es jemanden, der keine Traubenmarmelade mag? Man spricht wirklich viel zu wenig von Traubenmarmelade und wir könnten Geld damit verdienen, wenn wir es richtig machen! Wir könnten auch unsere eigenen Gläser herstellen!« Ehe du dich versiehst, steckst du mittendrin. Ungefähr zwei Stunden später, nachdem du Geld für die Zutaten ausgegeben, dich über das Marmeladengeschäft informiert hast und auf weitere Anweisungen von deinem furchtlosen, inspirierenden Anführer wartest, stellst du fest, dass er weggegangen ist, um sein Haus zu saugen, und sich gar nicht mehr an das Gespräch über Marmelade erinnern kann. (Ich liebe dich, Joe Termini!)

Inspiration ist nicht das Problem. Die Dinge in unserem Leben ändern sich, wenn wir Entscheidungen treffen, die die Tür für jeden anderen möglichen Ausweg verschließen. Sprich nicht mit mir über gesunde Ernährung, wenn du Donuts auf deinem Küchentisch liegen hast. Frag mich nicht danach, wie man gute Beziehungen findet, wenn du diese neue Dating-App auf deinem

Smartphone hast, die exakt null wichtige Kontakte hergestellt hat, dich aber mit Fotos von Menschen lockte, die du nie kennenlernen wirst, auch wenn du das denkst, und trotzdem nicht aufhören kannst, zu wischen, zu liken und Nachrichten zu schreiben, ganz egal, wie erfolglos es auch sein mag.

Ich sage immer, dass man an den Entscheidungen erkennen kann, ob jemand ernsthafte Absichten hat. Das ist einer der Gründe, warum ich Jesus nachfolge. Ich habe Freunde, die sind Buddhisten. Einer meiner besten Freunde hier in New York ist ein frommer Muslim. Bis heute lese ich alles, was ich kann, über das, was andere Menschen glauben, damit ich die Menschen, die ich liebe und die einem anderen Glaubenssystem in ihrem Leben folgen, besser verstehen kann. Und ich kann ohne Zögern sagen: Geistlich gesehen hat niemand so etwas angeboten wie Jesus, noch nicht einmal behauptet, es anzubieten. Jesus hat Errettung und Vergebung und Hoffnung und Frieden angeboten. Was zwar inspirierende Dinge sind. Aber auch gefolgt von dem *Wie*. Mit verrückten Dingen wie: »Wenn du leben willst (Inspiration), musst du dir selbst sterben und dein Kreuz täglich aufnehmen (Anwendung).«

Ich habe inspirierende Reden von einigen geistlichen Gurus gehört, aber wenn es zur Sache geht, verwenden sie Begriffe wie »Erleuchtung« und »deine Wahrheit« und »Wachstum geschieht schon, wenn du es nicht begrenzt«. All das sind Codewörter für: »Eigentlich habe ich keine Ahnung. Und du kannst Erleuchtung nicht messen oder klar definieren. Aber die meisten Menschen wissen das nicht, also bauen sie darauf.« Hör zu, Erleuchtung ist schön. Sie ist sogar ganz entzückend. Weißt du, was ich will? Ich will Richtungsweisung. Ich will Anleitung. Ich will Praxisbezug. Und ich würde wetten, du auch.

Ich persönlich werde keinen inspirierenden Spruch, der mir gefällt, durchgehen lassen, ohne dass direkt daneben die persönliche praktische Umsetzung steht, die mir eher *nicht* gefällt. An meiner Wand hängt vielleicht der Spruch: *SEI DU SELBST DIE VERÄNDERUNG, DIE DU IN DER WELT SEHEN WILLST.* Juhu! Wem gefällt das nicht? Ich kann das auf ein T-Shirt drucken, auf ein Festival gehen und das T-Shirt verkaufen. Aber ich kann nicht zulassen, dass so etwas Bedeutungsvolles nicht auch eine Herausforderung enthält, um sicherzugehen, dass ich mich nicht selbst betrüge. Darum schreibe ich direkt unter mein *SEI DU SELBST DIE VERÄNDERUNG, DIE DU SEHEN WILLST*: *Sprich freundlich mit deiner Frau und lass, wie sie dich gebeten hat, deine Schuhe nicht an der Tür stehen.* Dieses T-Shirt wird keiner kaufen. Aber rate mal, was geschehen wird, wenn ich diese klitzekleine Entscheidung treffe? Sie wird zur nächsten Entscheidung führen. Und wieder zur nächsten. Und so ist meine Inspiration der Antrieb für mein reales Leben. Nicht nur für meine Traumwelt. Es beginnt wohl damit, dass du von dir selbst Veränderung forderst. Und du kannst mit deinem geistlichen Hunger anfangen. Wenn ich verändern will, was außerhalb von mir geschieht, muss ich damit anfangen, meine Seele zu verändern, den inneren Kern meines Wesens, und das Gleiche gilt für dich. Eigentlich sollten unsere Wünsche, unser Hunger im Leben zunehmen, wenn wir wachsen.

Das geschieht auch bis zu einem gewissen Grad. Ich schaue mir an, was ich mit achtunddreißig will und was ich im Gegensatz dazu wollte, als ich, sagen wir mal zweiundzwanzig war. Und es ist wirklich witzig, wie drastisch sich diese Wünsche verändert haben. Als ich zweiundzwanzig war, wollte ich unbedingt einen Cadillac Escalade und einen großen SUV und fand *Spinning Wheels* unglaublich toll. (Wenn du »jung und hip« bist und es lustig findest, dass ich freidrehende Felgenaufsätze mochte, hast du selber wahrscheinlich einen Fidget-Spinner. Ich will also nichts davon hören.) Aber jetzt mit achtunddreißig sind mir SUVs egal. Mir ist es egal, ob meine Radkappen sich drehen oder glänzen. Ich brauche sogar nicht einmal unbedingt Radkappen auf meinen Felgen. Weißt du, was mich jetzt interessiert? Diese kleinen Autos, die man in die Steckdose anschließen kann. Wie weit ich mit einer Ladung kommen kann. Wie viel Benzin ich damit sparen kann.

Deine Wünsche *sollten* sich verändern. Ich gehe mit meinen Kindern nicht mehr in Vergnügungsparks mit Achterbahnen und denke: *Das wird ein Spaß! Los geht's!* Ich denke: *Ist das sicher? Ist hier schon mal jemand ums Leben gekommen? Ist der Kerl, der das Ding bedient, auf Drogen? Er sieht nämlich so aus und ich werde garantiert nicht mitfahren, wenn der Kerl mit seiner Hanfkette das Ding bedient und darüber kichert, wie die Bäume sich im Wind bewegen. Auf keinen Fall.* Sicherheit ist mir viel wichtiger als dreißig Sekunden Hochgefühl in der Achterbahn.

Hast du in letzter Zeit einmal darüber nachgedacht, was du dir wünschst? Wonach es dich verlangt? Wenn es nicht der Wunsch nach Veränderung ist, danach, etwas zu bewirken, dann musst du das für dein eigenes Leben fordern und deine neue Forderung mit einigen Entscheidungen untermauern. Das wird nicht nur Auswirkungen auf dich haben, sondern es wird zunehmend auch Auswirkungen auf andere haben. Was wie eine kleine Entscheidung aussieht, die einer großen Forderung an dich selbst folgt, könnte jemand anderem zu einem Durchbruch in seinem Leben verhelfen.

Ich erinnere mich, dass ich einmal gebetet habe, dass Gott mir helfen möge, in Frieden zu leben. Der Wunsch nach Friede ist mir sehr wichtig, aber ich will auch kein Leben führen, das frei von

Druck ist. Denn das bedeutet auch, dass mein Leben frei von Auswirkungen ist. Ich will nur einfach nicht, dass der Druck, dem ich ausgesetzt bin, mich erdrückt.

Ich hasse Angst und Unruhe und unsere Kultur offensichtlich auch. Es gibt heute mehr Sorten von Medikamenten gegen Ängste auf dem Markt und im Umlauf als je zuvor. Weil ich Christ bin, habe ich einen gewaltigen Vorteil im Kampf gegen die Angst, und zwar mein Gebetsleben. Ich habe keine Gebetsperlen. Ich muss nicht zu einem Priester gehen und mich in einen Beichtstuhl setzen und einem anderen Menschen meine Sünden beichten. Nichts von alledem. Wegen Jesus und aufgrund dessen, wer er für mich ist, kann ich jederzeit beten und weiß, dass er mir helfen wird.

Mein Problem ist nicht das Konzept, sondern dessen Umsetzung. Als ich also an jenem Tag betete, dass Gott mir helfen möge, Frieden in meinem eigenen Leben zu entwickeln, beschloss ich diesen Moment des Gebets mit dem Vorsatz, fortan nach dem Motto zu leben: »Bevor ich in Panik gerate, bete ich lieber.« Ich forderte von mir selbst, diese Veränderung vorzunehmen. Was bedeutet, dass ich immer und überall, sobald ich Druck oder Stress oder Angst oder etwas in der Art verspüre, mir einen Moment Zeit nehme und bete: Ich erinnere meine Seele daran, wer Gott ist und wovor er mich gerettet hat. Und dann mache ich mit dem weiter, womit ich gerade beschäftigt bin.

Weißt du, was allmählich geschah? Nach dem Gebet hatte die Panik oder Angst oder der Stress mich viel weniger fest im Griff. Nur eine Entscheidung, innezuhalten und zu beten.

An einem besonders stressigen Tag waren ein Freund und ich in Williamsburg, Brooklyn, unterwegs und dieser Tag schien wie

Baskin-Robbins-Eiskrem« zu sein – nur dass ich das Gefühl hatte, anstatt der neununddreißig Geschmacksrichtungen neununddreißig Ausfälle zu erleben. Ich erfuhr, dass ein Freund von mir rückfällig geworden war. Ich erfuhr, dass unsere Gemeinde einen bestimmten Veranstaltungsort nicht nutzen konnte, den wir für das kommende Wochenende benötigten. Und – zwar nicht so wichtig, aber trotzdem nicht egal – mein Lieblingsspieler bei der NBA, J. R. Smith, hatte sich verletzt, was bedeutete, dass das Spiel der Knicks an jenem Abend nur halb so interessant werden würde.

Wir alle haben solche Tage, an denen scheinbar alles mies läuft und sogar noch schlimmer kommen könnte. Als wir im Auto unterwegs waren und ich die Liste meiner Enttäuschungen durchging, erinnerte ich mich an meine Entscheidung – dass ich Frieden in meinem Leben wollte und dass ich tun würde, was nötig war, um ihn auch zu bekommen.

Also bat ich meinen Freund, in diese Seitenstraße von Brooklyn einzubiegen, an die sich ein kleiner Park anschloss, von dem aus man auf den East River blickt, was gleichzeitig schön, aber eben auch Brooklyn ist. *Schön* insofern, dass man von dort aus die ganze Stadt sehen kann und es ein Ort ist, von dem man nicht erwarten würde, dass er so spektakulär und auf fast unheimliche Weise friedlich ist. *Brooklyn* insofern, dass man auf ein oder zwei Spritzen treten wird und unbedingt vorsichtig sein sollte, weil dieser Ort für Transaktionen aller Art bekannt ist.

An diesem Tag war der Park wirklich ein Geschenk des Himmels. Ich stieg aus dem Auto, lief eine Weile umher und betete. Ich fühlte mich nicht auf magische Weise sofort besser. Doch ich spürte zumindest, dass ich Kontrolle über meinen Geist besaß. Über meine Situation allerdings nicht so sehr. Aber das würde mir nicht die Freude dieses Tages rauben.

Während ich zu meinem Auto zurückging, hörte ich, wie jemand brüllte: »He, Pastor Carl!« Ich hatte gedacht, der Park sei leer, aber das stimmte nicht. Dieser Mann rannte auf mich zu und es war kein kleiner Mann. Ich wünschte mir augenblicklich, ich hätte meine Schuhe zugebunden. Aber da stand ich. Und er näherte sich mir mit Tränen in den Augen. Und er sagte: »Ich gehe in Ihre Gemeinde. Wir sind uns noch nie begegnet und es ist irre, dass ich Sie hier sehe. Heute war der bislang schwerste Tag in meinem Leben. Ich habe gestern meine Mutter verloren. Das macht mir schwer zu schaffen. Ich bin in diesen Park gekommen, um zu beten. Ich habe mich alleine gefühlt. Ich war so niedergeschlagen und habe Gott heute gebeten, dass er mir etwas schicken solle, das mich ermutigen würde. Und da sind Sie.«

Wenn ich dir sage, dass es mir so was von egal war, wie es aussah, dass zwei erwachsene Männer weinten, sich umarmten und in einem Park miteinander beteten, dann meine ich das so. Als ich wieder in mein Auto stieg, konnte ich nicht aufhören, darüber nachzudenken, wie unfassbar dieser Moment gewesen war. Weißt du, womit ich nicht erfüllt war? Mit den Dingen, die zwar echt stressig und real und schwer zu handhaben waren – aber es nicht wert waren, meine Gedanken oder meinen Frieden zu zerstören. Weißt du, was mir an jenem Tag geholfen hat? Nicht mein inspirierender Gedanke darüber, »wie Gebet alles verändert«. Nicht irgendein cooler Hashtag mit der Bezeichnung *#dasuniversumhoertdirzu*. Es war eine kleine Entscheidung, die ich getroffen hatte und die einen Wunsch, den ich hatte, untermauerte. Das half mir an jenem Tag ein wenig. Aber der zusätzliche und gleichzeitige Effekt meiner Entscheidung, den Wunsch nach Veränderung in meinem Herzen zu untermauern, leitete mich dazu, an jenem

Tag wirklich die Antwort auf das Gebet eines anderen Menschen zu sein. Das war kein Zufall.

Es geschieht immer wieder. Das Leben ist schon lustig. Wenn du Pizza siehst, willst du Pizza haben. Wenn du dir den ganzen Tag Urlaubsfotos anschaust, willst du in den Urlaub fahren. Wenn du dir Veränderung anschaust, wenn du dir Menschen anschaust, wenn du dir unsere Welt anschaust und etwas bewirken willst, dann beweise es, indem du dieses Buch weglegst (nur ganz kurz) und dir aufschreibst, nicht wovon du träumst, sondern was du von dir selber forderst. Und für jede Forderung schreib dir auch eine Entscheidung auf, die damit einhergeht.

Du weißt nie, wohin dieser kleine Schritt dich bringen wird, aber ich habe das Gefühl, es wird erfüllend sein.

Lebe den Moment

Wenn wir das Wort »Forderung« sehen, verbinden wir damit manchmal etwas Negatives. Wenn Menschen beispielsweise mehr von etwas wollen, verfassen sie eine »Liste von Forderungen«. Das ist meiner Ansicht nach nicht verkehrt, solange wir uns diese Liste selbst vorlegen. Manchmal fordern und erwarten wir Dinge von anderen, die wir von uns selber nicht verlangen. Wenn ich fordere, dass meine Frau Laura freundlich mit mir redet, aber mein innerer Dialog und mein inneres Vokabular negativ und mutlos sind, ist der Kampf aussichtslos. Was forderst du für dein eigenes Leben? Was ist für dich nicht verhandelbar? Wenn du dich daran hältst, wirst du in deiner Beziehungswelt auf einen neuen Typ Mensch anziehend wirken und nicht mehr ständige Motivation von anderen brauchen, weil du dich selbst darum kümmerst. Du selbst wirst in deinem eigenen Leben immer der lauteste und meistgehörte Prediger sein. Also sorge dafür, dass du dir jeden Tag selber »die Wahrheit predigst«.

KAPITEL 19

ICH HÖRE MIR AN, WAS DU SAGST, ABER ICH STIMME DIR NICHT ZU

DER GEDANKE, DASS DER SINN des Lebens eine dynamische Antriebskraft in unserem Leben ist, ist nicht neu. Wir alle wollen, dass unser Leben einen Sinn hat, wir brauchen einen Sinn für unser Leben, wir alle sind für einen bestimmten Sinn und Zweck geschaffen. Ob wir darin erfolgreich oder erfolglos sind, hängt manchmal davon ab, wie wir mit den Menschen um uns herum umgehen, während wir versuchen, uns in dem zurechtzufinden, wofür wir eine Leidenschaft empfinden.

Es gibt einen Spruch, der schon lange in Umlauf ist – ich habe ihn sogar als Spruch für mein Highschool-Abschlussjahr verwendet: »Wenn du nicht für etwas stehst, wirst du auf alles reinfallen.« Ich habe den Spruch Tupac zugeschrieben, aber ich bin mir nicht sicher, ob er ihn als Erster gesagt hat. Das erschien mir einfach cooler, als ihn Aristoteles zuzuschreiben. Ganz egal, wer ihn gesagt hat, dieser Spruch hat viel Gewicht in meinem Leben und ich werde jedem, der mir hier in New York zuhört, sagen: Es ist besser, du weißt genau, woran du glaubst und wofür du Leidenschaft empfindest, denn wenn nicht, wird diese Stadt und diese Kultur es dir gerne sagen.

Genau das ist der Grund, warum sich die Mode wöchentlich ändert, warum es mit der Moral allgemein gewaltig bergab geht und warum immer mehr Menschen nichts Weltbewegendes mehr tun. Alles, was Zeit braucht, alles was von Wert ist, alles was nur im Entferntesten anders ist, wird für gewöhnlich nicht beklatscht und erhält kaum Unterstützung. Weil wir uns aber so sehr danach sehnen, geben wir oft Dinge auf, in denen wir zielgerichtet und leidenschaftlich sind, weil uns andere auf die eine oder andere Weise beeinflussen. Wir müssen immer mehr lernen, wie wir stark in dem stehen, was wir glauben, damit wir uns nicht beeinflussen lassen, wenn es herausfordernd wird.

Ich habe mal einen Prediger sagen hören: »Pass auf, dass du nicht dein ganzes Leben damit verbringst, Dinge zu kaufen, die du nicht brauchst, mit Geld, das du nicht hast, um Menschen zu beeindrucken, die du noch nicht einmal magst.« Das ist witzig und zugleich wahr. Denk mal darüber nach, wie viele Entscheidungen du in den letzten Jahren getroffen hast, die nur auf dem Beifall und der Meinung von anderen beruhten. Ich habe einige solche getroffen. Und fast immer habe ich es bereut.

Alle bedeutenden Dinge, die ich je getan habe, beruhten immer auf einer Entscheidung, die die Mehrheit der Menschen in Frage gestellt hätte. Aber selbst wenn man den Mut hat, etwas wirklich zu tun, neigt man dazu, mittendrin auf andere zu hören, die einem sagen wollen, wie der Hase läuft.

Ich spreche über Twitter.

Die sozialen Medien haben für Menschen, die normalerweise keine Bühne hätten, die Möglichkeit geschaffen, eine zu bekommen, sogar mit Mikrofon. Als ich Kind war, konnte ich keinen Tweet an Michael Jordan schicken, um ihm zu sagen, dass mir sein Sprung nicht gefallen hat und dass er Luc Longley mehr mit einbeziehen sollte. Aber als ich mir dieses Jahr die NBA Playoffs angesehen habe, fand ich es erstaunlich, wie viele »Experten«-Meinungen an die Spieler gerichtet wurden. Irgend so ein Genie sagte zu LeBron James: »Du musst aufhören, über die Freiwurflinie zu preschen und mehr Dreipunktewürfe machen wie Steph Curry. Du bist scheiße, LeBron.« Vergiss die Tatsache, dass LeBron James auf dem Planeten Cyborg erschaffen wurde, eigentlich mit Ivan Drago aus *Rocky IV* verwandt ist und eine unfassbar verheerende Kraft im Vorpreschen ist. Aber dieser Kerl auf Twitter wusste es besser. Und er ließ es LeBron wissen.

Wir können das mit einem Lachen abtun. Worüber wir aber nicht lachen können, ist, dass dermaßen viele Menschen in ihrer eigenen Bestimmung gefesselt sind, weil sie sich von viel zu vielen Stimmen entmutigen lassen.

Als Laura und ich uns entschieden, Pastoren einer Gemeinde in New York City zu werden, war es mir einerseits total wichtig, was die Leute dachten. Andererseits aber überhaupt nicht. Wir kannten unser Ziel. Wir wussten, dass es nicht jedem gefallen würde, den meisten jedoch schon. Ich bekam aber trotzdem einen Schock, als mir klar wurde, wie schwer es ist, »Menschen zu gefallen«.

Wenn du eine Gemeinde leitest, musst du dich auf Kritik einstellen. Du musst dich auf Menschen gefasst machen, die manchmal alle möglichen unfairen Dinge über dich sagen. Du lernst, damit umzugehen. Du wächst an deinen Aufgaben. Ich dachte, wir würden vielleicht wegen der üblichen Dinge Wellen schlagen. Verärgerte Drogendealer, deren Gewinn wir schmälern, weil Menschen den Weg aus der Abhängigkeit finden. Wütende Männer, die mir Hassbriefe schreiben, weil ihre Freundinnen, die sie betrügen und wie Abschaum behandeln, zur Gemeinde kommen, ihren Wert entdecken und sie auf der Straße sitzen lassen. Aber ich habe nicht damit gerechnet, dass Menschen uns für das Gute, das wir tun, kritisieren würden.

Um dir ein paar Hintergrundinformationen zu geben: Wenn du dich mit der »christlichen Gemeindewelt« nicht auskennst – sie ist, wie alle anderen Lebenskreise auch, voll von Unsicherheit und schrecklichem Denken. Das Gegenteil sollte der Fall sein, aber so ist das Leben. In Wirklichkeit ist es vielleicht noch schlimmer, denn Christen geben ihrer Engstirnigkeit gerne einen geistlichen Anstrich: »Ich sage das nur, weil ich dich liebhabe.« Anstatt jemanden anzufeuern, der am Gewinnen ist, finden es Gemeindeleute manchmal einfacher, das, was sie sehen, zu zerpflücken. Weil es viel einfacher ist, jemanden niederzumachen, als in den Spiegel zu schauen und sich dazu herausfordern und überführen zu lassen, im eigenen Leben zu wachsen. Und darum musst du wissen, was Erfolg bedeutet, was Gewinnen bedeutet, was für dich der Sinn des Lebens ist – damit du am Ende nicht zulässt, dass andere das, was dir Freude bereiten sollte, so manipulieren, dass es seine Freude verliert. Meine Bestimmung bewahrt mich vor dem Gift der Meinung anderer Leute.

Unsere Gemeinde ist für die radikale Veränderung von Menschen da, weil Gott in ihrem Leben so viel bewirken kann. Wir werden alles tun, um andere in die Lage zu versetzen, dass sie von Jesus hören, von Gnade hören, von Erlösung hören. Das heißt auch, dass es uns egal ist, wie du aussiehst. Es ist uns egal, ob du deine »Gemeindekleidung« trägst. Es ist mir egal, wenn du wie ein Ein-Mann-Reggae-Konzert riechst, weil du zwei Stunden vor dem Gottesdienst in deinem Auto Gras geraucht hast. Unsere Leidenschaft ist es, die Türen der »Gemeinde« zu öffnen und Menschen zu Hause willkommen zu heißen.

Vielleicht liest du das jetzt und sagst: »Das ist toll. Scheint logisch.« Nun, oft ist die unlogischste Stimme in deinem Leben oder in deiner Welt die lauteste. Sie ist eine Warnung, die du beachten solltest. Darum gab es im Laufe der Jahre Zeiten, in denen wir die Form sprengen mussten, um sicherzustellen, dass wir unserer Bestimmung treu bleiben.

Das war insbesondere einmal der Fall, als wir eine Pause zwischen den Gottesdiensten hatten. Zu jener Zeit hatten wir jeden Sonntag sieben Gottesdienste und trafen uns im Irving Plaza, einem sehr coolen Veranstaltungsort in New York, wo normalerweise Rockkonzerte stattfinden. Manchmal stellte sich sogar heraus, dass die Menschen nur deshalb im Gottesdienst waren, weil sie sich in der Annahme, es ginge um ein Konzert, an der Schlange angestellt hatten. Was auch immer notwendig ist, es ist uns egal.

Aber nach einem der Gottesdienste machte ich mit ein paar Freunden einen Spaziergang um den Block, um für zehn Minuten frische Luft zu schnappen, bevor es mit dem nächsten weiterging. Wir setzten uns an den Straßenrand. Es war heiß und wir waren müde. Wenn ich müde sage, dann meine ich erschöpft. In den Anfangszeiten von *Hillsong New York* predigte ich sonntags sechs-, manchmal sogar siebenmal, jedes Mal eine dreiviertel bis eine Stunde lang. Ich würde meinen Predigtstil nicht so beschreiben, dass ich »einen Gedanken mitteile«. Ich teile relativ wenig mit. Aber ich predige mit sehr viel Leidenschaft und jeder Gottesdienst ist anders und auch die Botschaft kommt jedes Mal anders heraus. Wenn solch ein Sonntag zu Ende war, sagte mir Laura immer, ich sähe aus, als sei ich benommen, und der Montag danach war immer schwer für mich.

Manchmal wird man, wenn man müde ist, von Dingen erfrischt, von denen man es am wenigsten erwarten würde. Als ich aufstand, um zurückzugehen, sah ich einen Mann in der Ecke sitzen – wie man es in New York oft sieht, wenn man sich nicht dagegen immun gemacht hat, verletzte Menschen zu sehen – sein Körper war zusammengesackt, in der Hand hielt er eine Bierdose. Es war offensichtlich, dass er schon lange keine Dusche, kein gutes Essen oder gar ein Gespräch mit einem anderen Menschen gehabt hatte. Er trug eine Mütze mit der Aufschrift »Vietnam-Veteran«. Das verstärkt für mich immer noch die Dringlichkeit, weil mein Großvater auch ein stolzer Marineinfanterist gewesen war, der im Kampf für unser Land verwundet wurde. Kriegsveteranen sind mir nicht egal.

Also ging ich auf ihn zu und wir unterhielten uns. Ich gab ihm alles Geld, das ich dabeihatte und tat das, was ich fast immer tue: Ich lud ihn in unseren Gottesdienst ein.

Er schaute mich mit freundlichen, müden Augen an und sagte: »Junge, keine Gemeinde würde mich reinlassen. Ich stinke. Ich bin betrunken. Und um ehrlich zu sein, muss ich ein Bier in der Hand halten, um überhaupt dreißig Minuten still sitzen zu können. Und diese Bierdose hier ist leer.«

Ich sagte: »Mein Freund, ich kenne zufällig den Kerl, der diese Gemeinde hier leitet. Ich kann Ihnen ganz sicher sagen, dass Sie willkommen wären. Und wissen Sie was: Wenn es Ihnen hilft, dann kaufe ich Ihnen eine neue Bierdose. Sie können sie in der Hand halten, trinken, auf dem Boden der Gemeinde auskippen – was auch immer Sie tun müssen. Wie klingt das?«

Er war dabei.

Ich wünsche, du hättest sein Gesicht sehen können, als er hereinkam und mit Umarmungen begrüßt wurde. Mit Würde begrüßt wurde. Ich stand während des ersten Teils des Gottesdienstes neben ihm. Als dann die Zeit für mich kam zu predigen, sagte ich zu ihm: »Ich bin gleich wieder zurück.«

Eine Kamera auf sein Gesicht zu halten, als er zwei und zwei zusammenzählte, dass in Wirklichkeit ich der Prediger war, wäre

Geld wert gewesen. Er grinste von einem Ohr zum anderen. Er lehnte sich zurück und hörte der ganzen Botschaft zu. Irgendwann griff ich zu meinem Wasser und nahm einen Schluck und sagte, was ich jedes Mal in diesem Fall tue: »Ein Prost auf jeden, der neu in der Gemeinde ist.« Mein Freund in der ersten Reihe hielt sein Bier hoch und sagte: »Prost! Danke für das Bier, Pastor!« Es war überwältigend.

Nach dem Gottesdienst beteten wir zusammen. Wir unterhielten uns. Wir brachten ihn dazu, sich mit einigen Dingen zu befassen, die ihm helfen konnten, sein Leben ganz langsam wieder zu ordnen. Es war einer jener Abende, die man nie vergisst – und natürlich muss man das auf Instagram posten. Was ich auch tat. Das war vor ein paar Jahren, als noch nicht so viele Menschen jeden unserer Schritte mitverfolgten. Aber ich dachte: *Das ist ganz sicher eine Geschichte, die jeden ermutigen wird. Ich werde sie posten.*

Am nächsten Tag öffnete ich Instagram und schaute mir die Kommentare dort an. Ja, einige normale, verständige Menschen hatten ein paar vernünftige, erwartungsgemäße Kommentare dort hinterlassen wie: »Wow.« »Das ist toll!« »Danke!« Du weißt schon, die minimal mitfühlende menschliche Reaktion auf eine solche Geschichte.

Aber es gab viele Menschen, die völlig aufgebracht darüber waren, dass der Mann ein Bier dabeihatte. Im Gottesdienst! Oder dass der Mann eine Mütze aufhatte. Im Gottesdienst! Oder dass ich dem Mann ein Bier gekauft hatte, damit er in den Gottesdienst kommt. Dinge wie: »Carl, du hast dich verraten. Du bist einfach zu weit gegangen.« »Die Hillsong Church hat sich ins Verderben gestürzt. Was für ein Witz. Kein Respekt für das Haus Gottes.« Und noch Schlimmeres.

Ich würde gerne behaupten, dass mich das nicht geärgert hat. Immerhin sind wir auf solche Dinge vorbereitet. Wir wussten, dass wir ein paar Leute auf die Palme bringen würden. Aber beschossen uns die Menschen ernsthaft deswegen, weil wir uns entschlossen hatten, diesen Obdachlosen, der nichts hatte, zu lieben? Ich bin damit nicht besonders gut umgegangen. Ich bin alles andere als vollkommen, vor allem, was meine geringe Toleranz gegenüber Twitter-Kriegern oder Trollen in sozialen Netzwerken anbelangt. Ich habe zurückgeschossen. Genauso andere, die uns lieben und so etwas wie einen gesunden Menschenverstand besitzen.

Am nächsten Tag habe ich mir die Posts angesehen – die Kommentar-Kriege, die Giftigkeit des Hin und Her – und genau da hatte ich einen Moment. Ich dachte: *Ist es nicht interessant, dass der eigentliche Grund, warum wir in diese Stadt gekommen sind, nicht erschüttert werden konnte? Tatsächlich hat sich alles sehr gut entwickelt. Ich lasse mich von den Kommentaren irgendwelcher Leute beeinflussen, die ich gar nicht kenne, die uns nicht kennen und nie wissen werden, welchen Kampf wir hier kämpfen.* Ich erinnerte mich selbst daran, wer wir sind. Wozu wir berufen sind. Und ich traf eine neue Entscheidung, in meiner Bestimmung entschlossen zu sein und mich nicht von den Stimmen beeinflussen zu lassen, die viele Meinungen über diesen Kampf haben, ihn aber nicht selbst kämpfen.

Kritik ist immer eine Win-win-Situation. Denn wenn du in deiner Bestimmung verwurzelt und in deiner Berufung sicher bist, dann wird dir klar, dass du dich ändern musst, wenn es wahr ist, was die Menschen über dich gesagt haben. *Win*. Wenn das, was Menschen über dich gesagt haben, falsch ist, musst du mehr Vertrauen in das haben, was du tust, denn du weißt dann, dass die richtigen Leute wütend sind. *Win.*

Ich werde nie der Typ Mensch sein, der in dem, was er tut so arrogant oder so voller falschem Selbstvertrauen ist, dass er alle unbequeme Resonanz ausblendet und abtut. Das Gegenteil ist der Fall. Ich werde die Menschen anhören. Aber nur wenigen auch zustimmen. Wie Wesley Snipes in *Weiße Jungs bringen's nicht* zu Woody Harrelson sagt, als Billy Hoyle zu erklären versucht, dass er ein Fan von Jimi Hendrix ist: »Du kannst Jimi nicht hören. Du kannst seine Musik vielleicht anhören, aber Weiße können Jimi nicht *hören.*«

Du musst deine eigene Bestimmung leben, deine eigene Berufung, und zwar bis zu dem Punkt, an dem du mit allem klarkommst, was andere sagen. Wo du dem Hass dir gegenüber keinen Glauben schenkst, weil er wahrscheinlich unwahr ist. Wo du auch auf den Rummel um deine Person nichts gibst, weil er wahrscheinlich genauso unwahr ist. Du lebst genau in der Mitte. Genau dort liegt sehr wahrscheinlich die Wahrheit. Hast du einen Traum in deinem Herzen, eine Leidenschaft in deinem Geist? Dann lauf damit los. Bleib dabei. Baue es auf.

Übrigens hat Instagram endlich eine Funktion geschaffen, mit der man Kommentare zu dem Foto sperren kann. Manchmal ist es besser, einfach zu posten und nicht zurückzuschauen. Vielleicht gibt es über dich ein paar Stimmen und ein paar Kommentare und ein paar Meinungen von Leuten, die du dauerhaft aus deiner Seele löschen musst. Wenn du das nicht tust, können negative Meinungen und Samen des Zweifels dort Wurzeln schlagen, wo sie nicht hingehören. Sie können wachsen, obwohl sie gar nicht erst hätten gepflanzt werden dürfen. Ich finde es übrigens verdächtig, dass die meisten Trolle in den sozialen Netzwerken blockierte Nutzerkonten haben. Das verrät viel über sie. Verwende nicht zu viel Zeit auf Menschen, die dein öffentliches Leben aus dem Schutz ihrer privaten kleinen Mauern kritisieren.

Als Leiter versuche ich immer anderen beizubringen, die Dinge erst einmal zu untersuchen, bevor man aufgibt. Das heißt, stelle sicher, dass du einen wirklich guten Grund dafür hattest, etwas zu ändern, in einer Sache nachzugeben und einen Kompromiss einzugehen. Wenn jemand etwas verändern will und ich ihn frage, warum, und er dann sagt: »Weil sie denken, ich sollte es«, ist meine erste Reaktion darauf immer: »Wer ist ›sie‹?« Normalerweise kommt dann: »Na, alle.« Und ich sage dann: »Cool. Nenn mir ihre Namen. Nenn mir jeden einzelnen Namen.« Normalerweise kann derjenige dann ungefähr zwei Personen mit Namen benennen, mehr nicht. Ich betone dann gerne, wie erstaunlich es ist, dass zwei Personen für fast alle gesprochen und ihn dazu gebracht haben, große, weitreichende Veränderungen vorzunehmen.

Ich finde es gut, dass man Kommentare auf Instagram löschen und das dann noch unterstreichen kann, indem man die Person blockiert, die den Kommentar gesandt hat. Instagram sendet dir eine Botschaft, in der es heißt: »Er/Sie kann dein Profil, deine Beiträge oder deine Story auf Instagram nicht sehen. Instagram teilt ihm/ihr nicht mit, dass du ihn/sie blockiert hast.« Ich fand das sehr erfreulich, als ich es entdeckte. Im Laufe der Jahre habe ich aufgehört, Kommentare auf Instagram zu lesen, weil es dermaßen lächerlich ist, dass viele Menschen denken, sie hätten das Recht, weitreichende Urteile über Angelegenheiten zu fällen, von denen sie buchstäblich keine Ahnung haben. Früher habe ich solchen Menschen immer geantwortet, weil ich echt die Hoffnung hatte, dass ich auf Verständnis stoße, aber das war nur selten der Fall. Im Grunde genommen ist es so, dass die Person in dem Moment, in dem man ihr antwortet, denkt: *Ich bin wichtig! Was ich gesagt habe, war wichtig und richtig, ich wusste es doch!* Und dann schreibt sie immer weiter.

Andererseits sagen die Leute auch, wenn man nicht reagiert: »Keine Reaktion? Siehst du, ich hatte recht. Keine Antwort ist auch eine Antwort.« Ich habe solche Leute immer gesehen und gedacht: *Okay, dass ich das richtig verstehe. Wenn ich auf deine Meinung oder deinen Kommentar reagiere, bin ich schuldig, denn warum sollte ich mich sonst verteidigen? Wenn ich nicht reagiere, bin ich auch schuldig, weil ich nicht reagiere. Diese Trolle sollen also immer die Gewinner sein?* Wie dämlich ist diese Logik? Heute suche ich nach den längsten, kernigsten Kommentaren von Leuten, die meine Plattform als ihre nutzen, weil sie selbst keine haben, und lösche und blockiere sie dann. Nicht nur ich muss das nicht akzeptieren oder lesen, auch kein anderer, der meinen Feed liest.

Die Möglichkeiten, das auch auf das Leben anzuwenden, sind schier endlos. Wenn es darum geht, wer wir sind, was wir glauben, wird etwas nicht wahrer, nur weil jemand es gesagt hat. Du hast das Recht, Dinge zu blockieren, zu löschen und im Leben weiterzugehen. Entscheide dich, auf die Stimmen zu hören, die dir wichtig sind, denen du vertraust und verbanne den Rest aus deinem Radar.

Im Verlauf einer einzigen Woche, die noch gar nicht lange her ist, wurde ich als »unglaublicher Pastor, der sehr vielen Menschen hilft« und als »Krebsgeschwür für die Stadt New York, das entfernt werden muss«, bezeichnet. Alles in derselben Woche. An jenem Freitagabend ging ich nach Hause und als ich über den Irrsinn nachdachte, der sich als öffentliche Meinung tarnt, sagte ich nur so im Spaß zu Laura: »Na, Schatz, wer bin ich?«

Sie sagte: »Ähm, du bist Carl, mein Mann?«

Ich sagte: »Cool. Das dachte ich mir.«

Ich ging in die Zimmer meiner Kinder und sagte zu jedem einzelnen: »Wer bin ich?«

Sie alle sagten: »Papa, du bist der *Papa*, was denn sonst?«

Ich ging nach unten, rief meine Mutter an und sagte: »Hallo, Mama, ich liebe dich. Wer bin ich?«

Sie sagte: »Du bist mein Sohn. Du bist mein lieber, lieber Junge.« (Sie hat das schon so oft gesagt, dass es sich noch nicht einmal komisch anfühlt, es hier zu schreiben.)

Für dieses Leben gilt, dass es nie wichtig ist, *was* jemand über dich sagt. Es ist nur wichtig, *wer* etwas über dich sagt. Wenn du an die richtige Person gerätst, ist es egal, wenn die anderen versuchen, dich von dem abzuhalten, wozu du dich berufen fühlst.

Ich lebe für ein Ein-Mann-Publikum: den Gott, der mein Leben gerettet hat. Daher ist es wirklich einfach für mich zu wissen, ob ich recht oder unrecht habe. Vielleicht ist es an der Zeit, dass du fragst: Für wen lebe ich? Eines weiß ich sicher: Nicht für den Beifall der vielen. Du bist zu etwas Höherem berufen.

Lebe den Moment

Wir müssen unsere Fähigkeit festigen, in diesem Leben, wenn nötig, »die Kopfhörer aufzusetzen«. Es ist total süß, dass mein Sohn im Flugzeug immer noch extrem und peinlich laut spricht, wenn er seine Kopfhörer aufhat. Er spricht mit Lautstärke 10, obwohl 2 völlig ausreichend wäre. Er scheint dann gar nicht mitzubekommen, ob andere Leute reden oder ob es vielleicht still ist, ihm ist das Lautstärkeniveau seiner Umgebung nicht im Entferntesten bewusst. Obwohl wir nur gut zehn Zentimeter auseinander sitzen, brüllt er: »PAPA, KANN ICH NOCH MEHR PRINGLES HABEN?« Ich muss ihn dann antippen und ihm zuflüstern: »Junge, du schreist. Nimm die Dinger raus, wenn du mit mir sprichst. Ja, du kannst noch Pringles haben.« In gewissem Sinne bete ich allerdings, dass er als Erwachsener mal genauso lebt. Manchmal ist es besser, wenn man den ganzen Lärm um sich herum nicht wahrnimmt. Manchmal ist es besser, den Lärm der Menge um sich herum nicht zu hören, damit man sich auf das konzentrieren kann, wozu man sich berufen fühlt. Vor allem, wenn man schlau genug ist, sich mit Menschen zu umgeben, die einem gelegentlich auf die Schulter tippen und mitteilen, dass man etwas Wichtiges hören muss. Worauf hörst du heute? Ist es voller Hoffnung? Ist es lebensspendend? Wenn du deine Umgebung veränderst, dann nimm immer Kopfhörer mit. Es wird sehr wahrscheinlich irgendwelchen Lärm geben, den du ausblenden musst.

KAPITEL 20

DAS PROBLEM MIT DEN MENSCHEN

ES IST WOHL AM BESTEN, wenn du dir einen Ort suchst, wo du dich hinsetzen und das hier in aller Ruhe lesen kannst. Ich muss mit einer kühnen Behauptung starten, die zwar ständig auf dem Prüfstand steht, aber auch immer wahr bleiben wird. Bist du bereit? Menschen sind toll. Sie sind fantastisch. Sie sind lebensspendend. Es steckt viel mehr in ihnen, als man auf den ersten Blick denkt. Sie sind einzigartig, sie sind total vielschichtig und absolut komplex und wunderschön. Und was noch dazu kommt: Wir brauchen sie. Aber hier liegt das Problem: Menschen sind nicht vollkommen. Häufig sind Menschen in ihrer Unvollkommenheit rücksichtslos, und wenn wir keine angemessenen Vorkehrungen für dieses Problem treffen, fangen wir an, uns von dieser einen Sache zu distanzieren, die wir unser ganzes Leben lang nicht mehr loswerden: Menschen. Wir haben also nicht allzu viele Optionen, wenn es darum geht, wie wir mit Menschen durchs Leben steuern, von denen wir uns mit einigen, wenn es nach uns ginge, niemals freiwillig umgeben würden. Manche wirst du lieben, bei anderen wirst du versucht sein, sie zu hassen, aber jeder einzelne »Jemand« ist wichtig.

Wenn wir über Menschen nachdenken, ist es vielleicht hilfreich, sich zuerst über das Offensichtliche bewusst zu werden. Wahrscheinlich werden dir die Menschen, die du hasst, viel schneller in den Sinn kommen als die, die du liebst. Der nächste Gedanke hängt damit zusammen, und er ist schmerzhaft und wahr: Wir sind den Menschen, die wir hassen, sehr viel ähnlicher, als uns bewusst ist. Sicherlich sind unsere Probleme wahrscheinlich viel genießbarer und unsere Fehler viel verständlicher, aber wir alle haben Bereiche in unserem Leben, mit denen irgendjemand auf dieser Welt absolut nicht einverstanden ist. Das Bewusstsein, dass wir alle unsere Baustellen haben, macht es erträglicher, wenn man gezwungen ist, positiv über andere zu denken, obwohl sie es vielleicht nicht verdienen. Wenn du dumm genug bist zu glauben, dass du eine Ein-Mann-Show bist – dass du »bisher nie irgendjemanden gebraucht« hast – dann ruf bitte deine Mutter an, danke ihr und dann gib dir selbst eine Ohrfeige. Nicht ein einziger Mensch auf dieser Welt existiert ohne die Hilfe von anderen.

Es ist wichtig, dass wir andere Menschen prinzipiell für gut halten, weil unsere Welt ganz versessen darauf ist, Menschen niederzumachen. Ob es die Hautfarbe ist, die Parteizugehörigkeit, die soziale Schicht, der man zugerechnet wird, die Geldsumme, die man hat oder nicht – diese Trennlinien sind wie ein Schwarm Stechmücken. Wenn du sie nicht alle erwischt und ausradierst, werden sie irgendwann dein Leben ruinieren. Du wirst bitter werden. Du wirst in eine Abwehrhaltung gehen. Am Ende entwickelst du wegen deiner früheren Erfahrungen, deiner Erziehung oder einer vermuteten zukünftigen Erfahrung Vorurteile gegenüber Menschen, die du (noch) gar nicht kennst. Schlicht und einfach gesagt: Wir können die Menschen nicht ausrotten.

Wir können also genauso gut lernen, wie wir Verantwortung für unsere Beziehungen übernehmen, sodass wir uns umsehen und dafür dankbar sein können, dass wir dieses irre Ding, das sich Leben nennt, zusammen mit Menschen erleben dürfen, die wir lieben. Und es ist möglich. Wenn dieses Fenster nicht offen steht, haben wir ein Problem. Und für viele ist es nicht offen. Ich kämpfe bei anderen Menschen ständig gegen ihre negativen, festgelegten Denkweisen an – um sie dazu zu bringen, jemanden aufs Neue zu lieben oder sogar in den Gottesdienst zu gehen. Warum sollten ein paar schlimme Momente alles diktieren dürfen, was in Zukunft geschehen wird?

Ich habe mal einen Typen gefragt, ob er in den Gottesdienst kommt, und er sagte: »Zur Hölle, nein. Ich gehe nicht in den Gottesdienst.« Ich sagte: »Warum?« Er sagte: »Ich bin in einer schrecklichen Gemeinde groß geworden. Schreckliche Leute. Ich habe es gehasst. Nie wieder.« Darauf sagte ich: »Kein Problem. Ich verstehe das. Aber bitte sei in deiner Logik konsequent. Wenn du schon einmal in einem schlechten Restaurant gegessen hast, dann kannst du nie wieder essen gehen. Wenn du je in einen Autounfall verwickelt gewesen bist, darfst du niemals wieder ein Auto benutzen. Wenn du bei einem Arzt warst, der zu deiner Verärgerung eine falsche Diagnose gestellt hat, dann darfst du dich nie wieder auf die moderne Medizin verlassen.«

Es ist eine dumme Logik, was den Gottesdienst betrifft, und es ist noch schlimmer für die Menschen. Ich bin Menschen begegnet, die unter kleinlichen, verletzenden Menschen aufgewachsen sind und sich deshalb so abwehrend verhalten, dass man sie nicht im Entferntesten zu irgendetwas bewegen kann. Ich kenne Menschen, die so sehr von anderen verletzt wurden, dass sie einfach niemandem mehr vertrauen können. Weißt du, was die Ironie dabei ist? Du wirst genau zu dem, was du so hasst. Jemand hat dich angegriffen, also gehst du standardmäßig in Abwehrhaltung und greifst jetzt jeden an, der dir zu nahe kommt!

Etwas, was zunächst wahrscheinlich gar nicht deine Schuld war, wendet sich nun gegen dich. Aber wir können nicht zulassen, dass unsere kranke Kultur oberflächlicher Beziehungen unser Erwachsenenleben unterwandert.

Warum ist es häufig so, dass man mit zunehmendem Alter immer weniger Menschen kennenlernt? Im Großen und Ganzen werden es nicht mehr, sondern weniger. Ich will mich damit jedenfalls nicht abfinden. Eines meiner 43 Millionen Ziele im Leben ist es, mit siebzig bessere Beziehungen zu haben, als ich sie mit dreißig hatte. Besser heißt in keiner Weise »mehr«; es heißt, dass ich nie aufhören will, das Leben der Menschen um mich herum besser zu machen. In diesem Szenario habe ich keine andere Wahl, als zu wachsen. Ich verspreche dir, ich werde das durchziehen.

Und kurioserweise ist das sogar einfacher, als du glaubst. Denn es gibt solch eine Leere auf dieser Welt, was Freundschaften angeht, dass du wie ein Heiliger und eine Legende dastehen wirst, wenn du einfach das Minimum dessen tust, was der menschliche Anstand gebietet. Ich meine es ernst. Wenn du anderen Leuten in New York die Tür aufhältst, sind sie schockiert – bis auf einmal: Ich hielt einer Frau die Tür auf und sie sagte. »Ich brauche Ihre Hilfe nicht, Mann. Nur weil ich eine Frau bin, heißt das nicht, dass Sie mir die Tür aufhalten müssen.« Ich sagte: »Ich halte Ihnen nicht die Tür auf, weil Sie eine Frau sind. Ich halte Ihnen die Tür auf, weil ich aus Virginia komme. Kriegen Sie sich wieder ein.« Wie dem auch sei, diese Lektion über die Mindestanforderungen, um die Welt zu verändern, habe ich anschaulich auf einem Basketballfeld gelernt.

Ich hatte schon immer ein Faible für Schuhe. Vor allem für Basketballschuhe. Ich bin keiner dieser seltsamen Menschen, die

Basketballschuhe kaufen und sie entweder in einer Schachtel aufbewahren oder sie nur zum Abendessen tragen. Ich trage meine Basketballschuhe wirklich zum Basketballspielen. Aber jemand hat mir mal gesagt, dass man versuchen sollte, Dinge, die man wirklich mag, wegzugeben. Ich wünschte, ich hätte das nie gehört, aber es blieb hängen. Das nächste Mal also, als ich Basketballspielen ging, zog ich meine Schuhe aus, als wir fertig waren – bitte, sie waren ganz neu, ansonsten wäre das jetzt ziemlich schräg – und gab sie jemandem, den ich gerade getroffen hatte, weil ich ihn für einen netten Kerl hielt. Er war freundlich, sehr witzig und soweit ich es einschätzen konnte, hatte er nicht viel Geld übrig, um sich nach Lust und Laune Basketballschuhe zu kaufen.

Der Kerl nimmt meine Schuhe, schaut mich an und sagt: »Was soll das?«

Ich sagte: »Ich schenke dir meine Schuhe.«

Er sagte: »Warum?«

Ich sagte: »Weil ich glaube, dass sie dir gefallen. Es sieht so aus, als ob du Schuhe magst, und das sind Schuhe.«

Er saß eine Weile still da. Ich ging zu meinem Auto. Er kam mir nach und sagte: »Weißt du, Kumpel, ich finde das toll. Das ist eines der nettesten Dinge, die jemals jemand für mich gemacht hat.«

Ich sagte zu ihm: »Junge, dann brauchst du bessere Freunde.«

Ich bin bis heute mit diesem Kerl befreundet. Er »brauchte« meine Schuhe nicht. Das war kein Akt der Wohltätigkeit. Es war einfach etwas, was sein sollte.

Mir ist es wichtig, dass meine persönliche Welt einfach so freundlich ist, wie ich sie haben will. Du musst dafür keine Schuhe verschenken, aber du solltest unbedingt jeden Tag dein

Haus verlassen und denken: *Wie viele tolle Leute werde ich heute wohl treffen?*

So verrückt es auch klingt, es wird geschehen. Dein Vorsatz und deine innere Einstellung sind eine witzige Sache. Ich kenne so viele Menschen, die sich über ihr Leben beklagen und über die Menschen, mit denen sie es zu tun haben, aber ihnen ist nicht klar, dass man das, was man sieht, eigentlich nicht so akzeptieren muss. Du kannst deine Situation verändern. Standardmäßig steht dein Beziehungsschalter auf »ich«. Wenn du diesen Schalter auf »andere« umlegst und alles durch diese Perspektive betrachtest, wirst du die Früchte davon in deinem Leben genießen.

Hast du schon einmal erlebt, dass jemand einen anderen hinter dessen Rücken verunglimpft hat, indem er sagte: »Ich kann diese Person nicht ausstehen. Sie denkt nur an andere. Sie tut nichts anderes, als andere zu ermutigen, zur richtigen Zeit aufzutauchen und das zu tun, was sie versprochen hat. Ich werde heute einen großen Bogen um sie machen, falls sie mir wieder *irgendetwas Gutes* tun will oder so. Geh solchen Leuten unbedingt aus dem Weg. Sie sind viel zu fürsorglich«? Wohl kaum.

Menschen sind *immer noch* etwas Wunderbares, auch wenn du in der Vergangenheit etwas ganz anderes erlebt hast. Wir müssen die Beziehungsseiten in unserem Leben umblättern. Vielleicht fängt es erst einmal damit an, wie wir Menschen sehen.

Lebe den Moment

Eine solide Beziehungsweisheit, auf die du bauen kannst, wenn du gute Menschen um dich herum haben willst: Sei die Art von Freund, die du selber haben willst. Klingt einfach, aber viele Leute versagen hier. Anstatt dich auf das zu konzentrieren, was deine Freunde nicht für dich tun und wie viel mehr du dir von ihnen wünschen würdest, macht es Spaß, wenn du das umdrehst und einfach versuchst, selbst all die Werte zu verkörpern, die du in diesem Leben zurückerhalten willst. Du wirst herausfinden, dass du damit genau das anziehen wirst, was du selber bist. Willst du ermutigende Freunde? Dann sei selbst ein Mutmacher. Willst du, dass andere nicht mehr zu spät zu den Terminen kommen, die du planst? Dann erscheine selbst pünktlich bei den Terminen von anderen. Hasst du es, wenn andere nur dann den Kontakt zu dir suchen, wenn sie etwas von dir wollen? Dann sei selber nicht so. Beziehungen halten dir den Spiegel vor. Wenn dir nicht gefällt, was du in anderen siehst, dann solltest du zunächst anfangen, die Dinge zu ändern, die du in deinem Spiegel siehst.

KAPITEL 21

MEIN BERUF SIND DIE MENSCHEN

ES IST EINE SACHE, sich mit der Tatsache abzufinden, dass Menschen unvermeidlich sind und wir lernen müssen, »mit ihnen klarzukommen«. Hoffentlich hat dir das voranstehende Kapitel wenigstens einen Weg zu einer neuen Denkweise über die Menschheit eröffnet, denn ich glaube, je mehr wir Menschen lieben und ihnen dienen wollen, umso fruchtbarer wird unser Leben im Allgemeinen. Ich bin sicher, dass du schon Interviews mit Menschen gesehen hast, die unglaublich glücklich wirkten, angefangen bei Firmenbossen, die nicht nur Geld scheffeln, sondern auch das Leben von Menschen ein bisschen besser machen, bis hin zu Menschen mit extremen Einschränkungen, die es irgendwie schaffen, jeden Raum, den sie betreten, ein bisschen heller zu machen. Ich habe häufig festgestellt, dass diese Menschen, wenn man genauer hinsieht, andere Menschen nicht nur deshalb lieben, weil diese etwas für sie tun können – sie lieben einfach Menschen. Fertig, aus. Es ist fast so, als wäre das, was sie für ihre Liebesinvestition zurückbekommen, kein Vergleich zu der Freude der Investition an sich.

Ich habe einmal eine Dokumentation über einen Mann gesehen, der eine kleine Firma gründete, die wuchs und weltweit bekannt wurde. Allein der Erfolg dieser Firma war schon eine Inspiration.

Aber was mich wirklich beeindruckte, war die Freude, die die Arbeitnehmer hatten, wenn sie von ihrem legendären Firmenboss sprachen. Fast alle sagten, dass sie für immer dort arbeiten wollten, weil sie wussten, dass sie dem »Typen ganz oben« wichtig waren. Sie wiederum schätzten ihn genauso. Der Geschäftsbetrieb war ein Nebenprodukt davon. Das war nicht eine dieser seltsamen, kultisch anmutenden Befragungen zu einem Chef, der seine Mitarbeiter zwingt, etwas Nettes zu sagen. Das war echt. Als die Mitarbeiter den Mann am Schluss selbst zu Wort kommen ließen, war seine einfache Antwort: »Mein Beruf sind die Menschen. Die Menschen selbst sind mein Geschäft. Zufällig verkaufe ich dabei auch noch ein paar Sachen.«

Wow! Es ist kein Wunder, dass dieser Mann so herausragend ist. Ich kenne nicht viele Menschen – ich kenne nicht viele *Pastoren* –, die so denken. Normalerweise geben wir uns damit zufrieden, unsere Liebe zu anderen an Bedingungen zu knüpfen: wenn sie etwas leisten, wenn sie uns etwas zurückgeben, wenn sie uns helfen, unsere Vorhaben zu verwirklichen. Aber dieser Mann? Er hat etwas entdeckt. Eigentlich sollte man über uns alle sagen, dass die Menschen unser Beruf sind, ganz egal, was wir tun. Weil es so ist. Die Alternative dazu ist, ein Leben zu führen, in dem wir Beziehungen verschleißen wie Schuhe, die heute in sind und morgen wieder out. Wir nutzen sie ab und wenn nötig, werden sie entsorgt.

In der Geschichte – oder vielleicht sogar in unserer eigenen persönlichen Erfahrung – gibt es viele Beispiele von Chefs und Unternehmern, die in gewisser Weise erfolgreich sind, aber nicht dahinterkommen, warum sie keine guten Leute finden oder halten können. Ich kenne wohlhabende Menschen, die beziehungsmäßig bankrott sind und ihr Geld für sich selbst ausgeben müssen, weil keiner sie so gerne mag, dass er sich in ihrer Nähe aufhalten will.

Genau das geschieht, wenn du der Lüge glaubst, dass es »im Leben nur um dich geht« – dass andere für dich da sind, dass alles sich nur um dich dreht und zum Schluss auf dich zurückkommt.

Grundsätzlich glaube ich das Gegenteil. Es geht im Leben um die anderen. Bei meinem Geld geht es um die anderen. In meinem Glauben geht es um andere. In meinen Beziehungen sollte es um die anderen gehen. Und weißt du, was durch eine göttliche Drehung in meinem Leben geschieht, wenn ich mich daran halte? Mein Leben wird besser. Ich spüre Erfüllung. Sich um andere zu kümmern ist nicht zwangsläufig zu deinem Nachteil. Es kann vielmehr das sein, wovon du am meisten profitierst.

Manchmal haben andere mich mit einer bekannten Person gesehen, zu der ich in einer bestimmten Beziehung stand, und den Zusammenhang oder den Weg dorthin nicht verstanden. Laura und ich haben bei Menschen immer folgendes Motto gehabt: »Wenn Gott zulässt, dass sich unsere Wege kreuzen, dann werden wir dich lieben.« Es ist uns egal, ob du pleite bist und nicht gut riechst oder ob du reich und überheblich bist. Es ist uns egal, ob dich niemand kennt oder ob dich jeder kennt. Was die Menschen *tun*, ist nicht wichtig für uns. Sondern wer die Menschen *sind.*

Wenn du danach lebst, wie wir es immer getan haben, wirst du am Ende eine ganze Wagenladung voller Geschichten, Erfahrungen, Beziehungen und beeindruckender Momente beieinander haben. Denn der Weg zu authentischen Beziehungen ist weit offen, dort gibt es nicht so viel Verkehr und er führt ständig weiter nach oben.

Ich war mal mit einem jungen Pastor zusammen, der zu mir sagte: »Ich will irgendwann einmal Pastor für NBA-Spieler werden.

Ich sehe, dass du das auch machst. Das will ich auch. Ich halte Ausschau.«

Ich sagte: »Ausschau wonach?«

Er sagte: »Nach NBA-Spielern. Sportlern. Einflussreichen Personen.«

Ich brach das Gespräch an dieser Stelle ab, nahm eine Gabel vom Tisch und durchbohrte damit sein Auge. Oder zumindest hatte ich das Gefühl, das tun zu wollen. Und dann wurde mir klar, dass das hier ein Moment war, in den ich etwas Licht bringen konnte.

Ich verbrachte die nächste Stunde damit, diesem wirklich tollen Kerl zu sagen, dass jeder Mensch einflussreich ist. Bei manchen ist das ausgeprägter, aber wir dürfen uns in diesem Leben eigentlich nicht aussuchen, wen wir lieben. Wir sind dazu berufen, jeden zu lieben. Wir sind dazu berufen, die Würde in jedem Menschen zu bekräftigen. Die Art und Weise, wie wir Menschen lieben, muss sich unterscheiden. Man kann einen tauben Menschen nicht auf dieselbe Weise lieben wie einen, der hören kann. Man muss dafür Gebärdensprache lernen. So funktioniert das mit jedem anderen auch. Ja, Menschen mit viel Geld und Weltruhm müssen auf eine Art und Weise geliebt werden, die sie verstehen. Und das wird in fast jeder Beziehung anders aussehen. Das funktioniert genauso bei einem Drogenabhängigen, einer alleinerziehenden Mutter, einem Studenten. Was sich nie verändern darf, ist unser Respekt und unsere Liebe.

Ich habe diesem Kerl gesagt, dass er lieber zu einem Basketballspiel der örtlichen Highschool gehen solle, anstatt Ausschau nach NBA-Spielern zu halten. Geh und unterstütze Menschen, die du wirklich kennst. Vielleicht führt das am Ende zu mehr. Aber genau da liegt der Schlüssel: Das Ziel ist nicht, Menschen zu lieben und Beziehungen aufzubauen, damit sie uns etwas bringen. Das ist Netzwerken und die meisten Netzwerker sind im Allgemeinen unausstehlich. Das Ziel? Der Gewinn? Das sind die jeweiligen Menschen.

Wenn wir lernen, Menschen für das zu lieben und zu schätzen, was sie jetzt gerade sind, habe ich keinen Zweifel daran, dass uns das zwischenmenschlich wirksamer macht und wir dann vielleicht auch jemand werden, der ein großes Spektrum von Menschen erreicht. Aber der Unterschied liegt darin, dass du das nicht unbedingt brauchst, um erfüllt zu sein oder dich sicherer zu fühlen. Denn Erfüllung findest du schon bei den Menschen, die du vorher kennen durftest.

Ich habe nicht schon immer NBA-Spieler gekannt. Im Laufe der Jahre sind Geschichten bekannt geworden und es wurden Fotos gepostet und ich hatte das Glück, Jungs zu treffen, die profimäßig mein Lieblingsspiel spielen. Ich habe nicht ein einziges Mal einen bestimmten Namen zur Sprache gebracht, es sei denn, jemand hatte darum gebeten oder dem zugestimmt, oder es geschah, um die betreffende Person zu verteidigen. Ein kleineres Ärgernis des Medienrummels ist, dass man nicht immer kontrollieren kann, was die Medien schreiben. (Es fühlt sich gut an, allein aus diesem Grund ein Buch zu schreiben, so viel steht fest.) Ein Reporter sagte mal: »Lentz hat die Namen von fünf oder sechs Sportlern erwähnt, die er persönlich betreut.« In Wirklichkeit hatte der Reporter mich gefragt, ob ich diese Personen kennen würde, worauf ich antwortete: »Ja, aber mehr werde ich dazu nicht sagen.« Eigentlich hatte der Reporter die Namen also selbst zur Sprache gebracht. Ich schweife ab, aber ich fühle mich großartig. Reporter, du weißt, wen ich meine.

Diese Beziehungen faszinieren andere Menschen, und das verstehe ich auch. Aber lass mich ein wenig erläutern, wie solche

Dinge tatsächlich zustande kommen. Bevor ich nach New York zog, kannte ich keine Sportler aus der NBA oder andere »Promis«. Nähe hat übrigens auch viel mit Leidenschaft zu tun. Oft haben wir keine Leidenschaft für etwas, weil wir so weit weg davon sind. Schulen in der Innenstadt, die keine richtigen Schulbücher für ihre Schüler haben, landen selten in den Nachrichten und es gibt auch kaum Menschen, die Spenden für ihre Bücher sammeln. Weißt du, wer sich darüber Gedanken macht? Die Eltern dieser Kinder aus der Innenstadt. Weil es buchstäblich ihre Familien betrifft. Rassismus beispielsweise ist in manchen Gemeinden überhaupt kein Gesprächsthema, weil sie gar nicht multikulturell sind. Warum sollte man also darüber sprechen, welche Auswirkungen Rassismus auf die Menschen in der Gemeinde hat, wenn das gar kein Thema ist? Umgekehrt solltest du es unbedingt zum Thema machen, wenn du eine Gemeinde leitest, in der viele unterschiedliche Ethnien vertreten sind.

Nähe führt zu Leidenschaft.

Als wir also nach New York zogen, brachte uns unser neues Umfeld und unsere Lage in die Nähe von neuen Problemen, neuen Menschen und neuer Leidenschaft. Wir bekamen eine Leidenschaft für die Menschen dieser Stadt, was auch die Namenlosen, Vergessenen und Obdachlosen einschloss, die wir nun direkt auf unserer Straße sahen. Es schloss auch die ein, die berühmt sind. Auch sie waren auf den Straßen unterwegs, in denen wir lebten. Die Kultur von New York City umfasst buchstäblich das gesamte menschliche Spektrum. Wir haben die Promis und die Vergessenen nicht gesucht. Wir hatten es auf eine Stadt abgesehen, die beides mit einschloss. Wir gingen nach New York City, weil wir an einen Ort gehen wollten, der ein Berührungspunkt der Kulturen in Amerika ist. Punkt.

In einer unserer ersten Wochen in New York City begegnete ich einem Mann mit dem Namen Rex. Ich konnte ihn von da an nicht mehr vergessen, weil ich, wenn ich predigte, immer wusste, dass er da war, weil er so laut und authentisch »Amen!« brüllte, dass ich mich bei dem, was ich gerade gesagt hatte, sofort sicherer fühlte, wenn das zuvor nicht der Fall gewesen war. Ich durfte ihn einmal nach einem Gottesdienst treffen und erfuhr mehr über sein Leben. Er selbst hatte jahrelang in Obdachlosenunterkünften, auf den Straßen und hauptsächlich in Gefängnissen gepredigt. Er sagte mir, dass ihm unsere Gemeinde gefalle und dass das etwas fürs Leben wäre. Und er ist einer dieser Typen, die definitiv meinen, was sie sagen. Zwischen uns entwickelte sich eine Beziehung. Wir trafen uns auf den Straßen und er stellte mich Leuten vor, die ich sonst nie kennengelernt hätte. Rex ging mit mir einige Straßen ab und stellte mich Ortsansässigen und echten New Yorkern vor – von Ladenbesitzern bis hin zu Typen, die Hot Dogs auf der Straße warm machten.

An einem bestimmten Sonntag machte Rex wieder sein »Amen«-Ding, als ich predigte, und alles war wie sonst. Eines meiner Teammitglieder kam zu mir und sagte: »Heute war ein neues Pärchen bei uns im Gottesdienst. Den beiden gefiel es gut, aber sie sagten, Rex wäre ziemlich laut und sie würden sich fragen, ob das immer so sei. Eine ruhigere Atmosphäre im Gottesdienst wäre ihnen lieber. Möchtest du, dass ich etwas zu Rex sage?«

Ich lachte und sagte: »Sag bloß nichts zu Rex. Rex ist gut. Ich werde zu ihm sagen, dass er vielleicht mehr auf den Moment achten soll. Aber ernsthaft. Rex predigt in Gefängnissen. Er speist die Obdachlosen. Er ist draußen auf der Straße und seine schmutzigen Hände belegen das. Lass Rex so sein, wie er ist.«

Wahrscheinlich kam dieses Pärchen nicht mehr wieder. Ganz ehrlich, wenn dich in einer Gemeinde wie unserer so etwas stört, dann hast du sowieso ein Problem. New Yorker können allerdings manchmal komisch sein. Als ob jedes einzelne Ding im Leben genauso sein muss, wie sie es gerne hätten. Unsere Gemeinde wehrt sich sehr dagegen.

Aber Rex kam wieder. Jede Woche. Einmal sagte er am Sonntag zu mir: »Carl, heute nach dem Gottesdienst gehe ich und predige bei den New York Knicks in deren Andachtsraum. Möchtest du auch kommen?« Ich sagte ja. Nicht, weil ich die Knicks gerne mochte – ich war von klein auf schon immer ein echter Fan der Chicago Bulls gewesen – sondern weil ich Rex gerne mochte und sehen wollte, wie er das machte. Außerdem war ich noch nie in einem solchen Andachtsraum gewesen, hatte keine Ahnung, was mich da erwartete, und das würde richtig interessant werden.

Die NBA-Andachtsräume sind, wie ich noch herausfinden sollte, in mancherlei Hinsicht eine komplexe Angelegenheit. Es ist cool, dass die NBA das zulässt, und ich habe ein paar wunderbare Männer getroffen, die sehr lange einem bestimmten Team seelsorgerlich gedient haben. Fast alle machen das ehrenamtlich. Sie erhalten dafür keine Aufwandsentschädigung vom Team und tun das nur, weil sie den Spielern helfen wollen, inmitten eines äußerst herausfordernden Berufs im Glauben zu wachsen. Trotzdem gibt es praktische Hürden, die dafür sorgen, dass die Jungs den Andachtsräumen fernbleiben, was sich aber ändern ließe. Das könnten einfache Dinge sein wie der Zeitpunkt, an dem die Andacht abgehalten wird. Normalerweise findet sie sechzig Minuten vor dem Spiel statt. Das ist die denkbar schlechteste Zeit, um zu Menschen über Tiefsinniges und geistlich Bedeutsames zu reden. Das Spiel steht kurz bevor, die Jungs versuchen, locker zu bleiben, der Druck ist spürbar. Und was noch verrückter ist: Beide Teams sind zusammen im selben Raum. Solch eine Unbehaglichkeit wie diese Mischung aus der Anfeindung der beiden

Teams und der Pflicht, jetzt »zwölf Minuten Frieden zu halten« hast du noch nie gespürt. Aber genau das passiert fast immer. Die Jungs legen ihre Differenzen beiseite und finden Einheit in ihrem gemeinsamen Glauben. Manchmal ist die Stimmung finster und schwer. Manchmal sind die Andachten voller Freude und Spaß, das hängt ganz vom Seelsorger ab. So gesehen sind sie einem Gottesdienst sehr ähnlich. Ein NBA-Spieler, der nicht zur Andacht ging, sagte zu mir: »Carl, am Anfang meiner Karriere habe ich versucht, zur Andacht zu gehen, aber danach ging es mir jedes Mal schlechter und ich war verwirrter als zuvor. Das ist echt nicht mein Ding.« Es ist also keinesfalls ein perfektes Gebilde, und es ist für jeden Sprecher eine Herausforderung, dort etwas zu bewirken, wenn man die in dieser Atmosphäre vorhandenen Variablen betrachtet.

Doch für Rex galt das nicht. Er predigte so laut, als wären nicht nur zwölf, sondern vielmehr zwölfhundert Menschen im Raum. Und kraftvoll war es auch. Danach ergriff Rex das gebrochene Handgelenk eines dieser Zweimeterzehn-Männer etwas zu schnell und sagte: »Lass uns für dein Handgelenk beten!« Und ich schob sanft seine Hand beiseite und sagte: »Rex, lass uns einfach beten und seine Hand gar nicht anfassen.« Es war extrem lustig.

Auf dem Weg heraus aus dem Andachtsraum, im tiefen Verlies des Madison Square Garden, lief ich zufällig Allan Houston in die Arme, einer echten Legende. Er war nicht nur der Vize-Manager der Knicks, er war auch Christ. Wir wurden Freunde. Allan stellte mich einem seiner Freunde vor, einem Kerl namens Chris Bernard. Er war zuständig für die Entwicklung der Spieler bei den Knicks und wir wurden Freunde. (Sozusagen Brüder auf Lebenszeit – ich hielt vor kurzem seinen Traugottesdienst ab.) Irgendjemand fragte, ob ich ein paar Mal beim Training der Knicks dabei sein wolle, und so kam eins zum anderen und am

Ende half ich bei irgendwelchen Sachen mit, wie bei der Andacht oder wo auch immer die Jungs Unterstützung brauchten.

In jenem November stand ich auf dem Spielfeld, wie ich es immer tue, während sich die Teams aufwärmen, und jemand, der Kontakt zu beiden Teams hatte, kam auf mich zu und sagte, die Musik von Hillsong würde ihm so sehr gefallen, und er würde für unsere Gemeinde beten und einige der Spieler hätten echtes Interesse an einer Beziehung mit Gott. Er fragte mich, ob ich für sie beten wolle. Ich sagte natürlich zu und fragte, wo und wer sie seien.

Er sagte: »Ich meinte nicht *jetzt sofort*. Ich meinte eher, wenn du an sie denkst.« Wir fingen beide an zu lachen und ich sagte: »Ich denke jetzt gerade an sie.«

Er sagte: »Gut, ich werde es ihnen sagen. Ist es in Ordnung für dich, wenn du nach dem Spiel auf dem Gang wartest?« Kurze Anmerkung: Für jedes Spiel, bei dem ich am Spielfeldrand gesessen bin – was toll ist und ich werde nie, nie, niemals Freikarten ausschlagen, ganz egal wie viele Leute in Zweifel ziehen, wie ich sie bekommen habe – habe ich hunderte von Spielen in diesen Kabinengängen verbracht. Das kann eine zweiminütige Umarmung und ein kurzes Gebet sein und ein »Ich werde dich nachher anfeuern«, aber glaub mir, unglamouröser als das geht's nicht.

Nach diesem Spiel wartete ich also und dann kam dieser Kerl heraus und sagte: »Die Jungs, die dich also treffen wollen, sind Kevin und Russ. Sie kommen gleich raus.« Ein paar Minuten später kam einer der besten Punktemacher heraus getrottet, die die Welt je gesehen hat. Wir umarmten uns, unterhielten uns und ich schenkte ihm eine Bibel. Seither sind wir Freunde. Das ist einfach, denn Kevin Durant ist so liebenswert und aufmerksam und freundlich, wie man sich das nur vorstellen kann. (Er schuldet mir einen Wettkampfring, weil er ein Mann seines Wortes ist.

Aber ich werde das zwischen uns und diesem Buch halten.) Russell Westbrook kam später raus. Er sah unglaublich cool aus. Und so hartnäckig und krass man sein Spiel auch bezeichnen mag, man wird keinen bescheideneren Mann der leisen Töne finden, der gleichzeitig ein doch ziemlich furchterregendes menschliches Wesen ist. Wir beteten, wir unterhielten uns, wir tauschten uns kurz aus und Russell und ich schlossen eine Freundschaft fürs Leben.

Ich bin so glücklich, dass ich den beiden begegnet bin. Ich mag sie sehr gerne. Ich bin stolz darauf, mit ihnen befreundet zu sein und ein kleiner Teil des Ermutigungs-Teams in ihrem Leben zu sein. Aber was ich nie vergesse, ist, wie ein Kerl wie ich den Weg von solchen Jungs, wie sie es sind, kreuzen kann. Ich bin nicht mit der Hoffnung aufgewacht, überragende NBA-Stars kennenzulernen. Ich bin vielmehr mit dem Gebet aufgewacht, dass ich jede Person, der ich begegne, ehren möge, dass ich jede Beziehung, die ich habe, wertschätzen würde, ungeachtet dessen, was daraus entstehen könnte. Und tatsächlich ist mein Leben voll mit Menschen, die du vielleicht nicht kennst, die mir aber dabei halfen, in die Lage zu kommen, ein paar Menschen zu helfen, die du *kennst.* Menschen wie Rex und viele andere in meinem Leben, die mir dabei halfen, kleine Türen oder Fenster zu öffnen, die ich sonst nie gesehen hätte oder durch die ich nie gegangen wäre.

Ein paar Monate später befand ich mich auf der Rückseite einer riesigen Villa in einem eiskalten Swimmingpool in Oklahoma City. Kevin hatte sich so sehr festgelegt, Jesus nachzufolgen, dass er mit seiner Taufe seine Leidenschaft erneuern und seine Berufung festmachen wollte.

Falls du das so nicht kennst: Taufe hat nichts damit zu tun, dass man sich als Baby mit Wasser bespritzen lässt, damit später, wenn du älter bist, jemand zu dir sagen kann: »Ach ja, du bist getauft.« Wenn das deine Tradition ist, ist das in Ordnung. Aber du hattest damals null Kontrolle über das Geschehen. Wir glauben, dass Taufe für unseren Glauben wesentlich ist. Sie ist ein öffentliches Bekenntnis einer persönlichen Entscheidung, mit dem wir der Welt mitteilen, *wem* wir nachfolgen. Es ist ein symbolhaftes, vollständiges Zudecken unseres alten Lebens, unserer alten Sünde durch die Gnade Gottes und ein Begräbnis desselben in diesem Wasser. Und das Aufsteigen aus dem Wasser steht für einen Neuanfang.

Es ist eine Ehre, wenn man bei anderen daran teilhaben darf. Für mich war es also etwas Besonderes, mit Kevin da zu sein. Und danach dachte ich an Rex. Sicher war er irgendwo, taufte jemand völlig Unbekannten und amüsierte sich prächtig. So wie ich.

Man kann in diesem Leben so leicht die »Niemande« übersehen, weil man auf der Suche nach den »Jemanden« ist, und auf dem Weg nach Bedeutung suchen, sich umschauen und »niemanden« sehen, den man wirklich kennt. Dabei hätte so ein »Niemand« die ganze Zeit dieser »Jemand« sein können, nach dem du gesucht hast. Du hast es nur nicht gesehen, weil deine Augen auf das Falsche ausgerichtet waren.

Könnte es in deinem Leben jemanden geben, den du übersehen hast? Könnte es jemanden geben, den du unterschätzt hast, weil du dich eher über ihn als neben ihn gestellt hast? Menschen sind das Tollste, was Gott je geschaffen hat. Lebe jede Beziehung so, als sei sie wichtig. Denn das ist sie.

Lebe den Moment

Fühlen sich die Menschen in deinem Leben geschätzt, geliebt und angenommen? Ich weiß aus meinem eigenen Leben, dass meine Anstrengung und meine Leidenschaft dramatisch zunehmen, wenn ich mich geschätzt und angenommen fühle. Umgekehrt muss ich richtig tief graben, um überhaupt das erforderliche Minimum aufzubringen, wenn ich spüre, dass mich jemand nur toleriert, weil er glaubt, ich könne etwas für ihn tun, anstatt mich einfach nur um meiner selbst willen zu mögen. Es ist wichtig, respektiert zu werden. Vielleicht ist der Schlüssel, um in unserer heutigen Welt »vorwärts« zu kommen, dass wir das Tempo drosseln und die Menschen in unserem Leben richtig kennenlernen. Es braucht nicht viel, um Menschen zu vermitteln, dass sie wichtig sind. Ich versuche, mir jeden Tag zwanzig Minuten Zeit zu nehmen und den Menschen zu danken, die mein Leben ständig mit Freude, Frieden und Zuversicht versorgen. Vielleicht sind das bei dir nicht so viele. Aber wenn du anfängst, dem einen oder den zweien zu danken, die treu sind, sei nicht überrascht, wenn du dir irgendwann mehr Zeit nehmen musst, um Menschen zu danken. Denn es werden noch mehr gute Menschen den Weg in dein Leben finden. Wertschätzung hinterlässt eine Spur, die für andere leicht zu finden ist.

KAPITEL 22

VIELLEICHT SIND WIR GAR NICHT ALLE SO VERSCHIEDEN

WENN MAN TUT, WAS ICH für meinen Lebensunterhalt tue, was im Grunde genommen drauf hinausläuft, dass ich anderen bewusst zuhöre, leidenschaftlich bete und mein Bestes gebe, andere als Hirte zu leiten und weise zu korrigieren, dann lernt man ein paar Dinge über den Zustand des Menschen. Man lernt etwas über Muster. Man lernt etwas über Neigungen und man sieht Gemeinsamkeiten bei Menschen, auch wenn sie völlig unterschiedlich sind.

Eine Gemeinsamkeit ist die Tatsache, dass jeder dazu neigt zu glauben, dass die Dinge, mit denen er zu tun hat, nur ihm allein passieren. Seine Kämpfe, sein Schmerz, seine Abhängigkeit oder was auch immer sonst – jeder denkt, er sei der erste, der damit umzugehen hat. Und das passt ganz gut zu einer anderen natürlichen Neigung: Wir isolieren uns, wenn wir zu kämpfen haben oder wenn wir das Gefühl haben, dass wir es mit etwas zu tun haben, das andere nicht verstehen. Und wie ich schon an anderer Stelle gesagt habe, schafft Isolation psychische Störungen. Es gibt einen Grund dafür, dass unser Gefängnissystem das höchste Maß an Gefangenschaft für einen Menschen mit dem Wort »Einzelhaft« gleichsetzt. Das bedeutet, dass man jemandem jede erdenkliche Möglichkeit nimmt, sich mit anderen Menschen verbunden zu fühlen. Wie ich gehört habe, ist das schrecklich, schmerzhaft und ich bin mir nicht sicher, warum wir das in unserer Gesellschaft überhaupt noch dulden.

Doch wir müssen nicht im Gefängnis sein, um in Einzelhaft zu leben. Vielleicht liest du das gerade und denkst: *Ich weiß nicht, ob ich das schaffen werde. Eines nach dem anderen.* Oder: *Wenn irgendjemand wüsste, womit ich zu kämpfen habe, würde er wegrennen.* Äußerlich scheinst du alles im Griff zu haben. Aber ich war schon mit genügend Menschen zusammen, die äußerlich gesehen »alles im Griff« hatten, um zu wissen, dass das oft ganz anders sein kann. Die Geheimnisse über uns selbst können wir sehr gut für uns behalten. Was gut ist, bis man etwas hört, was sehr, sehr wahr ist. Wie: »Du bist nur so krank wie dein Geheimnis.« Autsch. Wahrscheinlich doppelt *autsch,* abhängig davon, wie viel du in dir verborgen hältst.

Aber hier kommt etwas Ermutigendes: Wir Menschen sind gar nicht alle so verschieden, wie du denkst. Vor allem, wenn es darum geht, wo wir verletzt sind, womit wir zu kämpfen haben, wie wir zurechtkommen. Es ist sogar schockierend, wenn man sich intensiv damit befasst. Natürlich können sich ein paar der Symptome, mit denen wir es zu tun haben, stark unterscheiden. Aber wenn du einer Sache auf den Grund gehst, wirst du beispielsweise merken: »Mensch, ich habe nicht deshalb so viele unerfüllte sexuelle Beziehungen, weil ich irgend so ein Freak bin. Sondern weil ich meinen wahren Wert nie kennengelernt habe. Das ist das *wahre* Problem.« Oder: »Vielleicht sabotiere ich mein Leben, wenn die Dinge gut laufen, nicht deshalb, weil ich ein Versager bin, sondern weil ich Angst vor dem Erfolg habe, weil ich bei meinem Mentor gesehen habe, wie er alles weggeworfen hat, obwohl er doch alles hatte.« Gründe sind keine Entschuldigungen. Sie können uns nur helfen, Antworten auf echte Probleme zu finden. Um dieser schädlichen Wendung in unserer Kultur noch Vorschub zu leisten, leben wir in der Twitter-Instagram-zeig-dich-von-deiner-besten-Seite-und-verheimliche-den-Rest-Welt, in der das Bild von dir nicht einmal annähernd deinem wahren Ich entspricht.

Manchmal ist es tröstlich zu wissen, dass wir in diesem Leben nicht alleine sind. Dass es nichts gibt, was wir mit Gottes Hilfe nicht überwinden könnten. Nichts. Ich muss noch nicht einmal genau wissen, wie schlimm es bei dir gerade ist. Die Tatsache, dass du atmest, bedeutet, dass es Hoffnung gibt. Ich habe das immer wieder durch Begegnungen mit Menschen und durch Freundschaften gelernt, die mich daran erinnern, dass ich immer vorwärts gehen kann, wenn ich den Mut habe, ehrlich zu sein. Und was uns in unserem Leben so oft isoliert hält, kann am Ende das sein, was uns auf ganz besondere Weise verbindet.

Häufig schließen sich Menschen beispielsweise selbst aus, ohne dass andere davon etwas wissen. Vielleicht feuern sie andere an, vielleicht sehen sie rein äußerlich aus, als sei alles in Ordnung, aber in Wirklichkeit haben sie sich selbst Grenzen auferlegt, weil sie mit irgendetwas zu kämpfen haben.

Früher betete ich immer: »Gott, mach mich außergewöhnlich. Mach mich zum Leiter der Leiter. Hilf mir dabei, etwas Besonderes zu sein und mich von der breiten Masse abzuheben.« Eines Tages wurde mir bewusst, dass Gott zwar mein Leben wirklich verändern kann, aber dass ich immer der Kerl aus Virginia bleiben werde, circa 1,88 Meter groß, mit einer relativ kurzen Aufmerksamkeitsspanne, ein Kerl, der leidenschaftlich liebt und manchmal zulässt, dass diese Leidenschaft ihn in Schwierigkeiten bringt; ein Kerl, der Fehler macht. Ständig. Wenn Gott mein

Gebet also wirklich erhört und mich zu etwas »ganz Besonderem« gemacht hätte, wen um alles in der Welt hätte ich dann erreichen können? Mit wem hätte ich mich identifizieren können? Vielleicht können meine persönlichen »Baustellen« und meine »Durchschnittlichkeit« richtig nützlich sein. Ich kenne niemanden, der außergewöhnlich oder vollkommen ist, aber ich kenne *jede Menge* Leute wie mich. Allein darüber nachzudenken ermutigte mich. Zusätzlich dazu wuchs meine Erkenntnis über Jesus: meine Offenbarung darüber, was »seine Gnade« bedeutet, bei der es im Kern buchstäblich um Dinge geht, die man sich nicht erarbeitet, erbeten oder verdient hat, die Gott einem aber trotzdem gibt. Und ich fing an, anders zu denken.

Im Lauf der Jahre hatte ich so viele Sprecher gehört – vor allem Prediger – die einem diese lächerlichen Geschichten und Heldentaten erzählen, die eigentlich zur Ermutigung dienen sollten. Aber sie sind so weit entfernt von unserem Durchschnittsleben, dass man denkt: *Echt? So kann ich nicht leben.* Und sich noch schlechter fühlt.

Du kennst die Geschichten, von denen ich hier rede. Wo ein Mann aufsteht und sagt: »Ja, ich bin ein Mann des Gebets. Ich spreche mit Gott. Er gebraucht mich. Kürzlich stieg ich in ein Flugzeug. Es gab Turbulenzen. Dem Piloten wurde übel. Und ich stand auf und flog das Flugzeug. Gott stellt mich immer zur richtigen Zeit an den richtigen Platz. Schließlich bin ich ein Mann Gottes. Als ich das Cockpit verließ, jubelten die Passagiere und sagten: ›Sie haben das sogar ohne Co-Piloten geschafft!‹ Ich sagte zu ihnen: ›Ohhhhhhh doch, den hatte ich. Jesus ist mein Co-Pilot.‹«

Das Mikrofon geht runter, die Menge jubelt … und normale Menschen wie du und ich mit echten Problemen gehen nach Hause und sagen: »Ich werde nie ein Gewinner sein. Ich habe

Probleme und fühle mich deprimiert.« Oder: »Ich habe Probleme, mit dem Kettenrauchen aufzuhören.« Oder: »Ich bin eine alleinerziehende Mutter und komme mit meinen Kindern nicht klar.« Oder: »Ich bin mir ziemlich sicher, dass ich bei meiner Steuererklärung wieder nicht ehrlich war.« Langsam aber sicher ziehen wir uns zurück.

Als ich herausfand, dass Gott mich in meiner Schwachheit gebrauchen konnte, dass mein Schmerz und meine Kämpfe und Menschen buchstäblich mein Schlimmstes zu zeigen jemand anderen vielleicht ermutigen könnten, in seinem eigenen Leben nach dem Besten zu graben, war ich begeistert. Wenn es um Fehler geht? Davon habe ich Millionen. Ich habe Material für mehrere Tage. Mein bestenfalls durchschnittliches Leben? Darin können sich andere Menschen wiedererkennen. Wem versuche ich vorzumachen, dass ich nicht mit den gleichen Dingen zu kämpfen habe wie alle anderen auch? Mein Leben spiegelt, so bete ich, ständig das wieder, was Gott mit dem »Durchschnittlichen« tun kann. Ganz egal, was du gehört oder gelesen hast – unsere Gemeinde ist eine Ansammlung durchschnittlicher Trophäen, die Gott so benutzt, wie er es will.

Wir haben ein Sprichwort, das jedem Hoffnung bringt, der es hört: *»Jede Narbe hat ihre eigene Geschichte.«* Vielleicht magst du deine Narbe nicht. Vielleicht glaubst du sogar, dass du die Erfahrung, die diese Narbe verursacht hat, verhindern könntest, wenn du noch einmal die Gelegenheit dazu hättest. Aber die Tatsache bleibt, dass du Narben hast. Die Frage ist: Wie wirst du sie gebrauchen? Wenn du eine Geschichte erzählen kannst, die jemanden davor bewahren kann, denselben Schmerz zu erleben, dann kremple die Ärmel hoch und erzähle jemandem von dem, was du durchgemacht hast. Vielleicht ist es genau das, was er hören muss, um in seinem eigenen Leben durch etwas durchzukommen.

Wenn es allerdings darum geht, die Schwachheit zu überwinden, die uns zurückhält, können wir uns das, womit wir kämpfen, nicht in Isolation anschauen. Darum kann es so hilfreich sein, auf eine konstruktive Weise über Schmerz zu sprechen. Du findest schnell heraus, dass dein Problem zwar kompliziert sein mag, aber wenn andere einen Blick darauf werfen und dir eine neue Perspektive geben, dann wirst du merken, dass es gar nicht so schlimm ist, wie du anfangs dachtest. Abgesehen davon können sich Menschen auch einfach mit dem »Ausgeschlossensein« im Allgemeinen identifizieren – dem Gefühl, als würdest du von draußen irgendwo reinschauen. Ich persönlich weiß, dass ich, als ich ein »schwächerer Prediger« wurde – was bedeutet, dass ich mich absichtlich festlegte, nicht nur über das zu sprechen, was ich gut kann, sondern auch über das, was ich nicht kann, nicht nur darüber, wo ich gewonnen, sondern auch, wo ich verloren habe – zugleich ein besserer Prediger wurde. Wenn andere mir Rückmeldung oder ermutigende Geschichten über etwas geben, das ich erzählt habe und das ihnen geholfen hat, dann waren es viel häufiger die Dinge, mit denen ich mich abmühte und durch die ich mich durchkämpfte oder derzeit noch durchkämpfe. Die Kämpfe müssen uns nicht trennen. Sie können das Wichtigste sein, was uns als Menschen verbindet.

Dieses Thema führt mich zu Tyson Chandler und Justin Bieber: zwei Menschen, mit denen ich, was Gewinne, Beziehungsumfeld und Beruf anbelangt, absolut null Gemeinsamkeiten habe.

Tyson würde ich als einen meiner besten Freunde auf dieser Welt bezeichnen. Schon viele Jahre lang teilen wir unser Leben, unseren Schmerz, unsere Kämpfe, unser Familienleben und unsere Autos (bei Letzteren ist es eher so, dass ich mit Tysons fahre). Er und seine Frau Kim sind ganz besondere Menschen. Die Bibel spricht von Menschen, die die »Gabe der Gastfreundschaft« haben, und darin besitzen die beiden ein echtes Monopol. Sie sind treu und loyal und schaffen es, dass jeder sich wie ein Teil der Familie fühlt, auch wenn er es gar nicht ist. Sie inspirieren mich auf so vielfältige Weise, auch darin, was es bedeutet, auf die zu achten und sich um die zu kümmern, die man liebt. Als Tyson noch bei den Knicks im Mittelfeld spielte, waren er und seine Frau jahrelang ein Teil unserer Gemeinde, und obwohl wir oberflächlich gesehen keine Gemeinsamkeiten haben, hat uns unser Schmerz, unsere gemeinsame Liebe zu unseren Familien, unsere Leidenschaft, mehr zu sein als nur zwei Jungs, die auf dieser Erde Platz wegnehmen, immer mehr zusammengebracht. Ich habe von ihm gelernt, mit ihm gelacht, mich bei ihm ausgeheult und war auch dabei, als er sich noch einmal taufen lassen und seinen Glauben und seine Leidenschaft erneuern wollte. (Das wird weiter hinten noch mal eine Rolle spielen, glaub mir.)

Ich werde nie den Tag in Calabasas vergessen, an dem ich Judah Smith anrief und ihn bat, mir in dieser ganz besonderen Situation zur Seite zu stehen. Judah ist ein dynamischer Mensch, und ganz egal, wie die Umstände sind, er holt das Beste aus ihnen heraus. Ich wusste, dass sein ansteckendes Lachen und seine ergreifenden Worte in diesen Momenten wichtig sein würden.[1] Ich rief ihn an und sagte: »Judah, wir werden Tyson taufen. Das wird ein schwieriges Unterfangen, denn er ist ganze 2 Meter 20 groß. Wir müssen es deshalb an der tiefen Seite des Pools machen. Mach dich

1 Lustige Geschichte über Judah: Vor einigen Jahren hörte man viele Prediger auf Podcasts, aber Videos waren noch nicht so verbreitet. Judah kam einmal, um in unserer Gemeinde zu predigen, und hinterher sagte einer meiner Freunde: »Ich kann einfach nicht glauben, dass er weiß ist! Er ist so gut. Ich hielt ihn glatt für einen Bruder! Ich werd' ihm einfach sagen, dass er offiziell schwarz ist. Weil er so gut ist.«

also auf etwas gefasst.« Und es kam, wie es kommen musste: Als wir Tyson untertauchten, geriet Judah in den Sog der gewaltigen Fluten eines kleinen Pools mit einem riesigen Menschen und viel zu tiefem Wasser und wurde von Tyson richtiggehend erdrückt. Wir dachten für eine Minute, wir hätten ihn dort unter Wasser verloren. Und als wir (damit meine ich mich) Tyson wieder hoch brachten, war Judah ungewollt auch noch einmal getauft worden.

Das war ein besonderer Tag für mich, denn es war die absolute Krönung der Begegnung zwischen Tyson und mir. Wir hatten über unsere Kämpfe, unsere Hochs und Tiefs im echten Leben Kontakt zueinander gefunden, und fanden uns jetzt gemeinsam betend in einem Pool wieder. Nur Momente, nachdem wir etwas, das unsere Schwachheit symbolisierte, getan hatten und nun von der Gnade Gottes überwältigt wurden: Darum geht es bei der Taufe. Gottes Gnade *bedeckt uns*, wenn wir seine Vergebung annehmen, und diese sichtbare Bestätigung – man wird erst nach hinten gedrückt, bevor man wieder hoch geholt wird – ist nicht zufällig. Genauso geschieht Wachstum und beginnt echte Veränderung. Wir werden nicht mit Gottes Erbarmen und Gnade und Kraft »beträufelt«, je nachdem, wie gut oder schlecht wir gewesen sind. Darum setzen wir auch nicht nur einen Fuß oder einen Zeh hinein. Taufe ist etwas Explosives. Wenn du aus dem Wasser kommst und die frische Luft auf deinem kalten Gesicht spürst, dann vergisst du das nicht. Es bedeckt dich. Alles von dir. Schwachheit? Ja. Gnade? Noch mehr. Jeder von uns in diesem Pool war schon »an diesem Punkt« gewesen. Tyson, der aus Compton kommt und direkt von der Highschool abgezogen wurde (was habe ich dort gemacht?) und mehrere Goldmedaillen, einen Preis als »Defensive Player of the Year« (Defensivspieler des Jahres) und eine NBA-Meisterschaft gewonnen hatte, war ein erfolgreicher Geschäftsmann. Und Carl, der keine Errungenschaften vorzuweisen hatte, die dem auch nur im Entferntesten nahekamen. Aber in diesem Moment und von da an sind wir uns so nahe gewesen, wie man nur sein kann. Vertraute. Wer hätte gedacht, dass die Schwachheit so schnell eine Brücke zwischen uns schlagen würde?

Später in diesem Monat, nach der Taufe, beobachtete ich, wie Tyson ein Tattoo – oder um genauer zu sein, einen Strich durch ein Tattoo machen ließ. Eines seiner ersten Tattoos war eine exakte Nachbildung von dem, was Allen Iverson berühmt gemacht hatte: ein blutiger Dolch, umgeben von den Worten ONLY THE STRONG (nur die Starken). An jenem Tag ließ sich Tyson einen schwarzen Strich durch das Wort STRONG stechen. Er sagte: »Ich glaube das nicht mehr, aber ich will nicht das ganze Ding überdecken. Ich will, dass die Leute sehen, dass das Wort STRONG durchgestrichen ist. Dann kann ich ihnen sagen, dass nur die wirklich Starken es zugeben können, wenn sie sich schwach fühlen. Und wenn wir am schwächsten sind, kann Gott am meisten in unserem Leben tun.«

Damals wusste er noch nicht, dass er damit den Apostel Paulus zitiert hatte, der sagte: »Darum will ich mich am liebsten vielmehr meiner Schwachheiten rühmen … Denn wenn ich schwach bin, dann bin ich stark« (2Kor 12,9–10). Es ist so eine Sache, wenn ich das sage, denn ich bin ein Kerl, der sowieso nicht besonders stark ist. Aber wenn das von einem Kerl kommt, der aussieht, als sei er einem Disney-Comic-Zeichenraum als Entwurf für einen unbesiegbaren Basketball-Schurken entsprungen, der nur zwei Prozent Körperfettanteil besitzt und ständig mit seinem finsteren Compton-Blick herumläuft, außer wenn man ihn mit seiner Familie und seinen Angehörigen sieht, von einem Kerl, der technische Fouls dafür bekommt, dass er »Gib mir diesen Wurf!« ruft (aber ein viel besseres Wort als *Wurf* benutzt) – wenn das von ihm kommt, wird das noch viel realer. Ich kann mich mit seiner Stärke nicht identifizieren. Aber wenn es darum geht, Schwachheit zu verstehen, dann bewege sogar ich mich auf Augenhöhe mit Tyson Chandler.

Ich will dem gerne noch »eins draufzusetzen«, weil ich glaube, dass du weitaus mehr Menschen helfen kannst, als du für möglich hältst, wenn dir bewusst wird, dass du weitaus mehr anzubieten hast, als du für möglich hältst. Also lass mich dir kurz erzählen, wie Tyson Chandler und Justin Bieber auf sehr coole Weise für immer miteinander verbunden sein werden.

Meine Beziehung mit Justin nimmt viel Raum in der Presse ein. Dazu muss man sagen, dass fast 98,9 Prozent dessen, was man über ihn lesen kann, völlig falsch ist. Er war einmal zum Abendessen bei mir zu Hause und wir spielten gerade UNO mit meinen Kindern – und Justin veränderte ganz bequem die Regeln, weil sogar UNO sich vor dem aktuellen »King of Pop« beugen muss –, als eine Schlagzeile mein Telefon erreichte: *Justin Bieber zerstört Club in New York City mit tollkühner Party.* Coole Story. Das Problem war, dass er an besagtem Abend an meinem Tisch saß. Mal wieder. Und mein ganzes Essen wegfutterte und meine Kinder dazu ermutigte, sich über mein Alter lustig zu machen.

Zweifellos hat Justin einige ganz gewaltige Fehler gemacht. Aber vielleicht können wir uns alle mal gemeinsam bei dem Gedanken schütteln, wie es wäre, wenn unsere Fehler lückenlos von einer weltweiten Presse aufgegriffen würden. In seinem Fall zeigen diese Fehler einfach nur, wer er ist und als was auch ich ihn immer bezeichnet habe: ein Mann, der Jesus liebt, der jeden Tag versucht ein Stückchen besser zu werden, der nicht vollkommen ist und das auch nie für sich in Anspruch genommen hat. Er ist freundlich. Er ist äußerst aufmerksam und fürsorglich und er ist ein Genie, das – was ich frustrierend finde – fast alles gut kann. Kürzlich sah ich ihn, als er einen Song auf Spanisch lernte. Und ihn aufnahm. Und er machte es so gut, dass die Leute gar nicht merkten, dass er gar kein Spanisch spricht! Ich reite immer wieder darauf herum, weil es wichtig ist: Wenn du mit gerade mal dreizehn Jahren weltberühmt geworden wärst und in ein Leben der Musik, des Ruhms, mit guten und schlechten Menschen und der Fähigkeit, Millionen von Menschen auf der ganzen Welt zu beeinflussen, hineingeschubst worden wärst, was hättest *du* dann wohl getan? In diesem Zusammenhang? Sein Leben ist ein Wunder. Die Tatsache, dass er so freundlich ist, ist ein Wunder. Egal, wie viel Zeit man mit ihm verbringt. Aber man kann genau sehen, warum sich so viele Stars Drogen zuwenden, verrückt werden oder, noch schlimmer, für immer verschwinden wollen. Er hat in einer rabiaten Kultur für Normalität gekämpft, die sie Menschen wie ihm nicht geben will. Darum bin ich stolz auf ihn und ich habe viel von ihm gelernt. Man hat viel zu oft vorschnell über uns geurteilt, falsche Geschichten über uns geschrieben und Situationen völlig zusammenhanglos betrachtet und doch bis zum Abwinken darüber spekuliert, einfach nur wegen unserer Beziehung mit Justin. Aber all das gehört dazu und wir haben diese Kosten schon vor langer Zeit überschlagen und Frieden damit geschlossen.

Ich bin Justin durch Judah begegnet – das ist der, den ich vorhin im Zusammenhang mit der »Zufallstaufe« und der weltberühmten Predigtgabe erwähnt habe. Er rief mich eines Tages an und sagte: »Ich arbeite mit diesem jungen Kerl, Justin Bieber. Seine Mutter hat ihm als Kind immer meine Predigten vorgespielt. Er ist echt ein toller junger Mann. Ich glaube, du kannst mir dabei helfen, ihn zu unterstützen.« So hatten Judah und ich im Lauf der Jahre den Segen, in vielen verschiedenen Kapiteln ein Teil von Justins Leben zu sein. Aber uns beiden ist immer aufgefallen, dass der wahrscheinlich bekannteste junge Mensch auf dieser Erde trotz allem, was diese Berühmtheit mit sich bringt, genau das Gleiche braucht wie Judah und ich. Liebe, Unterstützung, Feedback, ein offenes Ohr, manchmal Widerstand und Verletzlichkeit.

Die Leute fragen mich immer: »Wie ist es, mit Justin *Bieber* über das Leben und über Jesus zu sprechen?« (Und dabei sprechen sie seinen Namen immer so komisch aus.) Ich sage immer dasselbe: »Eigentlich ist er genauso wie du. Und wie ich.« Wir können auf der Ebene des Geldes nicht zueinander finden. Er hat mehr. Wir können auf der Ebene des Ruhms nicht zueinander finden: Er ist auf der ganzen Welt bekannt, wobei ich mir manchmal gar nicht sicher bin, ob meine Kinder sich überhaupt daran erinnern, dass ich ihr Papa bin. Weißt du, was Justin und Judah und ich alle gemeinsam haben? Wie es sich anfühlt, einsam zu sein. Wie es ist, wenn man in Bereichen wachsen will, über die man nur schwer sprechen kann. Wie es ist, enttäuscht zu sein. Wie es ist, Fehler zu machen, die Auswirkungen auf die Menschen haben, die wir lieben. Ich könnte wohl nur dann *kein* echter Freund für Justin oder Judah sein, wenn ich mich so verhalten würde, als hätte ich keine Probleme, wenn ich die ganze Zeit nur mein »tapferes New-York-Gesicht« zeigen würde.

Es gab einen Tag, da hätte es mich vielleicht verletzt, wenn ich bekannt gewesen wäre als »der Kerl, der viel weint«, was manche Leute über mich sagen. Aber jetzt finde ich es cool. Ich bin sicher, dass ich, wenn ich nicht so wäre, wie ich bin – fehlerhaft und ziemlich oft ängstlich –, nicht immer wieder in Situationen landen würde, die ans Unfassbare grenzen.

An einem kalten Januarabend in New York City hatten Judah, Justin und ich ein wirklich tiefes und aufrichtiges Gespräch über den Glauben, über Entscheidungen und über Hingabe. Justin erzählte uns wie immer von den Höhen und Tiefen seiner Berufung und sagte: »Ich möchte mich taufen lassen.« Wir sagten daraufhin beide: »Toll. Super Entscheidung. Wir werden das organisieren. Juli klingt doch gut, oder?« Justin sagte: »Nein, ich meine jetzt. Ich will heute Abend neu anfangen.«

Selbst unter besten Bedingungen gibt es nicht viele »optimale Taufplätze«, die der Öffentlichkeit zugänglich sind. Aber stell dir vor, es ist zwei Uhr an einem Januarmorgen in New York City und dann füge dem Ganzen noch Justin, Paparazzi und Legionen von verrückten Bieber-Fans hinzu, die irgendwie – wie Engel oder Dämonen, je nachdem, wie man es betrachtet – scheinbar jeden einzelnen seiner Schritte kennen und ihm überallhin folgen, wo er hingeht: Das, mein Freund, ist eine Herausforderung mit gigantischen Ausmaßen.

Aber wir waren bereit.

Wir versuchten es an verschiedenen Orten. Zuerst in einem Hotel mit einem Pool, aber der war geschlossen. Dann in einem Wohnkomplex, der ganz brauchbar gewesen wäre, aber der Sicherheitsangestellte zog sein Telefon aus der Tasche und begann, Justin zu filmen, und rief seine Kollegen an, sie sollen kommen und sich »Justin Bieber ansehen«. Also hat das auch nicht funktioniert. Um etwa drei Uhr, nachdem wir alle Optionen in Brooklyn und die meisten in Manhattan ausgeschöpft hatten, zogen wir sogar den East River in Betracht. Aber da Taufe meiner Meinung nach etwas mit »neuem Leben« zu tun hat, wäre es eine Schande, wenn er es nach der Taufe nicht irgendwie schaffen würde, wieder lebendig aus diesem Fluss herauszukommen bei allem, was auch immer darin herumschwimmt.

Und dann sagte ich: »Jungs, ich habe eine Idee.«

Ich rief jemanden an, von dem ich wusste, dass er in einem tollen Haus mit Pool lebte.

Ich wählte die Nummer von Tyson Chandler.

Es machte nichts, dass er gerade gegen Miami Heat gespielt hatte, dass es die intensivste Zeit einer turbulenten Knicks-Saison war und dass Tyson wahrscheinlich, du weißt schon, müde war. Das hier war dringend. Er nahm das Telefon ab und ich erklärte ihm die Herausforderung.

»Kumpel, ich habe JB bei mir. Er will sich heute Nacht taufen lassen und uns sind die Möglichkeiten ausgegangen. Kannst du uns vielleicht in deinen Pool lassen?« Und Tyson sagte Folgendes: »Nee, der Pool ist gesperrt und wird erst am Morgen wieder geöffnet. Ich sag euch was. Meine Badewanne ist eine Sonderanfertigung. Das würde wohl auch gehen. Ihr könnt alle kommen.« Ich sagte: »Bist du dir sicher? Es tut mir leid, es ist so spät und das ist so spontan.« Tyson sagte: »Ach, ich war auch mal an diesem Punkt. Ich kenne dieses Gefühl, das er gerade hat. Wenn Gott dir das aufs Herz legt, dann musst du es tun. Kommt vorbei, und gut ist.«

Wir spazierten hinein – nicht in eine dunkle Wohnung, bei der ein verschlafener Besitzer widerwillig die Tür öffnet, sondern bei Kim Chandler, die irgendwie fantastisch aussah. Und sie hatte Essen gemacht. Denn bitte glaub mir, wenn die Chandlers jemanden zu Besuch haben, dann bekommst du auch was zu essen und Kim wird dir genau sagen, wo du essen sollst und wie du essen sollst. Du wirst dich wie ein Teil der Familie fühlen, auch wenn du es nicht bist, denn diese Chandlers wissen jeden zu lieben, der ihren Weg kreuzt. Kim sagte: »Schön, dass ihr hier seid. Ich liebe euch alle. Wenn ihr eure Schuhe nicht auszieht, seid ihr nicht mehr meine Freunde. Das gilt auch für dich, Justin.« Es hat seinen Grund, dass ich sie »POTUS« nenne (engl. Kurzwort für »Präsident der Vereinigten Staaten«).

Wir spazierten in das coolste Badezimmer, das ich je gesehen hatte, bestückt mit etwas, das eigentlich eine Badewanne war, aber eine, die buchstäblich für einen Riesen gebaut worden war. Judah, Justin und ich passten für unsere Zwecke locker rein. Wir beteten zusammen. Wir nahmen uns einen Moment der Stille und dachten darüber nach, wie weit Gott uns alle gebracht hatte. Und wir tauften Justin in der Badewanne von Tyson Chandler in New York City um circa vier Uhr morgens. Um es also nochmal festzuhalten: Wir haben einen Pastor aus Seattle, einen Pastor aus Virginia, eine Mega-Pop-Ikone aus Kanada, einen weltbekannten Basketballer aus Compton, alle zusammen in einem Raum. Das klingt wie der Anfang eines Witzes. Nur dass es wahr ist.

Wir teilten alle gemeinsam das Gefühl, neu beginnen zu müssen.

Vergebung empfangen zu müssen. Bedingungslos geliebt werden zu müssen.

Mit Gnade betrachtet werden zu müssen, nicht mit Verurteilung.

Davon brauchen wir mehr in dieser Welt. Wir brauchen mehr Menschen, die mit den Verwirrungen in ihrem Leben genauso offen umgehen wie mit den Momenten, in denen sie zu neuen Höhen und Errungenschaften katapultiert werden. Denn wenn der ganze Sinn dieses Lebens letztlich der ist, dass es anderen besser geht, werde ich meinen Verlust so nutzen, dass du einen Gewinn daraus ziehst. Das können wir sicher eine »Win-win-Situation« nennen.

Lebe den Moment

Deine Zerbrochenheit kann für jemand anderen eine Brücke zu dessen Heilung sein. Es ist unserer Kultur fremd, sich für Verletzlichkeit zu entscheiden und sogar die eigene Schwachheit anzuerkennen, geschweige denn davon zu erzählen, damit andere davon lernen können. Doch darin liegt enorm viel Kraft und Freiheit. Es ist gut, von seinen Erfolgen zu erzählen. Aber es ist noch besser, Menschen zu ermutigen, die vielleicht auf einer ähnlichen Reise sind und die Ermutigung brauchen könnten, die mit dem Wissen kommt, dass sie in einigen verbreiteten Kämpfen nicht alleine sind. Die Verluste in deinem Leben werden bei viel mehr Menschen Anklang finden als deine Gewinne es je tun werden. Wen also kannst du mit deiner Geschichte ermutigen? Wen kannst du aufrichten, indem du deine Schutzmauern niederreißt? Wenn es Auswirkungen darauf hat, ob jemand die Entscheidung trifft, noch einen weiteren Tag zu leben oder wieder ein Risiko einzugehen, dann ist es das jedes Mal wert.

KAPITEL 23

ES IST NICHT DIE SCHULD DES DEALERS

ALS ICH MIR DAS ERSTE Mal ein Auto lieh und damit losfuhr, nachdem ich die Einweisung erhalten und die Rechnung bezahlt hatte, dachte ich darüber nach, wie merkwürdig es ist, sich etwas zu leihen. Man muss es nicht besitzen; man kann, bis zu einem gewissen Grad, alles damit machen, was man möchte, solange es keine Spuren hinterlässt; und wenn man es zum Verleihort zurückgebracht hat, kann man einfach wieder gehen. Es ist unglaublich.

Ich erinnere mich noch, wie ich mit einem Freund, dessen Name ich hier nicht nennen soll (Joe Termini), mit einem Chevy Malibu in irgendeiner Stadt unterwegs war, und ich erinnere mich, dass wir im Auto gegessen haben, dass ich meinen Müll ins Auto warf, und als wir den Strand verließen, anstatt den Sand draußen abzuschütteln, ich es im Auto tat. Warum? Weil es nicht meins war. Jetzt denkst du vielleicht, *wer so etwas tut, ist ein schrecklicher Mensch*. Das ist in Ordnung. Aber ich finde, *du* bist ein schrecklicher Mensch, wenn du vortäuschst, dass du anders gehandelt hättest. Wir sind also quitt.

Aber es stimmt natürlich, dass Eigentum Wert schafft. Dein Besitz spiegelt dich wieder, er beeinflusst dich und er stellt dich nach außen hin dar. Also fangen Dinge, die unwichtig waren, plötzlich an, wichtig zu werden. Ich kenne Menschen, die sehr achtsam mit Dingen umgehen, die andere für relativ wertlos halten, weil es ihr Eigentum ist. Ein kleines Stückchen Eigentum ist wesentlich besser als ein großes Stück »Leihgabe«.

Manchmal können Menschen mit ihrem Leben in eine verheerende Richtung gehen; manchmal ist es offensichtlich und manchmal geschieht es im Verborgenen, aber solange sie keine Verantwortung übernehmen, wird es einfach immer so weitergehen. Sie geben immer anderen die Schuld. Immer. Wenn sie zu spät kommen, dann war der Verkehr schuld. Wenn sie die Beförderung nicht bekommen haben, dann liegt es daran, dass ihr Chef sie hasst. Wenn sie in Beziehungen immer wieder verletzt werden, ist stets der andere schuld. Ich erinnere mich, wie einmal ein junges Mädchen, nachdem ihr schon wieder jemand das Herz gebrochen hatte, sagte: »Wie kann es sein, dass all die schlechten Kerle immer genau mich finden?« Ich sagte zu ihr: »Mädel, es kann aber auch genau anders herum sein.«

Wenn du bei jedem Unglück am Ort des Geschehens bist, dann solltest du dir einen Spiegel kaufen und sehr genau hineinschauen. Manchmal treiben sich die Verdächtigen, die am ehesten in Frage kommen, genau vor deiner Nase herum. Und sehen dir unheimlich ähnlich. Warum das so ist? Weil es natürlich viel einfacher ist, jemand anderem die Schuld zu geben.

Früher habe ich immer *Jerry Springer* gesehen. Jerry, wenn du das liest, ich spende dir Beifall. Gut gemacht. Du hast dir unsere Kultur angesehen, sie richtig eingeschätzt und gedacht: *Die meisten Leute sind nur dumm und gelangweilt. Darum werde ich sie damit füttern und es wird ihnen gefallen.* Du hast den Nagel auf den Kopf getroffen.

Meine Lieblingsfolgen waren die, in denen Jerry einen Kerl mit seiner »Freundin« als Kandidaten aufstellte, nur um zu offenbaren, dass der Mann eigentlich noch eine andere Freundin hatte. In einer vorhersehbaren, aber nie langweilig werdenden Abfolge von Ereignissen griffen diese Frauen, wenn die Bombe platzte und sie wie aus heiterem Himmel von der schockierenden Wahrheit getroffen wurden, einander an. Haare flogen, Fäuste flogen, die Sittenwächter flogen, weil während des Kampfes viel zu viele Kleidungsstücke verloren gingen. Es war immer ein sehenswertes Spektakel.

Aber am besten hat mir immer der Kerl gefallen. Der Kerl, der eigentlich den ganzen Betrug und die Lügen und die Manipulation angezettelt hatte, kam normalerweise ungeschoren davon. Und unterzog seine Freundinnen einer Mini-Prüfung – jede Frau erhielt genau gleich viel Zeit, um ihm zu beweisen, dass sie ihn mehr liebte. Ich dachte immer: *Wenn diese Mädels sich doch nur zusammentun und dem Kerl eins auf die Fresse geben würden und jede für sich einen anständigen Kerl suchen würde, wäre das sehr viel besser.*

Aber das wäre dann auch viel zu real. Wir alle können über Talkshows lachen, die die schlimmsten Abgründe der Menschheit zeigen. Aber auch bei mir kam es schon vor – und sicher auch bei dir –, dass ich dem Falschen die Schuld gegeben habe. Warum? Weil wir keine Verantwortung für das übernehmen wollen, was wir wirklich verändern können. Uns selbst. Unsere Denkweisen. Was wir in unserem Leben akzeptieren und was nicht. Vielleicht sind nicht die anderen das Problem. Vielleicht ist die »Welt« nicht hinter uns her. Vielleicht haben wir zu viel Zeit damit verbracht, unseren eigenen Schwung auszubremsen, und gar nicht gemerkt, dass wir uns selber behindern.

Ich habe diese Lektion auf die harte Tour gelernt. Wenn du Pastor bist, kannst du anderen manchmal so sehr helfen wollen, dass du versuchst, ihnen die Arbeit abzunehmen. Ihnen sogar hilfst, anderen Dingen die Schuld zu geben, weil du sie nicht zwingen willst, das echte Problem anzugehen.

Ich hatte mal einen schrecklichen Zwischenfall mit einem Drogendealer im unteren Teil von Manhattan. Ein Freund von mir nahm schwere Drogen und ich hatte gerade zusammen mit einem meiner Jungs, der sich genauso aufregte wie ich, dass wir bei ihm anscheinend nicht vorankamen, sein Haus verlassen. Es war fast so, als wollten wir seine Freiheit mehr, als *er* sie selbst wollte.

Als wir sein Haus verließen, liefen wir einer Person in die Arme, von der wir sicher wussten, dass sie sein Dealer war. (In New York City lernt man so was schnell, und dabei werde ich es belassen.) Wir warteten, bis dieser Dealer später an jenem Abend aus der Wohnung unseres Freundes kam, weil ich ehrlich gesagt große Lust darauf hatte, diesem Typen zu sagen, dass er jeden anderen in dieser Straße vergiften könne, aber diesen einen Kunden, meinen Freund, in Ruhe lassen solle. Ich hatte wohl unabsichtlich angefangen, dem Dealer die Schuld zuzuschieben. Und sicherlich war er ein gewisser Faktor. Aber die Wahrheit ist, dass es in New York einen »freien Drogenhandel« gibt, der wörtlich zu nehmen ist. Niemand *muss* Drogen kaufen.

Wie vorauszusehen war, fand der Dealer meinen Vorstoß nicht toll. Aber ich fand seinen auch nicht so toll, und es war klar, dass dieses spontane Treffen nicht gut ausgehen würde. Ich denke, die Tatsache, dass ich zu dieser nächtlichen Stunde fünf Freunde dabei hatte und er alleine war, verhalf diesem Treffen zu einem schnelleren Ende, als sonst zu erwarten gewesen wäre.

Ein paar Tage später rief mich dieser selbe Dealer an. Er sagte mir, dass er herausgefunden hätte, wer ich sei und dass er sich wirklich freuen würde, mich zu treffen. Nicht um mir zu danken, sondern um mir »eine Lektion zu erteilen«. Ich schätze mal, dass er gehört hatte, dass meine Gemeinde ganz allgemein schädlich für seine Gewinnmarge war. Ich sagte ihm, dass ich ihn sehr gerne treffen würde. (Ich reagiere immer sofort und denke erst später nach – und das ist keine Stärke.)

Ich ließ also ein Treffen organisieren. Aber bevor wir uns trafen, rief ich einen Freund von mir an, der in derselben Branche tätig ist, nur in New Jersey. Wir waren uns beim Basketballspielen begegnet und wurden schnell Freunde, obwohl wir zwei sehr unterschiedliche Arten von »Dealern« sind, wenn du es so nennen willst. Aber ich rief ihn an, um ihm mitzuteilen, was geschehen war und wollte auch wissen, ob ich in dieser Sache irgendetwas ausrichten könne. Ich sagte: »Wenn ich diesen Kerl dazu bringe, irgendwie damit aufzuhören, wird das langfristig irgendetwas bewirken? Ist dieser Kerl ernst zu nehmen?« Mein Freund sagte: »O Carl, du solltest den Kerl in Ruhe lassen. Der ist Teil einer Bande, die aus Osteuropa kommt. Du willst dich mit keinem von denen anlegen. Aber wenn du ein Problem hast, dann erledigen wir das für dich. Sag einfach Bescheid.« Ich sagte: *Neeeeeeein.* Ich wollte das nicht »erledigt« haben. Ich wollte einfach nur alles in meiner Macht Stehende tun, um meinem Freund dabei zu helfen, clean zu werden.

Dieser Freund aus New Jersey gab mir einen Ratschlag, der saß. Klar, hatte ich das auch schon vorher gehört. Aber eine akute Not macht einen sehr viel empfänglicher. Er sagte: »Mein Freund, es ist nicht die Schuld des Dealers. Er hat das Spiel nicht erfunden, er spielt nur mit. Du musst deinem Freund sagen, er soll aufhören mitzuspielen und soll nüchtern werden. Der Abhängige muss diese

Entscheidung treffen. Wenn du einen Dealer stoppst, wird ein Abhängiger dafür zehn andere finden. Darum bin ich so reich.«

Das zu hören, war schmerzlich, aber es war so was von wahr.

Hast du das auch schon mal erlebt? Dass du Angst hattest, der Wahrheit ins Auge zu blicken? Verantwortung kann schmerzhaft sein. Aber auch wunderschön. Verantwortung hat etwas Befreiendes. Selbst wenn es um Kleinigkeiten geht. Wie eine Entscheidung. Oder Arbeitsmoral. Verantwortung erzeugt mehr Verantwortung. Lass dich nicht von Dingen einlullen, die gar nicht das Problem sind. Eine weise Straßenlegende hat einmal gesagt: »Hasse nicht die Spieler, sondern hasse das Spiel.«

Ich habe das in meinem Leben sogar noch weiterentwickelt: Ich werde weder die Spieler *noch* das Spiel hassen. Wenn mir etwas, was ich sehe, nicht gefällt, dann verändere ich einfach das ganze Spiel.

Vielleicht ist die Zeit auch für dich um, Dinge zu tolerieren, mit denen du eigentlich nicht leben musst. Es liegen so viele Entscheidungen vor dir, aus denen du alles herausholen und mit denen du Dinge verändern kannst. Konzentriere dich darauf. Und dann sieh zu, wie der Rest sich von alleine gibt.

Kürzlich saß ich mit einer alleinerziehenden Mutter von drei schnell wachsenden Teenie-Jungs zusammen. Sie war schon seit einigen Jahren geschieden, aber die Auswirkungen der verbalen Misshandlungen durch ihren Ehemann waren immer noch sehr aktiv und sehr real. Viele wissen, dass es keinen »klaren Bruch« mit einem Ehepartner geben kann, mit dem man zusammen noch die gemeinsamen Kinder aus der Ehe erziehen muss. Diese Frau musste sich immer noch verletzende Worte von diesem Mann anhören, oft im Beisein ihrer Söhne, und ihre Jungs hatten jetzt langsam angefangen, das zu übernehmen, was sie sahen: Respektlosigkeit gegenüber Frauen.

Man konnte die Resignation ihn ihrer Stimme hören, als sie mir erzählte: »Es ist einfach normal für mich, gesagt zu bekommen, dass ich wertlos bin. Gesagt zu bekommen, dass ich ein Idiot bin. Es muss sich für meine Jungs normal anfühlen, denn sie haben nie etwas anderes kennengelernt oder gesehen.« Ich erzählte ihr, dass es eigentlich nicht normal ist, sich an Fehlfunktionen zu gewöhnen. Denn das geschieht, wenn man so lange mit ungesunden Menschen zusammen ist: Man wird selbst ungesund. Man akzeptiert und toleriert Dinge einfach nur, weil sie schon so lange bestehen.

Wir kamen überein, dass der Kreislauf durchbrochen werden musste, und es begann damit, dass diese wunderbare Frau anfangen musste zu glauben, dass sie wirklich Anerkennung und Respekt verdient. Was war der erste Schritt für sie? Sie durfte nicht mehr länger zulassen, dass ihr unangemessene Wörter an den Kopf geworfen wurden – von ihrem Ex-Mann, von ihren Söhnen und sogar von ihrer eigenen inneren Stimme.

Der Weg zur Gesundheit beginnt mit Verantwortung. Das Wort *Opfer (victim)* sieht im Englischen dem Wort *Sieg (victory)* ziemlich ähnlich. Erstaunlich, wie ein paar Buchstaben, ein paar Entscheidungen, die hin- und hergeschoben werden, zu einer ganz neuen Definition und Bestimmung führen können.

Lebe den Moment

Ein Spiegel hat etwas Gefährliches. Wenn du dich gut fühlst, ist er dein Freund. Aber wenn dir das, was du siehst, nicht gefällt, kann er dein Feind sein, den du meidest, weil der Anblick zu heftig ist. Falsch gelagerte Schuld kann deine ganze Bestimmung zerstören. Ist es möglich, dass du dich in bestimmten Herausforderungen auf die falschen Dinge konzentrierst? Sind deine Beziehungen kaputt, weil du von den Beleidigungen anderer verzehrt wirst und es versäumt hast, Verantwortung für deinen Teil der Angelegenheit zu übernehmen? Die einzige Person, die du in deinem Leben wirklich kontrollieren kannst, bist du selbst. Auch wenn es nicht jedes Problem löst, kann es dir Frieden bringen, wenn du dich manchmal auf dich selbst konzentrierst – und was du besser machen kannst – während du darauf wartest, dass andere ihre Sachen auf die Reihe kriegen. Wo kannst du, anstatt kritisch zu sein und *nach außen zu schauen*, konstruktiv sein und *nach innen schauen*, um Veränderung in dein Leben zu bringen? Weniger Schuldzuweisung und mehr Verantwortung führen zu dem fruchtbaren Leben, das wir uns alle wünschen.

KAPITEL 24

WENN DU EIN RASSIST BIST UND ES WEISST, DANN KLATSCHE IN DIE HÄNDE

ICH GLAUBE NICHT, DASS WIR akzeptieren müssen, in einer rassistischen und engstirnigen Welt zu leben. Es ist mir egal, wie hässlich der Kampf ist oder sein wird, wie oft wir gegen etwas aufstehen müssen, das falsch ist, damit wir laut für das einstehen können, was richtig ist. Ich glaube eigentlich, dass es auf dieser Welt mehr vernünftige, demütige, friedliebende und zum Frieden beitragende Menschen als rassistische, ignorante und verletzende gibt. Das Problem ist, bei wem die Macht liegt. Es ist egal, wie viele gute Menschen es auf der Welt gibt; wenn die Machtstrukturen von denen geschaffen und gewahrt werden, die die Entscheidungen treffen und das Heft in der Hand halten, werden sich die Dinge nicht ändern.

Aber trotzdem glaube ich, dass es genügend Menschen gibt, die bereit sind, wirklich Verantwortung für dieses Problem zu übernehmen, sodass wir noch zu unseren Lebzeiten drastische Veränderungen erwarten können. Darum befinden wir uns buchstäblich in einem Wettlauf – um viel schneller als bisher mehr Menschen zu erreichen, mehr Menschen zu helfen, mehr Menschen auszubilden, damit wir mehr Veränderung sehen können als bisher. Sind die Dinge, was Rassismus anbelangt, besser geworden? Ja. Aber diese Aussage ist wie: »Wenn du früher zehnmal angeschossen wurdest und in letzter Zeit nur fünfmal niedergestochen wurdest, geht es dir deswegen besser?« Das Problem liegt nicht in der Art des zugefügten Leids, sondern darin, dass die Angriffe nicht aufhören.

Ich wusste, dass es schlimm war in unserem Land. Ich bin in Virginia aufgewachsen, viele meiner engsten Freunde sind schwarz und mein bester Freund seit meiner Highschool-Zeit – bis heute – ist Koreaner. Meine Sichtweise darauf, was es bedeutet, in Amerika zu einer Minderheit zu gehören, hat sich stark erweitert, weil ich ihre Geschichten hörte und sah, wie sich ihr Leben direkt vor meinen Augen gestaltete. Ich werde nie erfahren, was es bedeutet, zu einer Minderheit in unserem Land zu gehören, ich kann aber ernsthaft bemüht sein, meine Augen und Ohren offen zu halten, um die Herausforderungen anderer zu sehen und zu hören. Ich kann immer wieder versuchen, ein stärkeres Bewusstsein dafür zu entwickeln. Bewusstsein kann häufig der erste Schritt hin zu echtem Aktivismus sein. Sobald du über eine Sache Bescheid weißt, bist du dafür verantwortlich, was du mit dem Wissen anstellst. Was das Thema Rassismus anbelangt, versuche ich immer, Menschen zu helfen, ein stärkeres Bewusstsein dafür zu bekommen, dass Rassismus viel tiefer geht, als sie vielleicht denken; viel näher an ihnen dran ist, als sie vielleicht denken und er ihnen vielleicht sogar jeden Tag aus dem Spiegel entgegenblickt.

Ich werde nie vergessen, wie ich einem echt naiven Freund dabei zugehört habe, wie er sich unabsichtlich als wahrhaft ahnungsloser Weißer geoutet hat. Er sagte: »All dieses Gerede über Rassismus – das ist doch gar nicht mehr real! Die Dinge haben sich geändert. Die meisten Profisportler sind inzwischen Schwarze!« Zunächst einmal ist es generell ziemlich dumm, so etwas zu sagen. Aber wenigstens versuchte mein Freund, sich engagiert zu zeigen. Ich sagte ihm: »In Ordnung, dann lass uns mal über die Nationale Football-Liga sprechen. Du magst doch die NFL. Sagen wir mal, dass ungefähr achtzig Prozent des Teams schwarz sind. Wie viele Teambesitzer sind schwarz?« Er konnte darauf keine Antwort geben.

Ich sagte ihm, ich würde jetzt die Latte noch höher legen. Ich fragte: »Nehmen wir mal drei der Hauptsportarten in Amerika. Zweiundneunzig Teams insgesamt. Weißt du, wie viele Schwarze unter den Besitzern sind? *Ein einziger.* Erscheint dir das nicht merkwürdig?«

Ich kam zurück auf seine geliebte NFL und fragte ihn, wie viele schwarze Cheftrainer es angesichts der Tatsache, dass die Liga von schwarzen Spielern dominiert wird, seiner Meinung nach dort geben würde. Er sagte: »Da muss es sicher jede Menge geben.« Ich sagte ihm, dass im Jahr 2017 die Anzahl der Minderheitentrainer in der Liga einen absoluten Höchststand erreicht hatte: acht. *Acht.* Die NFL war in Wirklichkeit so systematisch rassistisch, dass es sogar tatsächlich der Einführung einer Regel bedurfte, damit schwarze Kandidaten für die Cheftrainerposten auch wirklich Termine für Vorstellungsgespräche erhielten. Nicht die Posten an sich, wohlgemerkt, sondern nur die Vorstellungsgespräche. Liegt es daran, dass weiße Trainer besser sind? Offensichtlich nicht, weil Jahr um Jahr auffallend erfolglose weiße Trainer ihre dritte oder vierte Chance erhalten, während schwarze Trainer die Vorstellungsgespräche verlassen, ohne den Posten zu bekommen.

Weißt du, was mein Freund dazu sagte? »Das war mir nicht bewusst. Aber trotzdem ist es besser geworden. Immerhin haben Schwarze jetzt mit *Black Entertainment Television* (BET) ihren eigenen Fernsehsender. Wir haben schließlich keinen eigenen

Fernsehsender, der sich ›Unterhaltungsprogramm für Weiße‹ nennt, oder?«

Doch, das haben wir, sagte ich zu ihm. Nämlich jeden anderen Fernsehsender.

Diese Unterhaltung landete immer wieder bei demselben Satz. Mein Freund sagte immer wieder: »Das war mir nicht bewusst.« Vielleicht stimmte das. Aber Bewusstsein ist eigentlich etwas, wofür man sich entscheiden kann. Meine Kinder sind sich zum Beispiel der Rassenungleichheit in unserem Land bewusst. Letzte Weihnachten sprach mich meine Tochter Ava nach einem Werbespot für den Film *Kevin – Allein zu Haus*, der während der Feiertage nonstop im Fernsehen lief, an und sagte: »Papa, warum nennen die diesen Film eigentlich einen ›amerikanischen Klassiker‹? Im ganzen Film kommt nur ein Schwarzer vor. Das ist nicht Amerika.«

Bewusstsein, mein Freund, ist eine Sache des Umfelds und des Willens. Dieser Moment mit Ava ermutigte mich ein bisschen. Aber die Realität ist, dass wir noch einen sehr langen Weg vor uns haben, wenn es darum geht, Verantwortung für dieses abscheuliche Problem zu übernehmen und für echte Veränderung einzustehen.

Das wurde mir wieder einmal klar, als ich in der Gemeinde eine Aussage machte, die so viel Giftigkeit und Hass und Zorn gegenüber mir und unserer Gemeinde schürte, wie nichts anderes, was ich bisher gesagt hatte.

Ich sagte: »Schwarze Leben zählen.«

Es ist wichtig, den Zusammenhang zu beachten, in dem ich diese Aussage machte. New York City war in Aufruhr. Im ganzen Land hatte es eine Zunahme von sehr öffentlichen, sehr schmerzhaften, sehr beunruhigenden Situationen zwischen der Polizei und Schwarzen gegeben. Die Dinge wurden durch die Umstände, wie Eric Garner zu Tode gekommen war, noch massiv verstärkt, weil sich diese Ereignisse in New York City abgespielt hatten; sie wurden auf Video festgehalten und im Nachhinein der ganzen Nation zugänglich gemacht.

Ich persönlich war von dem gesamten Klima beunruhigt. Und in unserer Gemeinde ist ethnische Vielfalt mehr als nur ein Ziel. Sie ist ein Wert. Darum haben wir eine äußerst vielfältige Gemeinde, und ich wusste, dass ich über die aktuellen Vorfälle etwas sagen musste. Der Rassismus in unserem Land ist nicht an einem einzigen Tag entstanden und mir war klar, dass mein mageres Opfer das Problem nicht lösen würde.

Das war auch gar nicht mein Ziel. Mein Ziel war es, einem bestimmten Teil unserer Gesellschaft, der verletzt war, Aufmerksamkeit zu verschaffen. Der aus Menschen bestand, die Angst hatten. Die offenkundig Schmerz und Enttäuschung erlebten. Ich wollte der einfachen Tatsache Aufmerksamkeit zollen, dass wir uns sammeln und zu denen stehen müssen, die wir lieben.

Aber je näher der Sonntag rückte, umso ärgerlicher und fassungsloser wurde ich über die Reaktion der Menschen zu diesen Themen. Die Bewegung »Black Lives Matter« (Schwarze Leben zählen) hatte tonnenweise Presse bekommen. Die Berichterstattung war extrem polarisierend und ich kannte viele Menschen, die wirklich wenig über diese Bewegung wussten oder wofür sie steht. Aber das war nicht im Entferntesten meine Sorge: Ich beabsichtigte nicht, mich darauf zu konzentrieren. Meine Verärgerung und Frustration konzentrierte sich auf das, was ich in der Presse und den sozialen Medien von *Weißen* las. Es war unfassbar für mich. Jedes Mal, wenn jemand sagte: »Schwarze Leben zählen«, entgegnete ein anderer: »Ja, aber *alle* Leben zählen doch.« Ich konnte nicht glauben, dass Menschen so unlogisch und unbarmherzig sein können. Ob das das Motiv war, ist irrelevant. Wir können nicht wissen, was im Herzen der Menschen ist. Aber wir können die Auswirkung der Worte und Taten von Menschen spüren, und es war klar, dass diese Unterhaltung eine zunehmend schädliche Richtung einschlug. Die Menschen fanden es offensichtlich sehr schwer, einen Satz von einer Bewegung zu trennen. Es war, als hätte eine Aussage plötzlich ihre eigenständige Bedeutung verloren, weil sie mit etwas anderem in Verbindung gebracht worden war. Das wäre so, als könnte man nicht mehr »just do it« sagen, ohne dass andere einem unterstellen: »Du unterstützt Nike. Nike stellt Schuhe in Dritte-Welt-Ländern her. Also unterstützt du Ausbeutungsbetriebe.« Obwohl du eigentlich nur zu deinem Tätowierer sagen wolltest: »Just do it – tu's einfach«, nachdem du dreißig Minuten hin- und herüberlegt hast, ob du dir ein Tattoo stechen lässt oder nicht. In dem Moment, in dem irgendjemand »Schwarze Leben zählen« sagt, entgegnen andere darauf: »Diese Bewegung ist gleichermaßen rassistisch. Sie hasst Polizisten.« (Beides dumme und falsche Beschuldigungen.)

Ich sagte zu jedem, der zuhörte: Bewegungen haben ihre eigene Botschaft. Wir können diesen Satz trotzdem sagen, selbst wenn wir mit der Bewegung, die ihn sich auf die Fahnen geschrieben hat, nicht einverstanden sind: Schwarze Leben zählen. Das muss nicht relativiert werden. Dem muss nichts entgegengesetzt werden. Entweder sie zählen … oder sie zählen nicht. Und die Menschen in unserer schwarzen Gemeinschaft empfinden so stark, dass ein Großteil von Amerika das anders sieht, dass diese Aussage zu einem Schlachtruf wurde.

Nachdem ich irgendetwas auf Instagram gepostet hatte, konfrontierte mich eine aufgebrachte Person mit den Worten: »Du musst dich mal über diese Bewegung informieren. Du hast ja *keine*

Ahnung, worum es denen geht. Es ist idiotisch, über Dinge zu sprechen, über die du nicht Bescheid weißt.« Sie wusste nicht Bescheid, dass Opal Tometti, eine der drei ursprünglichen Gründer der Bewegung, seit mehr als vier Jahren ein treuer Teil unserer Gemeinde war. Ich wusste aus erster Hand mehr über diese Bewegung als die meisten anderen Menschen. Aber wir leben buchstäblich in einer »Erst-schießen-dann-fragen«-Kultur und das findet auf den Straßen und bei Gesprächen ein böses Ende. Ich sagte zu ihr: »Danke. Das werde ich ganz sicher machen«, und schüttelte meinen Kopf.

Am Sonntag darauf sprach ich deshalb über Frieden, über Liebe und über Empathie. Was offensichtlich ein Wort ist, das einige Menschen noch nie gehört haben. Nie. Man gelangt am leichtesten und schnellsten zum Kern des Wortes, wenn man sich die wörtliche Bedeutung anschaut. Es bedeutet »auf dem Weg von jemandem sitzen«. Das ist es. Die Aufforderung an unsere Gemeinde war einfach: zuerst Empathie, dann erst Meinungsäußerung, wenn sie berechtigt ist. Das heißt also, bevor man große Reden schwingt, sollte man einfach mal den Weg der Person einschlagen, die gerade spricht, und sich auf diesen Weg setzen. Sich die Dinge aus dieser Sicht ansehen. Sich die Dinge aus dieser Sicht anhören. Die Dinge aus dieser Sicht verarbeiten. Und wenn man das getan hat, dann verändert sich häufig zumindest der Tonfall. Vielleicht bleibst du bei deiner Meinung, aber der Geist, in dem du sie mitteilst, ist ein ganz anderer.

Ich bat unsere Gemeinde, Empathie für die Menschen zu empfinden, die sie nicht kennen. Stell dir vor, du hast deinen Vater oder besten Freund inmitten einer sehr heiklen, fragwürdigen, tragischen Situation verloren – und man konnte niemanden dafür verantwortlich machen. Würdest du wollen, dass andere dir sagen, wie du dich fühlen sollst? Würdest du wollen, dass andere dir sagen, dass es eigentlich falsch ist, was du fühlst und siehst? Natürlich nicht. Aber wenn dir jemand sein Mitgefühl zeigt, zuhört, mit dir trauert und dich stützt? Dann schon. Lass uns also versuchen, konstruktiv zu sein. Wir sollten nicht vergessen, dass die besten konstruktiven Gespräche sich durch die Tür des Erbarmens und der Empathie ergeben. Man sagt: »Es ist den Leuten erst dann nicht mehr wichtig, wie viel du weißt, wenn sie wissen, dass sie für dich wichtig sind.« Das muss noch öfter gesagt werden, denn es war nie wahrer als heute.

Scheint ziemlich einfach zu sein, oder? Aber du hättest unrecht, wenn du das als gegeben annähmst. Denn von meinen Worten hat die Menschen am meisten aufgeregt, dass ich gesagt habe: »In unserer Gemeinde werden wir angesichts der Polizeigewalt und der ethnischen Probleme nicht sagen: ›Jedes Leben zählt‹. Denn *selbstverständlich* glauben wir alle das. Das muss nicht extra erwähnt werden. Im Moment scheint es allerdings so, dass das Leben von Schwarzen auf unseren Straßen weniger zählt. Ich werde den Satz so lange sagen, bis wir eine Veränderung sehen. Ich werde diejenigen unterstützen, die das Gefühl haben, das sagen zu müssen. Und ich glaube, dass wir als Gesellschaft trotzdem noch eine Hoffnung haben, an die wir uns klammern können. Diese Aussage gehört zu keiner bestimmten Bewegung. Niemand hat das Exklusivrecht an der Grammatik und an bestimmten Worten. Wenn ich den Satz also sage, dann geht es nur um die Aussage darin. Ich verdamme damit keine bestimmte Organisation und ich unterstütze damit auch keine bestimmte Organisation.«

Ich weiß noch, dass ich dachte: *Das war jetzt aber sanft. Aber wenigstens habe ich etwas gesagt, und ich muss noch mehr sagen.* Es stellte sich heraus, dass ich zu viel gesagt hatte. Tweets, Hassmails und buchstäbliche Todesdrohungen für mich und meine Familie flatterten herein. Sogar ziemlich viele.

Und da wusste ich, dass wir diesen Kampf gewinnen werden. Denn wenn es so einfach ist zu beweisen, wie lächerlich das Denken der Menschen eigentlich ist, können wir nur noch Erfolg damit haben. Nicht alle Menschen, die falsch liegen, sind böse und dumm. Ziemlich häufig ist es nur ein Fall von mangelhaftem Aufnehmen von Wissen, das wir als selbstverständlich ansehen. Dich in die Lage zu versetzen, dir anderer Sichtweisen, Gefühle und Erfahrungen bewusst zu sein, kostet dich nicht mehr als deine Bequemlichkeit. Aber manchmal kann das Bewusstsein, dass dir Dinge nicht bewusst waren, die beste Art der Unbequemlichkeit sein – denn sie macht einen Positionswechsel unabdingbar.

Jemand sprach diese Woche in meinem Büro ganz ehrlich darüber und sagte: »Aber Pastor Carl, jedes Leben zählt. Du kannst ›schwarze Leben‹ nicht einfach getrennt betrachten.« Ich sagte zu dieser Person: »Stell dir vor, du rennst in einem Sponsorenlauf im Kampf gegen Krebs mit. Das ist ein Grund, für den es sich lohnt, oder? Nun stell dir vor, an jeder Ecke kommt dir jemand entgegen und brüllt dir ins Gesicht: ›Aber Diabetes zählt auch! Diabetes ist auch tödlich!‹ Wäre das nicht dumm? Würdest du diesen Leuten nicht sagen: ›Ja, natürlich. Aber im Moment konzentrieren wir uns auf Krebs.‹ Ist das in Ordnung?«

Die Person erwiderte: »Ja, aber was ist mit der Polizei? Es scheint, als seist du gegen die Polizei.«

Ich sagte zu ihr, dass diese Logik gleichermaßen idiotisch sei. Ich sagte: »Man muss nicht gegen irgendetwas sein, nur weil man für etwas anderes kämpft. Man muss nicht gegen die Polizei sein, nur weil man gegen Unrecht ist. Nur weil man leidenschaftlich für eine Sache kämpft, muss das nicht eine unmittelbare Geringschätzung für etwas anderes bedeuten. Ich mag die vielen Helden wirklich, die einen Großteil unserer Polizei ausmachen. Sie haben eine nahezu unmögliche Aufgabe zu bewältigen. Ich bete täglich für sie. Aber kein Beruf sollte jemals ohne Reform und Rechenschaftspflicht und ernsthafte Überprüfung sein, wenn andere Menschen sich dermaßen bedroht fühlen. Vor allem, wenn dort Entscheidungen über Leben und Tod getroffen werden.«

Aus irgendeinem Grund drang diese Erläuterung zu der Person durch. Welche Antwort ich darauf erhielt? »So hatte ich das Ganze noch nie betrachtet.«

Ich sagte liebevoll zu ihr: »Ich bin so froh, dass du auf dem guten Dampfer der *Logik* unterwegs bist. Hier ist noch reichlich Platz!«

Wenn noch mehr Menschen das so einfach sagen könnten, könnten wir richtig viel Land für einige ernste Probleme einnehmen. Inmitten all der Spannung, all der Kontroverse saß ich später an jenem Tag mit einem Gefühl der Widerstandskraft in einem Coffeeshop. Denn dieser Kampf ist zu gewinnen. Wenn du und ich uns einen Moment nehmen würden, um andere ehrlich zu betrachten, und wenn wir uns dann entscheiden würden, unsere eigenen Ansichten und Meinungen für kurze Zeit beiseitezulegen, dann könnten wir langsam aber sicher Antworten auf so vieles finden.

Ungefähr eine Woche später forderte ich unsere Gemeinde heraus, jeder solle sich erst einmal »um seinen eigenen Kram kümmern« bevor er eine Meinung äußert oder versucht, sich bei jemand anderem einzumischen. Ich forderte sie auf, in den Spiegel zu blicken und zu den eigenen Familien zu sprechen. Vielleicht kannst du nicht die Welt verändern. Aber du kannst dich selbst verändern. Du kannst deine eigene Familie verändern.

Nach dem Gottesdienst ging ich nach Hause und schnappte mir meine drei Kinder und Laura. Ich setzte mich und wir hielten eine Familienkonferenz. Ich fragte sie: »Habt ihr in der Schule schon mal etwas über ›Schwarze Leben zählen‹ gehört?« Bis auf Roman sagten alle ja. Er sagte: »Papa, ich mag lieber ›Black Panther‹. Möchtest du mit mir draußen spielen?« Wir haben Roman aus der Konferenz entlassen.

Charlie sagte: »Papa, ich habe sogar ein T-Shirt mit der Aufschrift ›Schwarze Leben zählen‹ gemacht und es immer getragen, bis jemand zu mir sagte, ich sei auch rassistisch, wenn ich das tue.«

Ich sagte: »Mädel, trag dein T-Shirt. Obwohl du erst zehn bist, bist du eine Leiterin. Du sagst den Menschen, wenn sie dich fragen, dass nichts mehr dazu gesagt werden muss – dass du einfach nur die Aussage triffst, dass schwarze Leben zählen.«

Sie sagte: »Cool, Papa. Denn genau das tun sie.«

Ava pflichtete ihr bei und wir beteten zusammen. Als wir fertig waren, hatte Charlie Tränen in den Augen und sagte: »Dad, geht es PJ gut?« PJ ist einer meiner besten Freunde auf der Welt. Er ist schwarz und ist für meine Kinder so etwas wie ein Onkel geworden, weil er sechs Jahre lang sehr viel Zeit bei mir zu Hause verbracht hat.

Ich sagte: »Ja, mein Schatz, warum?«

Sie sagte: »Ich sehe die ganze Zeit Männer mit seiner Hautfarbe in den Nachrichten und es werden schlimme Dinge mit ihnen gemacht.«

Ich versicherte ihr, dass es PJ gut gehe und dass das genau der Grund sei, warum wir uns so sehr anstrengen, um in dem, was wir glauben, stark zu bleiben. Mein Ziel als ihr Vater beinhaltet, ihr beizubringen, richtig zu denken. Nicht zuzulassen, dass die

Angst ihre Gefühle diktiert. Und es ist nicht nur für Charlie eine gute Lektion. Es ist für uns alle eine gute Erinnerung.

Warum haben wir so viel Angst vor dem Dialog? Warum haben wir solche Angst, sind so abwehrend, wenn wir mit Ansichten konfrontiert werden, die wir nicht teilen? Ich werde bis zum Tag meines Todes wiederholen, dass Empathie, dass Liebe nicht immer bedeuten muss, dass ich den Standpunkt eines anderen vertrete. Ganz und gar nicht. Die Bewegung »Schwarze Leben zählen« ist ein großartiger Mikrokosmos unserer Kultur. Es gibt Dinge, die man gut finden, Dinge, vor denen man warnen, Dinge, mit denen man übereinstimmen kann. Es kann genauso gut Dinge geben, die man besser nicht übernimmt. Dinge, hinter die man sich nicht stellt. Aber wer hat gesagt, dass man immer mit jeder einzelnen Sache übereinstimmen muss? Ich bin mir ziemlich sicher, dass ich häufig nicht einmal mit mir selbst einer Meinung bin.

Wichtig ist, dass wir Wege suchen, um übereinzustimmen. Wege suchen, um zu lieben. Das ist eine viel faszinierendere und erfüllendere Weise zu leben. Ich will weiterhin da, wo ich kann, Verantwortung für Dinge wie Rassismus, Fanatismus, Spannungen in der Kultur übernehmen.

Ich sage dir nicht, dass du falsch liegst und dass du die Dinge nicht richtig siehst. Ich bitte dich, dass du dir einen Moment Zeit nimmst und dich selber fragst: »*Könnte* ich falsch liegen? Habe ich mir das auch schon aus einem Blickwinkel angesehen, den ich normalerweise nicht habe?« Genau da beginnt eine Veränderung des Denkens. Genau da beginnt die Veränderung. So viele Menschen konzentrieren sich darauf, ihr Verhalten zu ändern. Das kann zweifellos hilfreich sein. Aber nicht sehr viele Menschen konzentrieren sich darauf, ihr Denken zu verändern. Und ihr Denken ist die Ursache für ihr Verhalten. Darum ist es für uns alle vernünftig, wenn wir diese Probleme, die noch nicht so bald verschwinden werden, eingehend betrachten und über sie nachdenken.

Genau da lebt oder stirbt die Veränderung. Direkt zwischen deinen Augen. Das Ding, das wir Verstand nennen, ist entweder eine Waffe der Massenauferbauung und der Hoffnung oder der Massenvernichtung und des Verlustes. Ich weiß, wofür mein Verstand stehen soll.

Vor ein paar Tagen verabschiedete ich abends ein paar meiner Freunde, die bei mir zu Hause Basketball geschaut hatten. Ich brachte sie zur Tür und sagte zu beiden tschüss. Zu meinem Freund JT, einem Weißen, sagte ich: »Bis bald. Du schuldest mir noch Geld. Ich mag dich.« Zu PJ sagte ich: »Bis bald. Du schuldest mir auch noch Geld. Ich mag dich. Schreib mir, wenn du sicher zu Hause angekommen bist, okay?«

Ich machte die Tür zu und dachte über das nach, was ich gerade gesagt hatte – das war so natürlich und normal für mich wie immer – und warum ich das sagen musste. Wir haben noch einen langen Weg vor uns, auf jeden Fall. Und ich behalte mir das Recht vor, unbedingt daran zu glauben, dass wir das Ziel erreichen werden. Gemeinsam. Immer ein Schritt nach dem anderen. Wir müssen uns dessen bewusst bleiben, dass Systeme, egal wie etabliert sie scheinen, zerbrechlich sind. Sie sind veränderbar. Es ist mir egal, wie lange ein System schon in Betrieb ist – ob es ein Gedankensystem oder ein rassistisches System oder ein fanatisches System ist. Es kann verändert werden.

Eigentlich sollten unsere letzten beiden Präsidentschaftswahlen uns diese Tatsache mehr als alles andere gelehrt haben. Das politische System ist zweimal in Folge gescheitert. Wir haben einen schwarzen Präsidenten gewählt in einem System, das diese Realität praktisch unmöglich gemacht hatte. Ein Schwarzer aus Chicago, der durch zahllose Decken und Hürden des Systems bricht und gewinnt? Unmöglich. Aber Barack Obama hat das System durchbrochen. Im vergangenen Jahr wählte unser Land Donald Trump. In einem System, in dem es gewollt war, dass niemals jemand, der zu dem »1 Prozent« der Gesellschaft gehört, über die restlichen 99 Prozent Präsident sein darf, gewann er die Wahl. Unmöglich, dass ein Mann mit null politischer Erfahrung das Amt des Präsidenten gewinnt? Doch auch er hat das System durchbrochen.

Das lässt für dich und mich keine Entschuldigung mehr übrig, nicht zu glauben, dass wir Veränderung in jedem Bereich erzwingen können. Dass auch wir mit einem Bewusstsein leben können, das uns dazu treibt zu merken, dass es für Veränderung nie zu spät ist – uns selbst zu ändern, unser Umfeld zu verändern und, wer weiß? Vielleicht sogar die Welt, in der wir Tag für Tag leben.

Wenn mir also Menschen sagen: »Carl, es ist unmöglich, den Rassismus auszulöschen«, vergib mir, dass ich anderer Meinung bin. Ich bin mir zu sehr der Dinge bewusst, die ich um mich herum wahrnehme.

Lebe den Moment

Rassismus und Vorurteile betreffen uns alle. Entweder sind wir Täter oder Opfer davon, manchmal sogar beides. Um dafür zu sorgen, dass wir ein Teil der Antwort sind, und nicht des Problems, ist der erste Schritt, einfach anzuerkennen, dass wir letzteres als Möglichkeit in Betracht ziehen müssen. Ein Großteil des Rassismus und des Fanatismus ist in unserer Kultur und unserem Erbe so tief verwurzelt, dass wir unbewusst Denkweisen entwickelt haben, die wir vielleicht gar nicht wollten. Es ist kein Angriff auf deinen Charakter oder deine Würde, wenn du zugibst, dass du vielleicht Probleme hast, die du in deiner eigenen Denkweise überprüfen musst. Es spricht in der Tat nicht für deinen Charakter, wenn du das Thema meidest und vorgibst, davon nicht betroffen zu sein. Niemand sollte erst »eine Meile in den Schuhen eines anderen laufen« müssen, um Empathie zu empfinden, denn wir alle haben unsere eigenen Schuhe. Unsere eigenen Geschichten, von denen wir uns wünschen, dass andere sie erst berücksichtigen würden, bevor sie ihr Urteil fällen. Mögen wir alle anstreben, bessere, nettere Menschen zu sein. Wenn wir das können, kann die Welt, in der wir leben, ganz anders aussehen.

KAPITEL 25

KULTUR, IN DREI AKTEN

»KULTUR.«

Dieses Wort wird so häufig und auf so viele Arten und Weisen verwendet, dass man nicht selbstverständlich davon ausgehen kann, dass jeder damit auch das Gleiche meint. Ich halte folgende Definition von Kultur für die zutreffendste: »eine bestimmte Form oder Stufe der Zivilisation, zum Beispiel einer bestimmten Nation oder Epoche.« Kultur hat ihre eigene Sprache, Kultur hat eine Stimme, Kultur hat ein Gemeinwesen. Und zweifellos fordert Kultur auch ihre Opfer.

Dieses Thema ist mir so wichtig, dass ich kurz aus dem normalen Verlauf dieses Buches aussteigen und dieses Kapitel in drei Akte einteilen will. Wie in einer Broadway-Aufführung, die aus drei Teilen besteht. Denn jeder Teil ist in Bezug auf die anderen beiden gesehen wichtig, und Kultur ist einer Aufführung oder einer Show, die man sich anschauen kann, sehr ähnlich. Man bezahlt Eintritt dafür und wenn sie einem gut genug gefällt, fängt man an, darin zu leben. Die Welt um uns herum hat so viel mit dem zu tun, was sich in unserem Inneren abspielt, dass es eine Einbahnstraße in die Nebensächlichkeit und Desensibilisierung gegenüber dem grundlegenden menschlichen Zustand ist, wenn wir nicht aktiv lernen, uns vorzubereiten, zu schützen oder das meiste herauszuholen.

Erster Akt: Molly Percocet[1]

Kultur beeinflusst dich, ob dir das bewusst ist oder nicht. Sie hat Auswirkungen auf dich. Und möglicherweise hast du das noch nicht einmal bewusst wahrgenommen, weil sie so zurückhaltend ist. Sie breitet sich nahezu passiv aus. Es ist wie mit der Atemluft. Wir nehmen sie gar nicht bewusst wahr. Sie ist überall. Wir atmen sie ein. Wir brauchen sie. Wer macht sich schon Gedanken über die Luft, die er einatmet? Erst wenn wir feststellen, dass die Luft, die wir einatmen, uns umbringt, erst dann wird sie für uns wichtig. Plötzlich müssen wir dafür Verantwortung übernehmen.

»Papa, ich versteh das nicht. Ich mag *Future.* Er ist ein cooler Rapper und zu seinen Songs kann man megagut tanzen.«

Ava erklärte mir, warum sie so gerne mit ihren Freunden zu der Musik eines Rappers tanzte, der ein Stück zeitgenössische Kultur erschaffen hat. *Future* ist zweifellos einzigartig. Er kleidet sich anders. Er sagt, was er fühlt, und die meisten finden seine Musik gut. Es ist diese Art von methodischem Beat, der einen fast in Trance versetzt und dazu bringt, unmerklich mit dem Kopf zu wippen und sogar ein oder zwei Zeilen mitzusingen, ohne sich des Textes bewusst zu sein.

Als ich also hörte, dass Ava einige Zeilen aus *Futures* Superhit »Mask Off« sang – *Percocets, Molly, Percocets … Chase a check, never chase a bitch* –, geriet mein »väterlicher Radar« komplett außer Kontrolle.

Alle Kulturen haben ihre Subkulturen, die die größere kulturelle Hauptrichtung beeinflussen, manche mehr und manche

1 Zeile aus einem Song des Rappers *Future. Molly* steht für Ecstasy und *Percocet* ist eine Fixkombination des Schmerzmittels Paracetamol und des Opioids Oxycodon, das in den USA in Tablettenform erhältlich ist.

weniger als andere. Wie ist das mit der Hip-Hop-Kultur? Meiner Meinung nach bleibt sie einer der Berührungspunkte, um den Zustand unserer Einheit zu verstehen. Hip-Hop ist kein Temperaturmesser. Hip-Hop ist ein Temperaturregler. Und ist es immer gewesen. Wenn du einer von den Leuten bist, die immer noch versuchen, das zu ignorieren, wünsche ich dir viel Glück dabei. Mach das bitte auf eigene Gefahr. Was geschah, als die Hip-Hop-Kultur anfing, den Menschen in den urbanen Gemeinschaften eine Stimme zu verleihen, die empfanden, dass sie gar keine haben? Die Dinge veränderten sich.

Neben all dem Guten, was daraus entstanden ist, gibt es auch hier eine Kehrseite der Medaille, die genauso ernst zu nehmen ist. Dazu zählt vor allem, dass der Hip-Hop Frauenfeindlichkeit »salonfähig« machte. Die Hip-Hop-Ikone *Tupac Shakur* erklärte mit seinen Superhits »Dear Mama« und »Keep Ya Head Up« ganz klar, dass er die Frauen und Mütter in seiner Gemeinschaft als Heldinnen verehrte. Auf der anderen Seite produzierte er aber auch andere Superhits wie »I Get Around«, in denen er buchstäblich das Gegenteil davon machte: Einerseits lieben wir euch. Aber eigentlich hassen wir euch und wollen euch bei jeder sich ergebenden Gelegenheit herabwürdigen.

Diese Heuchelei ist nicht nur für die Hip-Hop-Kultur einzigartig, will ich dir sagen. Die christliche Gemeindekultur hat im schlimmsten Falle sogar noch mehr Schaden angerichtet und darauf werde ich später noch kommen. Wenn du nicht weißt, was für dich in deinem Leben zählt, dann ist folgendes wichtig: Kultur ist in ihrem Kern verwirrt, weil sie eine Sammlung von Stimmen, Meinungen, Teilmengen und Systemen ist, die von einer fehlerhaften Menschheit geschaffen und beworben wurde – sie wird dir gerne sagen, wofür du stehen sollst. Und wer du sein sollst. Und was du tun sollst.

Und das ist das Problem.

Ich habe kein Problem damit, wenn Kultur mir sagt, wie ich meine Socken tragen soll. Hoch oder tief oder gar keine. Ich habe aber ein großes Problem damit, wenn Kultur mir sagen will, wie ich meine Seele steuern soll.

Also zurück zu Ava und *Future*. Ich sagte Ava, was ich ihr bei vielen Sachen zu sagen versuche, die auf den ersten Blick unwichtig erscheinen, aber für sehr viel mehr stehen.

»Du musst das für dich selbst erkennen, also lass mich dir sagen, warum ich mir heute Abend Sorgen mache.«

Auch Erziehung hat ihre eigene Kultur. Laura und ich lehnen es ab, Dinge verteufeln zu müssen, um unsere Kinder davor zu schützen. Das solltest du auch tun. Wenn du jedes Mal ausflippst und wegläufst und dein Kind in Sicherheit bringst, wenn so etwas auf dich zukommt, dann kannst du mir glauben, dass dein Kind dann, wenn es die Möglichkeit dazu hat, genau das ausprobiert, was Mama und Papa so sehr ärgert. Wir lehnen auch den Ansatz ab, der sagt: »Lerne es selber, Kind. Sag du mir, was du tun willst.« Herr, hilf uns. Meine Kinder leben nicht in einer Demokratie. Sie leben in meinem Königreich. Sie tun das, was ich ihnen sage, solange sie ihre Füße unter meinen Tisch strecken. Aber trotzdem will ich, dass sie verstehen, warum ich mein Königreich/unsere Familie so regiere, wie ich es tue.

Also analysierte ich es für sie. Ich sagte: »Weißt du, was ›Molly‹ ist? Weißt du, was ›Percocet‹ ist? Weißt du, was er mit ›chase a check‹ meint?

Ava wusste es ehrlich nicht. Also sagte ich es ihr. Was diese Drogen machen. Warum Menschen sie nehmen. Was es bedeutet, wenn Männer Frauen so bezeichnen, wie *Future* das tut. (Der übrigens tun und lassen kann, was er will. Das ist kein Angriff auf ihn. Es geht mir hier nur darum, dass ein Vater seiner

Tochter dessen Sprache erklärt.) Ich sagte ihr, dass ein Denken, das Frauen erniedrigt, Frauen unterdrückt. Das wird nicht immer offenkundig sein. Manchmal ist es clever verpackt. Und cool. Und wird sogar verteidigt. Ich sagte ihr, wie die aktuelle Situation ist. Frauen können dieselbe Arbeit machen wie Männer, aber sie erhalten nicht die gleiche Bezahlung dafür. Manchmal leisten sie sogar *bessere* Arbeit. Ich fragte sie, ob sie das als richtig empfindet.

Sie sagte: »Natürlich nicht! Wie kann das passieren?!«

Du siehst, eine Frage zur Kultur wirft weitere Fragen auf. Ich sagte Ava: »Ich werde dir nicht sagen, dass du *Future* nicht hören darfst. Aber ich werde dir etwas über Kultur beibringen. Weil hier in diesem Haus und in deinem Leben nicht die Kultur das Sagen hat. Du sollst wissen, zu welcher Musik du tanzt. Du sollst wissen, womit du deine Seele fütterst. Wenn du das ehrlich tust, kann ich mit deinen Entscheidungen leben.«

An jenem Abend unterhielten wir uns noch lange, und darüber muss man auch mit Erwachsenen noch viel mehr reden. Denn Kultur bringt uns um. Und sie führt uns nirgendwo hin. So gerne ich Ava in ein knöchellanges Kleid stecken, ihr eine alte Schulhaube aufsetzen, dafür sorgen würde, dass ihre langen Beine nie das Tageslicht sehen, und in eine kleine Hütte im ländlichen Idaho ziehen würde, um sie in Sicherheit zu bringen, ist das trotzdem nicht ihre Berufung. Sie ist in dieser Welt, um eine Leiterin zu sein. Darum müssen wir jetzt anfangen zu planen, zwar »in ihr, aber nicht von ihr zu sein«.

Meiner Meinung nach werden die Dinge umso klarer, je mehr wir über sie sprechen. Das gilt auch für komplizierte Kulturmomente. Wie wir darüber denken und sprechen, ist sehr wichtig. Ich halte mich an eine Stelle in meiner Bibel aus dem Römerbrief, die an Menschen geschrieben wurde, die mit genau dieser Art von Kulturkrise und der sich daraus ergebenden Spannung zu tun hatten:

> *Und passt euch nicht diesem Weltlauf an, sondern lasst euch [in eurem Wesen] verwandeln durch die Erneuerung eures Sinnes … (Römer 12,2)*

Du fragst dich vielleicht, wie wir das tun können? Dann folge mir zum nächsten Akt.

Zweiter Akt: Niemand ist an deiner Wahrheit interessiert

Der Vers geht weiter: »… damit ihr prüfen könnt, was der … Wille Gottes ist.« In dieser Bibelstelle steckt so viel, und ihre Anwendungsweisen und Auswirkungen sind explosiv. Wir können daraus schlussfolgern, dass es tatsächlich einen Plan gibt. Nicht einen Trend, sondern einen wirklichen Weg, auf dem wir bleiben können. Dieser wird von Haus aus zum Erzfeind Nummer eins der Popkultur. Wie der englische Begriff »pop« schon sagt, flitzt die Popkultur hin und her, je nachdem, was gerade angesagt ist und was nicht. Das ist nicht immer schlecht. Aber wenn es Angelegenheiten betrifft, die uns alle etwas angehen, ist das ein wichtiger Faktor, den wir in den Navigationseinstellungen unseres Lebens berücksichtigen sollten. Stell dir vor, du gibst deinen Zielort in dein Smartphone ein, obwohl du den Weg dorthin genau kennst, nur um Siri alle fünf Minuten sagen zu hören: »Deine Route wird neu berechnet«. Das ist Kultur.

Was derzeit gerade »super angesagt« ist, ist ein Trend, der bestenfalls als »Gegenreaktion auf das Schubladendenken« zu bezeichnen ist. Das heißt, dass die Stempel, die wir anderen aufdrücken oder die Schubladen, in die wir andere stecken – von ethnischer Zugehörigkeit über Religion hin zu Sexualität und politischer Gesinnung – buchstäblich gesprengt werden. Wenn das mit ein bisschen inhaltlichem Zusammenhang und rationalem Denken behandelt werden würde, müsste es nichts Schlechtes sein. Vielleicht ist es sogar manchmal notwendig. Ich kann nicht zählen, wie oft Menschen schon zu mir gesagt haben: »Du siehst aber gar nicht wie ein Pastor aus.«

Kultur mag den gesunden Menschenverstand überhaupt nicht. Darum schwenken wir zwischen Extremen hin und her, versehen jeden beliebigen Moment oder jede beliebige Sache, die wir toll finden, mit einem coolen Spruch und vielleicht sogar mit einem #Hashtag und machen es damit zu »einer Sache«. Wie oft hast du schon so etwas gehört wie: »Drücke mir ja keinen Stempel auf.« Oder: »Begrenze mich nicht. Ich will außerhalb von Grenzen leben. Grenzen sind trennend.« Mensch, wir könnten ganz leicht einen Sprechchor daraus machen und dazu marschieren. Ich kann es vor mir sehen: »Keine Schubladen, keine Grenzen! Ich will das bekommen, was mir gehört!« Ein T-Shirt mit diesem Aufdruck würde ich mir wahrscheinlich kaufen.

Leider ist das völlig bescheuert. Lass uns diesen Gedanken einen Moment lang weiterverfolgen – du, der du vielleicht »keine Stempel und Etiketten« magst. Du magst keine Etiketten? Okay, in Ordnung. Ich werde zwei Flaschen füllen, eine mit Rattengift und die andere mit Wasser und dann beide vor dich hinstellen, unscheinbare Flaschen ohne Etiketten. Wie sieht es jetzt aus? Sind dir Etiketten jetzt wichtig? Wetten, dass? Etiketten sind nicht unser Feind. Die Absicht *hinter* den Etiketten könnte ein Problem sein – vielleicht brauchen die Etikettenmacher eine Veränderung – aber wir können nicht einfach auf Etiketten verzichten.

Wenn du die Kultur als Kompass nutzt, wird sie dich in jeglicher Hinsicht irreführen. Kultur will benutzt werden. Sie darf nichts sein, was dauerhaft *dich* benutzt. Kannst du dir ein Gesicht ohne klare Konturen vorstellen? Ohne unverkennbare Formen? Es wäre unmöglich, es von irgendeinem anderen Gesicht zu unterscheiden. In dem Versuch, mehr Einzigartigkeit zu schaffen, zerstört man den eigentlichen Kern der Einzigartigkeit an sich.

Ich will ein Teil von Kultur*veränderung* sein. Nicht noch so jemand, der sein Fähnchen in den Wind der Kultur hängt. Um das wirklich tun zu können, muss man einfach wissen, wer man ist. Damit andere Menschen, andere Kulturen aufhören können, dir das zu sagen. Das führt mich zu dem, was mich an der heutigen Popkultur wohl am meisten ärgert, und ich kann das in einem Satz zusammenfassen, den du bestimmt schon gehört hast:

»Ich will meine eigene Wahrheit leben.«

Lass mich das kurz in den richtigen Zusammenhang bringen. Nicht jeder, der das sagt, meint damit dasselbe. Manchmal haben Menschen damit sagen wollen, dass man das tun soll, was man gerne möchte. Sei du selbst. Sei anders, wenn notwendig. Bis zu einem gewissen Grad, ja. Damit kann ich leben. Aber das Ganze kann sich zu einem Ungeheuer entpuppen. Und dieses Ungeheuer ist unersättlich und frisst einfach alles auf, was ihm in den Weg kommt. Frei übersetzt bedeutet *Ich will meine eigene Wahrheit leben*: »Ich werde tun, was auch immer ich tun möchte, ganz egal, welche Auswirkungen das auf andere hat.« Und unter diesem Deckmantel »ich lebe meine eigene Wahrheit« machen die Menschen das, was sie schon immer getan haben: andere Menschen verletzen. Es mag vielleicht nicht so wirken und nicht einmal damit anfangen. Aber das zählt nicht. Es zählt, was am Ende dabei herauskommt.

Oberflächlich mag das sehr nett klingen. Sehr ganzheitlich. »Lebe du deine Wahrheit, Kumpel. Mach das. Und ich lebe meine. Lass uns jedem widersprechen, der eine andere Meinung vertritt.«

Erstens, ist das ein Argument, mit dem du dich selber schlägst. Was ist, wenn meine Wahrheit tatsächlich gegen deine Wahrheit verstößt? Woher wissen wir dann, wer von uns beiden falschliegt? Zweitens, ist mir deine Wahrheit so etwas von egal, wenn sie mir schadet. Wenn wir also vorgeben, dass das Mantra »lebe deine Wahrheit« hilfreich ist, ist genau das Gegenteil der Fall.

Wenn du das liest und es dir dabei unwohl ist, dann höre dir mal ganz kurz *meine* Wahrheit an. Wenn es das Rückgrat unserer Kultur sein soll, unsere eigene Wahrheit zu leben – und glaub mir, die Leute wollen das – müssen wir das zu Ende denken. Ich muss deine Wahrheit respektieren? Wenn du sie aussprichst, ganz egal, wie sie lautet, muss ich sie widerspruchslos akzeptieren oder andernfalls riskieren, als »Unterdrücker« bezeichnet zu werden? Du kannst also morgen aufwachen und mir sagen, dass du schwarz oder weiß, groß oder klein, männlich oder weiblich bist – du kannst buchstäblich deine eigene Identität erfinden und ich muss dann damit leben?

Da wir ja nun keine Grenzen haben, kann ich dich nicht fragen, wo wir die Grenze ziehen sollen. Aber wenn wir es täten – was ist, wenn du beschließt, dass deine Wahrheit ist, dass du in mein Haus spazierst, meinen Fernseher und meine Schuhe mitnimmst und sie zu deinem Eigentum erklärst? Muss ich dann damit leben? Rate mal, was dir deine Wahrheit einhandelt? Eine Menge Ärger.

Das ist wesentlich, wenn es darum geht, welche kulturellen Prinzipien wir akzeptieren. Wir können sie nicht isoliert anwenden. Wir wollen also »unsere eigene Wahrheit«, wenn es uns passt. Das wird dann zu einem Problem, wenn diese Wahrheit gar keine Wahrheit ist, du mich aber zwingst, sie zu glauben. Oder zumindest damit klarzukommen. Ich bin nicht auf dem Dampfer »Meine Wahrheit« unterwegs, und du hoffentlich auch nicht.

Wohin führt uns das also? Zu einem überwältigenden Gedanken, der dein Leben rundherum mit Grenzen umgeben wird:

DAS. LEBEN. DREHT. SICH. NICHT. UM. DICH.

Stell dir mal vor, in welcher Art von Kultur wir leben würden, wenn das tatsächlich »unsere Wahrheit« wäre. Aber wir unterstützen lieber Dinge wie den »Weg zur Selbstfindung« und »finde deine eigene Wahrheit«. Ich habe darüber nur Schlechtes zu berichten. Der Weg zur Selbstfindung ist Zeitverschwendung. Lass mich dir ein paar Kilometer dieses Weges ersparen. Er wird dich an deinen Ausgangspunkt führen. Zurück zu dir selbst – einem fehlerhaften, kaputten menschlichen Wesen, das angeborene Unzulänglichkeiten hat.

Meine Meinung zählt, klar. Was ich mag und was ich will und wie ich die Dinge sehe, ja, das hat einen bestimmten Wert. Aber wenn es ans Eingemachte geht? Ich bin nicht Gott. Und die hässliche Wahrheit über die kulturelle Dynamik der »eigenen Wahrheit« ist die, dass wir Menschen genau das sein wollen. Wir wollen Gott spielen. Wir wollen selbst über unser Leben bestimmen. Wir wollen selber den Ton angeben. Wenn du ein Verfechter dieser Denkweise bist, will ich dich folgendes fragen: Wie geht es dir damit? Oder was noch viel wichtiger ist: Wie geht es deinen Mitmenschen damit?

Laura und ich haben uns mal mit einer Frau zusammengesetzt, die ich lange Zeit für eine gute Freundin gehalten hatte. Unsere Familien hatten gemeinsame Unternehmungen gemacht, sie liebte ihre Kinder, liebte das Leben und war (und ist) ein sehr unterhaltsamer Mensch. Wir waren uns in vielen Dingen einig. Bis auf diesen Tag.

Sie sagte mir sehr sachlich: »Ich werde meinen Mann verlassen und mich von ihm scheiden lassen.« Es war uns bewusst gewesen, dass die beiden so lange wir sie kannten, Eheprobleme hatten, die mal stärker und mal schwächer waren. Aber sie hatten sich immer Hilfe gesucht. Sie hatten immer versucht, das Beste daraus zu machen. Uns war nicht aufgefallen, dass sie einen Kurswechsel vorgenommen hatte. Ich fragte sie nach den Gründen – und auch, warum sie mir so bestimmt mitteilte, dass sie mir keinen Raum für das geben wollte, was ich vielleicht dazu zu sagen hatte.

Sie sagte: »Ich will es einfach nicht mehr versuchen. Die Ehe ist nichts für mich. Für die Kinder wird das sicher hart. Für meinen Mann auch. Er ist ganz bestimmt ein guter Mann. Aber meiner Meinung nach passt die Ehe nicht zu mir. Es ist an der Zeit für mich, dass ich meine eigene Wahrheit lebe.«

Also nur fürs Protokoll, sie gab zu, dass diese Entscheidung ihre Kinder drastisch verletzen würde. Dass sie ihren Ehemann zerstören würde. Dass sie ihr Versprechen brechen würde. Aber in ihren Worten war »ihre eigene Wahrheit« die höchste Priorität. Wir konnten ihr nichts anbieten, was sie umstimmen konnte. Ihre eigene Wahrheit hatte Auswirkungen auf ihre Familie. Ich verurteile sie nicht. Das ist nur ein Tatsachenbericht. Zugleich ist es eine Echtzeit-Illustration dessen, wo unsere Kultur »der eigenen Wahrheit« uns alle hinführt.

Ich glaube von ganzem Herzen, dass es eine bessere Alternative gibt. Es gibt eine Möglichkeit, unser Leben so zu tief zu gründen und der Kultur zu trotzen, sie zu besiegen und sich vor ihr zu schützen, dass diese Art des Denkens – wenn sie auch in manchen Teilen unschuldig, aber dennoch in den meisten Teilen tödlich ist – nicht genau das zerstört, was wir versuchen aufzubauen.

Es beginnt mit folgender Aussage: Es gibt eine höhere Wahrheit.

Das ist Diskussionsstoff. Das wird man auseinanderpflücken – nicht nur in diesem Buch, sondern überall. So war es schon immer. Aber wenn du anfängst, eine höhere Wahrheit zu suchen, wirst du merken, wie klein »deine eigene Wahrheit« eigentlich ist.

»Meine eigene Wahrheit« über Menschen ist die, dass ich sie nicht besonders mag und ganz zufrieden wäre, wenn einige von ihnen den Abgrund hinunterstürzen würden, auf den sie sich gerade zubewegen. Aber jeden Tag entscheide ich mich, dass meine Wahrheit stirbt, weil sie bei mir anfängt und bei mir aufhört. Ich will für mehr leben als nur das, was ich will. Ja, das ist schwer. Ja, das bedeutet, dass man Grenzen ziehen muss. Aber ich weigere mich, die Vorstellung anzunehmen, dass mein Weg der richtige ist.

Wenn du dir dieses Buch ausgesucht hast, weißt du vielleicht, worauf ich hinauswill, wenn ich eine »höhere Wahrheit« finden will. Und du hast recht. Ich glaube tatsächlich an Gott. Ich glaube tatsächlich an die Bibel und lese darin. Ich glaube tatsächlich, dass Jesus Christus wirklich gelebt hat und wirklich gestorben ist und wirklich auferstanden ist, damit Menschen wie ich nicht unter den zerstörerischen Mustern dieser zerbrochenen Welt versklavt bleiben müssen. Aber ich entscheide mich aus genau demselben Grund zu glauben, was ich glaube, aus dem andere sich entscheiden, nicht zu glauben.

Jemand hat mal zu mir gesagt: »Alle Wege führen in den Himmel, Carl. Nur weil dieser Weg für dich gut ist, heißt das nicht, dass er das auch für alle anderen ist. Alle Wege, nicht nur einer. Wie engstirnig, so zu denken. Eigentlich sogar verletzend.«

Ich sagte dieser Person dasselbe, was ich dir jetzt sage: Wenn wir darin übereinstimmen, dass eine Sammlung unserer persönlichen Wahrheiten der Standard für Moral, Gnade, Gerechtigkeit und Liebe ist, ist das eine ziemlich schlechte Idee; wir müssen darin übereinstimmen, dass das auch bedeutet, dass es da draußen vielleicht eine höhere Wahrheit gibt, die wir finden müssen. Was bedeutet, dass es Richtig und Falsch gibt. Wenn Jesus also sagte: »Ich bin der Weg, die Wahrheit und das Leben. Niemand kommt zum Vater außer durch mich«, ist das, was vielleicht eine unverrückbare Trennlinie zu sein scheint, in Wirklichkeit eine Linie der Wahrheit, die so klar, so einleuchtend ist, dass wir uns *entscheiden* müssen, davon wegzulaufen.

Die Menschen sagen: »Liebe hat keine Grenzen.« Das ist totaler Unsinn. Denn um zu wissen, was Liebe ist, müssen wir genauso festlegen, was Liebe nicht ist. Genau das hat Jesus getan. Wir können es annehmen oder lassen, und ich habe mich dazu entschieden, es zu glauben. Um Jesus zu folgen, bedeutet der erste Schritt, dass ich buchstäblich »meine eigene Wahrheit« aus meinem Leben auslösche. Ich muss meine Wünsche sterben lassen. Mein Wille und mein Glück sind nicht meine Antriebskraft. Wenn ich »meiner eigenen Wahrheit« sterbe, verspricht Gott mir, dass ich, Tag für Tag mein Leben und meine Identität mehr in seine Wahrheit und seinen Willen umgestalten werde. Weißt du, was dann geschieht? Meine Wahrheit fängt an sich mit dem zu decken, was Jesus gesagt hat. Wie er gelebt hat. Und wenn ich mal wieder durcheinander bin? Dann richte ich meine Wahrheit an dem aus, was Gott gesagt hat. Und wenn das nicht zusammenpasst, dann rate mal, was weichen muss!

Hier ist die gute Nachricht für alle von euch, die mir sofort Grenzen setzen wollen, auch wenn ihr vorgebt, Grenzen zu hassen: Meine Wahrheit ist gut. Sie benachteiligt dich nicht. Echtes Christsein ist sehr wahrscheinlich nicht so, wie es im Fernsehen dargestellt wird. (Und wieder, hallo Kultur!) Echtes Christsein bedeutet, dass du zugibst, ein Sünder zu sein. Dass du dein Leben der Ehre Gottes widmest. Dass du deinen Glauben niemandem aufzwingst, sondern ihn so gut lebst, dass andere das haben *wollen*, was du hast. Dass du Menschen so sehr liebst, dass du sogar bereit bist, dich aus Liebe von ihnen zu distanzieren, anstatt den Mund nicht aufzumachen und stillschweigend ihrem Untergang zuzusehen. Es bedeutet, den Bedürftigen zu helfen, den Promis und den Vergessenen gleichermaßen, und es bedeutet, bereit zu sein, für das zu sterben, was Jesus als Wahrheit bezeichnet hat. Für Gerechtigkeit zu kämpfen. Die Vergebung Gottes freimütig anzunehmen und sich jeden Tag mehr zu verändern. »Meine eigene Wahrheit« ist es letzten Endes, anderen für den Rest meines Lebens mit meinem Leben zu dienen. Und was ist, wenn ich damit danebenliege? Dann liege ich wohl daneben.

Doch ich glaube nicht, dass ich danebenliege, denn ich bin nicht bei dieser Wahrheit gelandet, damit ich »ein gutes Leben auf der Erde leben« kann. Überhaupt nicht. Ich folge Jesus, weil es eine Ewigkeit gibt, über die man auch nachdenken muss – was geschieht, wenn dieses gute oder schlechte Leben vorbei ist. Die Kultur wird dich darauf nicht hinweisen. Niemals. Die Kultur wird dir nicht das Leben retten und auch nicht deine Seele verändern. Kultur ist eigentlich überhaupt kein Gott, obwohl wir sie dazu machen.

Meine Hoffnung ist nicht unbedingt, dass du das glaubst, was ich glaube. Meine Hoffnung ist, dass du auf das schaust, was dich antreibt. Was dich formt. Was dich begeistert und was dich leitet. Veränderst du die Kultur? Oder verändert die Kultur dich? Beeinflusst du andere? Oder bist du »unter dem Einfluss« von anderen?

Schau es dir an.

Lebe es.

Es ist nicht zu spät, eine Grenze zu ziehen. Es ist nicht zu spät festzulegen, wie Erfolg aussieht und wie nicht. Es ist nicht zu spät, anderen den Stempel der Gnade aufzudrücken und nicht den des Hasses.

Aber was auch immer du tust, »schwimm nicht einfach mit dem Strom«. Such dir eine Richtung und folge ihr kompromisslos. Sorge dafür, dass du bereit bist, dein Leben darauf zu setzen. Denn was ist »die Wahrheit«? Du. Jeden Tag.

Dritter Akt: Brick hat einen getötet

Ich käme nicht damit klar, ein Buch zu schreiben, ohne darin *Anchorman – Die Legende von Ron Burgundy* zu erwähnen. Will Ferrell ist ein Genie, der Film ist ein Klassiker, und wenn du nicht so denkst, ist mir das egal, denn das ist meine eigene Wahrheit und daran halte ich mich.

Es gibt eine unvergessliche Szene, in der die Teams der miteinander rivalisierenden Sender in einen verbalen Schlagabtausch nach guter alter Sitte geraten, der in mittelalterlich anmutende Gewalt umschlägt. Die Szene ist saukomisch und mein Lieblingsteil darin ist der, wenn sie hinterher über den Kampf sprechen und Ron Burgundy sagt: »Brick hat einen Typen getötet. Du solltest dich für eine Weile verstecken.« Sie wissen nicht, wen er getötet hat – Brick, gespielt von Steve Carrell, wusste es sicher nicht. Aber irgendjemand ist definitiv getötet worden.

Das erinnert mich daran, wie es aussieht, wenn wir der Kultur auf falsche Weise »den Kampf ansagen«, um richtig zu leben. Wir wissen eigentlich nicht genau, wogegen wir kämpfen. Vielleicht wissen wir noch nicht einmal, *warum* wir kämpfen. Aber wir kämpfen. Und überall liegen die Opfer verstreut.

In New York City ist das an der Tagesordnung. Zwei unterschiedliche Bewegungen begehren gegeneinander auf, aber keine gewinnt, weil sie beide letzten Endes genau dasselbe machen. Sie kämpfen … um des Kämpfens willen. Während des Wahlkampfs, der Donald Trump zum 45. Präsidenten der Vereinigten Staaten machte, war diese Realität sehr lebendig. Ich sah, wie Menschen Schilder hochhielten, auf denen stand: »Ich bin für *sie*. Ich hasse *ihn*.« Auf der gegenüberliegenden Seite standen Menschen mit Schildern, auf denen zu lesen war: »Wenn du Amerika liebst, dann liebst du Donald. Schlicht und einfach. Wenn nicht, dann hasst du es.« Hass auf beiden Seiten.

Weißt du, wer diesen Krieg verloren hat? Die Logik. Der Frieden. Das vernünftige Gespräch. Das geschieht in einer Welt oder Kultur, der es an Richtung fehlt. Man kämpft. Aber sehr wahrscheinlich gegen das Falsche.

Hereinspaziert in die christliche Gemeindekultur, die das als helles Leuchtfeuer deutlich veranschaulichen wird!

Damit kenne ich mich bestens aus, das kann ich dir sagen! Die christliche Gemeindekultur rühmt sich gerne, *nicht* Teil der Kultur zu sein. Sie wird zur eigenen merkwürdigen Subkultur. Wenn ich Gemeindekultur sage, weißt du, was ich damit meine. Wo wir Regeln aufstellen, von denen Gott keine Ahnung hat. Wo wir sagen, bestimmte Dinge seien dogmatisch, obwohl sie in Wirklichkeit nur Tradition und völlig optional sind – aber wenn du dich nicht daran hältst, ist Gott gegen dich. Solches Zeug.

Ich weiß noch, wie ich einmal für zwei fantastische junge Männer betete. Sie sagten demütig: »Pastor, kannst du für uns beten?«

Klar, sagte ich und als ich anfing, für sie zu beten, nahmen sie ihre Kappen ab.

Und ich sagte: »He, Moment mal, warum macht ihr das?«

Sie sagten: »Nun, wir sind in einer Gemeinde aufgewachsen, die sagte, es sei respektlos, mit einer Schirmmütze auf dem Kopf zu beten, und Gott gefalle das nicht.«

Ich sagte: »Lieber Freund, ich will nicht respektlos sein, was deinen Hintergrund betrifft, aber dir ist schon klar, dass wir zu Jesus beten? Du weißt schon, zu dem Mann, der nackt und erniedrigt an einem Kreuz starb, damit Jungs wie wir eines Tages erfahren würden, wie sich Gnade anfühlt? Setz deine Kappe auf. Ich bin überzeugt, dass Gott nicht eingeschüchtert ist von deiner New Era-Cap. An manchen Orten ist das Tradition. Cool. Aber hier nicht. Ich werde erst anfangen zu beten, wenn du deine Kappe wieder *auf*setzt.«

Stell dir eine Gemeindekultur vor, die Menschen rauswirft, weil sie eine Schirmmütze tragen! Anstatt dafür zu kämpfen, dass Menschen geholfen wird, die wirklich Hilfe wollen, lasst uns gegen Schirmmützen wettern!

Nein, danke. Ich will nicht gegen die Kultur kämpfen, weil ich vor ihr Angst habe, und im Gegenzug noch mehr Kultur schaffen, die das Problem noch verschlimmert. Ich will auf die richtige Weise kämpfen. Und was ist die beste Art, unsere Welt zu beeinflussen und ihr nicht zum Opfer zu fallen? Kenne deine Überzeugungen – deine »Ja, ich werde« und deine »Nein, ich werde nicht«. Auf diese Weise wirst du nicht von der viel einfacheren und faulen Art zu leben verführt werden, gegen einen Apparat zu wettern, der nicht die eigentliche Bedrohung ist.

Ich denke, unsere Gemeinde in New York City ist ein richtig gutes Beispiel für eine Gruppe von Menschen, die leidenschaftlich miteinander verbunden sind und sich für eine Reihe von gemeinsamen Überzeugungen einsetzen, was dazu geführt hat, dass wir jede Menge Bekehrungen sehen, trotz einiger Gemeindekulturangriffe, die im Rückblick gesehen unabsichtlich richtig lustig sind.

Vor ein paar Jahren waren Gerüchte über die »Illuminati« im Trend. Wer dazugehört und wer sie sind, wie viel von unserer Welt von ihnen kontrolliert wird. Und da unsere Gemeinde eine sehr große Plattform und eine einflussreiche Reichweite besitzt, sind wir eine große Zielscheibe für Angriffe. Das gehört dazu und wir haben schon alles gesehen und gehört. Unsere Gesellschaft ist im Allgemeinen durch Enttäuschung so negativ geprägt, dass wir etwas, was funktioniert, gar nicht mehr toll finden können. Wenn wir etwas sehen, das positive Auswirkungen hat, sagen wir gerne: »Das ist suspekt. Da läuft irgendwas Komisches. Auf keinen Fall kann Hillsong wirklich das Richtige sein. Da gehen viel zu viele Leute hin. Die haben viel zu viel Spaß dort. Irgendetwas stimmt da nicht, ganz sicher. Lass uns was darüber bloggen.« Gesagt, getan.

Irgendwann kam das Gerücht auf, dass unsere Gemeinde etwas mit den Illuminati zu tun hätte. Immer und immer wieder hörte ich das. Ich postete ein Foto von mir, wie ich beim Geburtstag meines Sohnes mit meiner Hand ein Peace-Zeichen machte und innerhalb weniger Minuten sah ich in meinen Kommentaren: »Seht mal! Hab ich's euch nicht gesagt. Illuminati. Das ist ein Handzeichen der Illuminati.« Nachdem das ein paar Wochen so weiterging, fing ich an, mich zu ärgern, weil ich einfach nie verstehen werde, warum die Leute so viel Zeit darauf verschwenden, andere niederzumachen. Wenn du uns nicht magst? Gut. Geh und mach es besser, mach es lauter und wir werden daneben verblassen. Aber eine eigene Kultur entwickeln? Das ist zu viel Arbeit. Wir kreuzen lieber bei jemand anderem auf der Bildfläche auf und schießen ein bisschen um uns, als dass wir uns in den echten Kampf begeben. Aber Trolle trollen eben. So ist das Leben.

Als wir dann eine Konferenz im Madison Square Garden hatten, musste ich schließlich etwas sagen. Wenn man in der berühmtesten Arena der Welt einen Gottesdienst abhält und die Menschen herausfordern darf, andere zu lieben, sich um ihre Nächsten zu kümmern, unsere Städte zu gestalten und für die zu kämpfen, die keine Stimme haben, ist das ein Wunder. Als die Konferenz zu Ende war, war ich begeistert. Und dann bekam ich eine Google-Meldung über eine Geschichte mit den Worten »Hillsong zeigt sich in allen Farben der Illuminati. Das Bühnenbild beweist es.«

Weißt du, wie unser Bühnenbild aussah? Es zeigte einen Berg. Der stand für den Berg Zion. Ein bildhaftes biblisches Thema. Und wir hatten auch ein paar coole Neon-Dreiecke. Ich hatte keine Ahnung, dass das Dreieck direkt aus der Hölle kommt. »Dreiecke sind vom Teufel!«

Die ganze Sache kippte für mich, als eine sehr aufrichtige Frau aus unserer Gemeinde mich verlegen fragte: »Pastor, *gehören* wir denn zu den Illuminati?«

Ich sagte: »Meine Liebe, bitte kommen Sie am Sonntag.« Und irgendwo in meiner Botschaft an jenem Tag nahm ich mir einen Moment, um halb scherzhaft, halb todernst zu verkünden: »Ihr Menschen von New York, hört dies. Formen sind Formen. Ein Dreieck ist ein Dreieck. Wir haben nicht das Recht verloren, irgendwelche geometrischen Formen zu verwenden, nur weil manche Menschen denken, dass eine Sekte, die in Wirklichkeit nicht existiert, diese Form auch verwendet. Was kommt als Nächstes? Werden wir gegen die Geometrie aufbegehren? Sollen wir vor den amerikanischen Highschools stehen und in Sprechchören rufen: ›Keine geometrischen Formen mehr im Matheunterricht! Keine geometrischen Formen mehr im Matheunterricht!‹ Natürlich nicht. Und lasst uns auch aufhören, um den Regenbogen zu streiten. Der Regenbogen gehörte zu Noah, lange bevor die Schwulenszene ihn auf ihre Fahnen und die Universität von Hawaii ihn sich auf ihre Football-Helme druckte. Das Kreuz bedeutet immer noch das Kreuz. Auch wenn ein Rapper, der über Mord singt, ein mit Diamanten besetztes Kreuz trägt. Diese Dinge sind das, was wir aus ihnen machen. Können wir bitte aufhören, darüber zu sprechen!«

Wie vorherzusehen war, erhielt ich donnernden Beifall. Die Welt ist eben doch noch voller unglaublich schlauer, vernünftiger Menschen, die keinen Moment damit verschwenden wollen, die falschen Kämpfe zu kämpfen. Ja, ich dränge die Menschen, die ich liebe, dazu, sich einzusetzen. Sei aktiv in dem, was du glaubst. Aber schieße nicht über das Ziel hinaus. Zu viele Menschen lassen sich in sinnlose Gefechte verwickeln. Wir kämpfen nicht gegen andere Menschen. Kämpfe für einen Grundsatz, unbedingt. Verliere unser letztendliches Ziel nicht aus den Augen. Nämlich Menschen zu gewinnen, und nicht, sie zu trennen.

Was mich wieder zurückbringt zu Ava Lentz und *Future*.

Nach unserem Gespräch sagte sie: »Papa, dann ist *Future* also böse?«

Ich sagte zu ihr: »Mein Schatz. *Future* ist ein Mensch, der Musik macht. Er zwingt niemanden, sie zu kaufen oder gut zu finden, und er selber ist gar nicht das Problem. Wir sind nur nicht mit dem Inhalt des Songs einverstanden. Wir müssen anderen nicht sagen: ›Future ist böse‹. Aber wir können selber Musik machen, die uns gefällt und sie in unsere Kultur einspeisen, um anderen eine bessere Alternative anzubieten. Das erfordert Arbeit. Doch wenn du mitmachst, dann mache ich auch mit. Wir können aber definitiv für *Future* beten, denn er ist wie wir. Er ist auf der Suche. Und übrigens finde ich seine Haare einfach unglaublich.«

Danach haben wir uns ein Eis gekauft und uns die Instrumentalversion des besagten Songs angehört. Wir fanden sie toll. Schließlich können wir uns jederzeit die Teile der Kultur herausnehmen, die uns gefallen. Solange wir nicht jedes Mal auf das Gesamte abfahren.

An jenem Abend haben wir einen kleinen Sieg über die Kultur gewonnen. Wir haben niemanden angegriffen und unsere Unterhaltung brachte uns auf eine höhere Ebene und auf ein paar frische Ideen, wie wir noch mehr Menschen erreichen können. Genau das geschieht, wenn man die richtigen Kämpfe kämpft. Dann gibt es keine Kollateralschäden. Nur Kollateralsegen. Was für eine erfrischende Ergänzung das doch für die Kultur sein kann.

Ende der Szene.

Lebe den Moment

Eine der besten Möglichkeiten, um herauszufinden, wie gesund deine Seele ist, ist die Frage, ob du deine Umwelt veränderst oder ob deine Umwelt dich verändert. Musstest du deine Maßstäbe anpassen, um reinzupassen? Oder lebst du mit solchen Überzeugungen, dass andere Menschen anfangen, wegen dir ihre Maßstäbe zu überdenken? Normalerweise zeigt unsere Sprache die Antwort ganz schnell. Manchmal merken wir es nicht einmal, wenn die Kultur anfängt, einen Großteil unseres Lebens einzunehmen, aber unsere Antworten und Gespräche können uns schnell Auskunft darüber geben, in welche Richtung wir unterwegs sind. Meine Tochter kam kürzlich von der Schule nach Hause und sagte: »He, Kumpel, was geht?« Ich sagte: »Wie bitte?« Sie sagte: »Ach, Papa, alle meine Freunde sagen zu ihren Papas ›Kumpel‹. Das ist nichts Besonderes.« Ich sagte zu ihr: »Du hast recht, das ist nichts Besonderes. Aber Respekt und Ehre und Menschen, die für gewöhnlich deine Erwartungen erfüllen, die du an sie hast, sind etwas Besonderes. Wenn ich für dich ein ›Kumpel‹ bin, kann ich das gerne sein. Kumpel bezahlen keine Miete. Sie bezahlen dir nicht das Sommercamp. Und sie sparen auch kein Geld dafür, dass du eines Tages mal studieren kannst. Ich will sehr gerne dein ›Kumpel‹ sein.« Das bewirkte einen schnellen Sinneswandel bei ihr. »Papa ist gut! Papa ist gut! Ich werde dich nicht mehr ›Kumpel‹ nennen!« Ich hätte es ihr durchgehen lassen können, klar. Aber jedes Mal, wenn du es zulässt, dass unsere Welt dich beeinflusst, gehst du einen Schritt weiter in eine bestimmte Richtung. Und jedes Mal, wenn du dich dem entgegenstellst und Inventur machst, bringt dich das ebenfalls einen Schritt weiter. Es kommt darauf an, welchen Weg du in diesem Leben gehen willst. Willst du andere beeinflussen? Oder willst du beeinflusst werden? Ich weiß, welchen Weg ich einschlagen will. Weißt du das auch?

KAPITEL 26

AUF DER FLUCHT NACH NIRGENDWO

LEUTE IM STRASSENVERKEHR ZU BEOBACHTEN steht für mich ganz weit oben auf der Skala der Situationskomik. Ich begegne gerne dem sogenannten »Party«-Auto. So eines kann man nicht übersehen. Darin sitzt eine Bande, die im Stau steht und sich denkt: »Wenn wir schon zusammen unterwegs sind, können wir es auch austanzen.« Und die Musik wummert und sie haben sogar noch mehr Spaß beim Singen und Lachen als du als Zuschauer. Und dann gibt es noch das Auto mit dem Namen »die Scheidung ist nicht weit«. Der Ehemann starrt ausdruckslos durch die Windschutzscheibe, fast so, als müsse er nur angestrengt genug starren, um sich aus dem Auto zu beamen. Neben ihm sitzt seine Frau, ihre Körpersprache verspritzt pure Giftigkeit, sie spricht in dem Ehefrauentonfall, in kurzen lauten Salven, und genau dann, wenn du denkst, dass sie fertig ist, geht es wieder von vorne los! Und der Ehemann starrt wieder geradeaus. Dann gibt es noch das Auto, in dem ein vermeintlicher Star zu Hause ist. Der Fahrer schmettert ein Lied, das keiner hören will, aber im Verkehr kommt seine innere Whitney Houston zum Vorschein.

Mein persönlicher Liebling ist der Kerl, der in solch einer wahnsinnigen Eile ist, dass er hupt, auf das Lenkrad einschlägt, alle paar Minuten seinen Kopf aus dem Fenster streckt und brüllt:

»Auf geht's! Auf geht's! BEWEGT EUCH!« Als ob die anderen 43 Millionen Verkehrsteilnehmer sich absichtlich nicht bewegen würden und dieser Kerl der *Einzige* ist, der irgendwohin muss. Das Beste dabei ist, wenn er ständig von einer Spur auf die nächste wechselt – wenn er auch nur einen Spaltbreit Tageslicht auf der Straße sieht, tritt er aufs Gaspedal und zieht an dir vorbei auf die andere Spur … nur um ein paar Meter weiter wieder genau neben dir zum Stehen zu kommen. Du fühlst dich, als müsstest du ihm sagen: »Junge, du weißt schon, dass wir vor der gleichen roten Ampel zum Stehen kommen, egal ob du darauf zurast oder dich im Schneckentempo bewegst wie ich?«

Du musst die Menschen lieben, die auf rote Ampeln zurasen. Bis du merkst, dass wir im Leben, nicht nur im Straßenverkehr, vielleicht kein bisschen besser sind als diese vermeintlichen Rennfahrer. Wir sind auf der Flucht nach Nirgendwo. Ärgern uns über Momente im Leben, die uns allen gleichermaßen widerfahren. Sind frustriert über Wachstums- und Veränderungsprozesse, die einfach nicht beschleunigt werden können.

Ich will gerne im Party-Auto mitfahren. Wenn es mir nichts nützt, zu einem Halt »zu rasen«, vielleicht liegt dann etwas Frieden in der Weisheit, die Fahrt etwas langsamer anzugehen und sie dadurch zu genießen. Ich mag den Teil der Strecke, auf dem es schnell vorwärtsgeht. Wir alle tun das. Aber zu glauben, dass wir nur solche Momente auf unserem Weg erleben werden, ist nicht realistisch. Wir müssen auch fähig sein, das Tempo zu drosseln, alles in uns aufzunehmen, das zu genießen, was um uns herum ist, denn der Großteil des Weges ist eher schwierig und wird eine Weile dauern.

»Mach langsamer, dann kommst du schneller ans Ziel.«

Ein Mentor von mir sagte das zu mir, bevor meine Frau und ich die Gründung und Leitung unserer Gemeinde übernahmen. Es war einer dieser vollkommen verblüffenden, paradoxen, und doch friedenbringenden Weisheitstropfen, die einerseits verwirrend und andererseits doch völlig einleuchtend sind. Sein weiser Rat an mich war, mir gut zu merken, dass schneller nicht unbedingt besser bedeutet. Dass es manchmal Zeit braucht, etwas richtig zu bauen, und dass die Zeit richtig genutzt werden will. Denn am Ende landet man sowieso nicht schneller im Ziel, sodass man genauso gut auch das genießen kann, was man gerade tut.

Das ist allerdings weitaus leichter gesagt als getan. Denn die Welt, in der wir leben, ist der Geschwindigkeit geradezu verfallen. Geduld ist keine Tugend mehr. Darum hassen wir es immer, auf etwas warten zu müssen. Ich beobachte gerne Menschen, die ausflippen, weil ihr Smartphone irgendetwas nicht schnell genug herunterlädt. Vergiss die Tatsache, dass wir aus einer unsichtbaren Daten-Cloud in einer galaktischen Atmosphäre, die wir nicht sehen können, Daten empfangen. Wenn das Herunterladen länger als eine Minute dauert, dann werden viele Handys tätlich angegriffen. Und das offenbart einige unserer tieferen Probleme. Das Warten ist nicht unser Feind. In Wirklichkeit kann Warten etwas Positives sein.

Ich bin so etwas wie ein »ständiger Warteschlangen-Wechsler«. Wenn ich in einen Laden mit mehreren Kassenschlangen gehe, finde ich es *richtig* schwer, in einer stehen zu bleiben. Ich versuche immer, diese eine Schlange ganz hinten am Ende der Kassenreihe abzuschätzen, verfolge ihre Bewegung, versuche zu beurteilen, wie viele Waren der Mensch vor mir hat, der an der Kasse ansteht, die für maximal 10 Artikel gedacht ist. Sind das elf, vielleicht sogar zwölf? Muss ich den Geschäftsführer rufen? All das geht mir während des Wartens durch den Kopf.

Oft kann ich nicht warten, also verlasse ich die Schlange, in der ich stehe und wechsle in eine andere, obwohl die unmissverständliche, halb-verärgerte Stimme meiner Frau laut in meinem Kopf widerhallt: »Ich sage dir, Schatz, hier wird es am Ende schneller gehen, bleib einfach hier.« Fast immer wartet Laura mit ihren Einkäufen schon friedlich im Auto auf mich, wenn ich zwanzig Minuten später mit meiner neuen Geschichte komme, wie diese Schlange, die kürzer aussah, es in Wirklichkeit gar nicht war, und dass es sich ausgezahlt hätte, wenn ich einfach dort geblieben wäre, wo wir vorher gewartet hatten.

Das ist nicht nur ein Bild für das Einkaufen im Supermarkt. Auch Beziehungen, die in eine bestimmte Richtung gingen, wurde schon frühzeitig beendet, weil jemand ungeduldig wurde und versuchte, die Schlange zu wechseln. Heranreifende Träume wurden nicht weiterentwickelt, weil eine »schnellere, bessere Option« auftauchte und jemand nicht widerstehen konnte. Manchmal führt die unspektakuläre, langsamere Schlange zu dem Ziel, das du erreichen willst. Kürzer ist nicht immer besser.

Ich habe die Ehre und das Vorrecht, in unserer Gemeinde tolle Paare zu trauen. Und ich finde es immer witzig, wie stressig die Hochzeitsvorbereitungen sind und wie die Paare dann immer wollen, dass die Trauzeremonie schnell zu Ende ist. Darum schlage ich immer ganz sanft vor, ein paar Momente einzuplanen, die an diesem kostbaren Tag hoffentlich zur Entschleunigung beitragen werden. Denn in Wirklichkeit erinnern sich die Paare hinterher selten noch an den DJ, an den Blumenschmuck, an die Tischkärtchen oder die Farbe der Torte. Meistens erinnern sie sich nicht einmal mehr an ihr Ehegelübde! Menschen heiraten an weniger als einem Tag und »planen das Event« mehr als einen Tag und können dann kaum erwarten, dass es vorbei ist.

Das ist eine Gefahr im Leben. Wir werden nicht auf diese Erde gestellt, um von einer Sache zur nächsten, von einem Job zum nächsten, von einem Bankkonto zum nächsten zu hasten, nur um irgendwann einmal zurückzublicken und uns die Frage stellen zu müssen, was wir bewirkt haben, und dann krampfhaft unsere Erinnerung zu durchwühlen, um festzustellen, was geschehen ist. Das Gegenteil von »Ich bin dabei gewesen« könnte das gefürchtete »Ich habe den Moment verpasst« sein. Es ist ein großer Schritt hin zum Genießen, wenn wir absichtlich auf die Bremse treten und dieses Leben auskosten.

Aber der zweite Schritt muss sein, daran *teilzunehmen*. Echte Teilnahme erfordert Geduld und Präsenz. Und diese zwei Dinge sind offenbar Feinde der Lentz-Erbmasse. Ich weiß nicht, wie viele Projekte ich schon voller Freude begonnen habe. Und aufgrund von Verärgerung und unvorhergesehenen Komplikationen völlig unbeendet gelassen habe. Noch schlimmer ist, dass ich dieselben Wesenszüge auch in meinem Sohn erkennen kann.

Kürzlich gingen wir Lego kaufen, weil ich eine masochistische Ader habe. Lass mich einfach sagen: Wer hat sich nur Lego ausgedacht? Wer kann damit etwas anfangen? Du? Gut für dich. Du bist etwas Besonderes. Ich bin nicht auf die gleiche Legoschule gegangen wie du und wir haben nicht dieselben Begabungen. Roman suchte sich etwas aus, das wie ein tolles Spielzeug aussah. Einen Kampfjet von Lego. Der Aufdruck auf der Verpackung war beeindruckend. Wir nahmen die Schachtel mit nach Hause und öffneten sie und sofort merkten wir wohl beide: *Wir haben ein*

Problem. Ich habe noch nie so viele Teile gesehen. Ich habe noch nie eine komplexere Aufbauanleitung gesehen.

Roman gab schon bald auf und bat mich um Hilfe. Ich konnte den Druck spüren, als seine kleinen Augen mich durch diese unglaublich süßen, dicken Brillengläser anschauten. Irgendwann, da bin ich ziemlich sicher, liefen sie an, als ihm klar wurde: *Papa hat auch keine Ahnung von Lego.* Und er hatte recht. Ich schmiss die Verpackung hin, verfluchte die Legosteine und ging und kaufte meinem Jungen ein Eis, in der Hoffnung, dass der Zuckerschub für immer die Erinnerung an das Versagen seines Vaters auslöschen würde.

Wir kamen später zurück und zu meinem Schock war derselbe Lego-Kampfjet nun komplett zusammengebaut … mit allem Drum und Dran. Ich fand heraus, dass man ihn, wenn man es richtig macht, auch in einen Panzer verwandeln konnte. Und in ein Auto. Mein himmlischer Freund, der dies getan hatte, sagte nur: »Ja, es ist ziemlich einfach, Carl. Man muss nur der Anleitung folgen. Mit etwas Geduld ist sie absolut einleuchtend.«

Seither hat sich meine Sicht auf Lego verändert. Und auch in manch anderen Situationen denke ich an diesen Lego-Moment und erinnere mich daran, dass ich es nicht nur schaffen kann, wenn ich an dieser Sache, an dieser Person, an dieser Aufgabe dranbleibe, sondern am Ende sogar noch *mehr* daraus machen kann.

Hast du die Geduld, alles aus dem Moment herauszuholen? Es lohnt sich, dranzubleiben.

Lebe den Moment

Es ist frustrierend, wenn ich sehe, wie Menschen, die in derselben Situation wie ich sind, alles viel mehr zu genießen scheinen. Es ist so, wie wenn man im Restaurant etwas bestellt und wenn man es dann bekommt, auf das schaut, was der andere hat und es sofort bereut, nicht dasselbe bestellt zu haben. Als ob man diese Möglichkeit auf der Speisekarte gar nicht gesehen hätte! Ich gehe davon aus, dass das in vielen Bereichen des Lebens zutrifft. Wir sind im selben Restaurant, lesen dieselbe Speisekarte, aber entscheiden uns einfach manchmal für das Falsche. Bist du ständig auf der Flucht? Hast du das Gefühl, dass die Arbeit kein Ende nimmt, egal wie viel du machst? Das ist die schnelle Art, dem Leben die Begeisterung und die Leidenschaft auszusaugen. Du kannst Frieden wählen. Du kannst Liebe wählen. Du kannst Freude wählen. Aber du musst dich heute dafür entscheiden, sie zu bestellen. Es gibt keinen Grund, auf jemand anderen neidisch zu sein, wenn du das Recht auf dieselben Dinge hast wie andere.

KAPITEL 27

LIEBGEWORDENE LÜGEN

DAS GEMEINE AN EINER GUTEN Lüge ist, dass sie wahrscheinlich einen Hauch von Wahrheit enthält, sodass man nicht wirklich erkennen kann, dass es eine Lüge ist.

»Weiße können einfach nicht tanzen, Kumpel. Das ist eine Tatsache.«

Mein Freund meinte das zwar ehrlich, aber die Information war falsch. Ich sagte ihm klar und deutlich, dass die *meisten* Weißen nicht tanzen können. Das ist ein feiner, aber bedeutender Unterschied, der alles verändert. Wenn es stimmt, dass Weiße nicht tanzen können, wieso sollten sie es dann überhaupt erst versuchen? Aber wenn es nicht stimmt? Tanzt, ihr Weißen. Tanzt. Es gibt Hoffnung.

Das sieht vielleicht nicht nach einer lebensverändernden Information aus. Das Problem ist, dass wir alle mit Lügen konfrontiert werden – über uns selbst, über andere, über das Leben im Allgemeinen –, die manchmal den *Anschein* von Wahrheit haben, aber keinesfalls in Stein gemeißelt sind. Lügen ziehen Begrenzungslinien. Und sie können tödlich sein, wenn sie dich umgeben – wie die Kreidelinien, die um eine Leiche gezogen werden, die von einer Polizeistreife irgendwo in einer dunklen Gasse gefunden wird.

In diesem Leben tritt die Wahrheit für uns ein. Aber manchmal hilft es uns zu wissen, was die Wahrheit *nicht* ist, bevor wir anfangen zu entdecken, was sie ist. Das ist jedoch nicht so einfach, wie es sein sollte, denn wir leben gerade jetzt in einer Welt, in der wir nicht einmal den Nachrichten im Fernsehen oder den Politikern, die wir wählen, vertrauen können, dass sie das bewahren, was wir wertschätzen. Und unsere Gemeinden werden davor ebenfalls nicht verschont. Die besten Lügen, die ich je gehört habe und die noch dazu äußerst geistlich klangen, kamen aus dem christlichen Lager.

Da ich mich mit diesem Lebensbereich gut auskenne, werde ich jetzt ein paar der »üblichen Verdächtigen« für Lügen innerhalb und außerhalb der Gemeindewelt nennen. Du hast sie sicher schon gehört. Vielleicht lebst du sogar danach. Ich verurteile dich nicht dafür, denn einige davon klingen ziemlich vernünftig. Aber nach eingehenderer Betrachtung bleibt eine Lüge eine Lüge.

»Gott mutet nur den stärksten Kämpfern seine schwersten Schlachten zu.«

Das ist nett. Ich bezeichne das als *Ermutigungs*lüge. Wenn man durch Prüfungen geht, kann einem diese Lüge das Gefühl geben: »Okay, vielleicht möchte Gott ja, dass ich da durchgehe.« Aber es ist eine Lüge. Das wirst du in der Bibel nirgends finden. Gott hat keine »starken Kämpfer«, darum wissen wir sofort, dass das totaler Müll ist. Gott hat schwache Gefäße, die ihn unbedingt brauchen, und die Wahrheit ist, dass Gott uns nie mehr auferlegt, als wir tragen können. Niemals.

»Geld ist die Wurzel allen Übels.«

Nö. Stimmt nicht. *Menschen* sind die Wurzel allen Übels und die Bibelstelle, die hier völlig zu Unrecht herangezogen wird, ist ganz klar 1. Timotheus 6,10. Dort heißt es, »die Liebe zum Geld ist die Wurzel aller möglichen Übel« (NLB). Wer dir diese Lüge aufgetischt und dich irgendwie davon überzeugt hat, dass Geld und finanzieller Wohlstand schlecht sind, oder dir Schuldgefühle eingeredet hat, weil du Geld hast, hat unrecht. Geld ist ein mächtiges Werkzeug. Man kann damit Menschen helfen, das Gemeinwesen weiterentwickeln und Heilmittel für Krankheiten finden, die viele Leben retten können. Es ist kein Problem, wenn du *Geld hast.* Es wird zum Problem, wenn das Geld *dich* hat.

»Alle Wege führen in den Himmel.«

Wenn du bei anderen punkten und beliebt sein willst, dann ist das deine Lüge. Es ist die *Jeder-liebt-mich*-Lüge. Nur niemanden verletzen, allen gefallen, Freunde und Menschen gewinnen. Das große Problem dabei ist, dass es unmöglich ist. In jeglicher Hinsicht. Es liegt gerade sehr im Trend, solche Dinge zu sagen, weil die Menschen so viele unterschiedliche Dinge glauben.

Ich habe einmal gehört, wie ein Politiker mindestens sieben Glaubensrichtungen und sieben Göttern unterschiedlicher Religionen gedankt hat. Er dachte wohl, das sei respektvoll, was es für manche vielleicht auch war. Aber ich teile diese Meinung nicht. Ich würde viel lieber gerne wissen, was er wirklich glaubt, auch wenn es etwas anderes ist als das, was ich glaube, denn dann wäre er zumindest durchschaubar. Nach diesem Gebet wusste ich, dass dieser Mensch kein so herausragender Leiter sein würde, weil er »von allem ein wenig« genommen hatte. Stell dir jemanden vor, der mit vier anderen Personen zusammengebunden ist, die alle vier in unterschiedliche Richtungen laufen. Das ist kein Bild für Frieden und Stabilität. Die Lüge, dass »mehr besser ist«, ist so etwas von falsch, vor allem, wenn es um Geist und Seele geht.

Diese Lüge ist so konfus und wird so oft aufgetischt, dass sie die Leute durcheinanderbringt. Die Wahrheit ist, dass nur einer recht haben kann.

»Carl, es ist super, was für dich gut ist. Aber bei mir ist es etwas anderes. Aber letzten Endes führen alle Wege in den Himmel. Wir sind zum gleichen Ziel unterwegs.«

Diese Worte kamen von einem Buddhisten, der New-Age-Kristalle am Körper und ein rotes Kabbala-Armband um sein Handgelenk trug, und in seiner Hand – wie könnte es anders sein – eine Bibel hatte. Er sagte mir einmal: »Ich decke alle meine Fundamente geistlich ab.« Ich schätze vieles an diesem Mann, aber ich musste ein Gespräch mit ihm führen, das absolut notwendig war. Ich erzählte ihm die Wahrheit, nämlich dass Christen und Buddhisten und New-Ager und Menschen, die die Kabbala praktizieren, an völlig verschiedene Definitionen von »Himmel« glauben und jeder »Glaube« völlig verschiedene Ansichten darüber hat, warum wir hier sind und wie wir andere Menschen behandeln sollen. Diese eine Tatsache bringt das ganze Riesenrad an Optionen zum Stillstand.

Mein Weg als Christ führt an einen einzigen Ort: zu Jesus. Jesus sagte, dass er die absolut einzige Hoffnung für die Menschheit und der einzige Weg zu Gott – und eines Tages zum Himmel – war und ist. Er sagte deutlich, dass wir alle gesündigt haben und nur er diese sündhafte Trennung sühnen könne. Er stellt einen direkten Angriff auf jede andere Denkrichtung dar. Er wurde sogar dafür gekreuzigt. Manchmal wird es dich etwas kosten, das auszusprechen, was du für wahr hältst.

Aber entweder hat Jesus die Wahrheit gesagt und er ist der, als den er sich bezeichnet, oder er ist ein glatter Lügner und die zerstörerischste Kraft, die die Menschheit je gesehen hat. Das ist der Grund, warum die andere Lüge, die mit dieser einhergeht – »Jesus war zwar ein guter Lehrer, aber er war nicht Gott« – komplett falsch ist. Denn wir würden niemals einen Lehrer, der Millionen und Abermillionen von Menschen davon überzeugt hat, alles zu verlassen und ihm an die Enden der Erde zu folgen, weil er sich fälschlicherweise als Gott ausgegeben hat, als »gut« bezeichnen. Eher als »Irren«. Jesus zwingt in Bezug auf die Wahrheit zu einer Entscheidung, zum Guten oder zum Schlechten, je nachdem, was du glaubst.

Ich konnte nicht zulassen, dass mein buddhistischer, allesgläubiger Freund weiter glaubt, dass seine Vorstellung vom Leben nach dem Tod, inklusive Reinkarnation, dieselbe ist wie das, was ich glaube. Und stell dir vor – wir sind immer noch befreundet.

Das ist wichtig, denn im Kern der *Jeder-liebt-mich*-Lüge ist die Vorstellung, dass die Konfrontation über Richtig und Falsch schlecht ist. *Das* ist eine Lüge. Konfrontation ist etwas Tolles, wenn man es richtig anstellt. Es sollte uns alle aufbauen und nicht herunterreißen, wenn wir unser Denken in Frage stellen, indem wir Dinge in allen Einzelheiten diskutieren. Ich sage damit keinesfalls: »Ich habe recht.« Ich glaube, was ich glaube, von ganzem Herzen und du kannst das, was du glaubst, ebenfalls ganz fest glauben. Aber die Wahrheit ist, dass nur einer von uns beiden recht haben kann. Auch in unserer modernen Welt muss man das noch sagen dürfen, ganz egal, wie viele Menschen dir vorwerfen wollen, dass du intolerant bist, weil du deine Überzeugung vertrittst.

Die ganze Vorstellung von Toleranz ist ebenfalls nur fingiert. Denk mal kurz darüber nach: Wenn wir die Ansicht jedes einzelnen »verstehen« müssen, was ist dann, wenn jemand sagt: »Meine Ansicht ist, dass ich dein Auto haben will. Gib es mir. Das ist mein Glaube.« Nein. Das werde ich nicht tun. Ich werde deinen Glauben auch nicht eine einzige Sekunde tolerieren. Es ist in Ordnung, einander in Frage zu stellen, vor allem bei Dingen, die größere Konsequenzen haben. Wie etwa beim *Sinn des Lebens und der Ewigkeit.*

Es ist eine Lüge, dass Uneinigkeit zwangsläufig zu Trennung und Verunglimpfung führt. Das stimmt nicht immer. Und wenn es geschieht, dann nennt sich das Leben.

Vielleicht hast du schon mal von dem Stand-up-Comedian und politischen Kommentator Bill Maher gehört. Ich finde ihn extrem scharfsinnig, immer witzig und seine Offenheit bringt ihn ziemlich oft in Schwierigkeiten. Er ist ein stolzer Atheist und sehr anti-religiös. Aber ich schätze wirklich sehr, was er über Christen sagt, nämlich: »Christen sind absolut verrückt, wenn sie glauben, was sie glauben.« Ich schätze die Tatsache, dass er die Dinge beim Namen nennt. Meiner Meinung nach ist er genauso verrückt, wenn er glaubt, was er glaubt. Ich bin der Meinung, er hat unrecht. Aber wenigstens ist er offen und ehrlich. Ich stehe fest in meinem Glauben und darum muss ich mich nicht unbedingt ständig *verteidigen.* Ich sehe das, was er sagt, nicht als *Angriff.* Vielleicht ist das der Schlüssel. Ich kann von einem Mann wie ihm sogar noch etwas lernen und Dinge an ihm bewundern, und trotzdem standhaft bleiben bei den Teilen, in denen ich anderer Meinung bin.

Wir können nicht unser ganzes Leben lang vor denen, die nicht so sind wie wir, Mauern aufrichten und uns nur mit Menschen umgeben, die in jedem Punkt unsere Meinung teilen. Differenzen führen zu Diskussionen. Wenn man über Dinge spricht, die schwer und kompliziert sind, wird das sogar mehr Gelegenheiten und mehr Beziehungen schaffen, weil in Wahrheit jeder darüber nachdenkt. Manche können nur besser darüber lügen.

»Gott hat meinen Angehörigen zu sich geholt, weil er noch einen Engel im Himmel brauchte.«

Vielleicht hast du diese Worte schon einmal von einem wohlmeinenden Prediger oder Freund gehört, der sie zu jemandem gesagt hat, der nach einem schwerwiegenden Verlust Trost brauchte. Ich habe diese Worte schon auf Beerdigungen gehört. Ich habe gehört, wie Menschen anderen diese Lüge erzählten, weil sie keine Ahnung hatten, was sie sonst sagen sollten. Aber das ist eine der Lügen, die heute gut klingen und morgen einen schalen Geschmack haben. Vielleicht fühlst du dich damit kurze Zeit besser, aber wenn das wahr ist, wirft es im Nachhinein noch mehr schmerzhafte Fragen auf. Wenn es wahr wäre, würde das bedeuten, dass der Himmel ein Beschäftigungsproblem hat. Gott ist anscheinend das Personal ausgegangen, sodass er jetzt willkürlich Menschen zu sich holt, um seinen gewaltigen Bedarf im Himmel zu decken.

Es stimmt zwar, dass Gott souverän ist und aus allem etwas Gutes machen kann, aber manchmal sterben Menschen und wir können darin keinen Sinn erkennen. Wir werden die Antworten darauf erst dann bekommen, wenn wir selber irgendwann in die Ewigkeit eintreten. Wir leben in einer kaputten Welt mit kaputten Menschen und darum gibt es Krankheit und Tod und darum gibt es Konsequenzen. Auch guten Menschen widerfahren schlimme Dinge.

Auch wenn es manchmal schwer ist, das zu hören, ist es besser, in dieser Wahrheit zu ruhen, als flüchtigen Trost in etwas zu finden, das eigentlich nicht wahr ist. Wenn du jemals jemanden verloren hast und diesen Schmerz kennst, dann bin ich ganz bei dir. Aber ich würde eher in dem Wissen Trost finden, dass Gott uns helfen kann, ein Leben zu führen, das Auswirkungen hat, und dass wir das Vermächtnis von Menschen lebendig halten können, wenn sie zu früh von uns gehen.

»Sprich zum Universum, und es wird dir antworten. Was du gibst, kommt zu dir zurück.«

»Was machst du da?«

Das war meine zu Recht gestellte Frage an einen Freund, der in der kühlen Meeresbrise herumwirbelte, tief ein- und ausatmete und ein paar merkwürdige Handbewegungen machte.

Er sagte: »Ich spreche zum Universum. Ich sende gute Schwingungen aus. Ich habe es nötig, dass sie diese Woche zehnfach zu mir zurückkommen. Diese Woche ist heftig.« Ich sagte zu meinem Freund: »Lass uns einen Kaffee trinken gehen. Wir müssen reden. Sag dem Universum, dass du gleich wieder zurück bist.«

Glaub mir, dieser Freund ist nicht der Einzige, der seine »Schwingungen« in Richtung Meer »sendet«. Aber allen, zu denen man gesagt hat, sie sollen zum Universum sprechen, muss ich leider mitteilen: Es hört dir gar nicht zu. Das Universum hat keinen Namen. Es hat keine Ohren. Es hat keine Seele. Es bringt uns keine »guten Schwingungen« und trifft keine Verabredungen. Außerdem ist es in diesem Leben tatsächlich zu einem gewissen Grad so, dass wir ernten, was wir säen. Wenn du lange genug stiehlst, wirst du dafür irgendwann eine Gefängnisstrafe ernten. Und wenn du eine aufrichtig freundliche und zuverlässige Person bist, wird es weitaus wahrscheinlicher sein, dass du ebenfalls solche Menschen kennenlernst, weil gemeinsame Werte anziehend und ansteckend sind.

Aber in diesem Leben kann es nicht darum gehen, Dinge nur zu tun, damit wir mehr dafür zurückbekommen. Denn das wäre eine kosmische Unausgewogenheit. Es gibt in dieser Welt tolle Menschen, die anderen helfen, alles geben, was sie haben, ihr Leben und ihr Haus für Menschen öffnen, die bedürftig sind, und jede Stunde, in der sie wach sind, damit verbringen, unsere

Welt zu einem besseren Ort zu machen. Und trotzdem haben sie nach den Maßstäben dieser Welt »nichts vorzuweisen«. Im Gegensatz dazu kennen wir alle solche Menschen, die genau das Gegenteil von dem sind, was ich gerade beschrieben habe, und sie haben anscheinend vieles. Von allem. Sie »verdienen« das nicht. Sie haben es sich nicht »erarbeitet«. Vielleicht hatten sie einfach Glück. In Wahrheit geht es bei den Belohnungen in diesem Leben um viel mehr als um das, was wir als »Erfolg« bezeichnen würden. Veränderte Leben kann man nicht zählen. Dafür, dass man jemandem den Tag verschönert hat, bekommt man keinen Preis verliehen. Und man kann nicht immer ermessen, was es bedeutet, wenn wir jemandem eine Last abnehmen. Manchmal tun wir etwas, was richtig ist, und ernten dafür etwas, was falsch ist. Darum sollten wir vielmehr betonen, »warum« wir etwas tun.

Ich habe mal mit jemandem gesprochen, der gesagt hat: »Ich bekomme nicht die Bezahlung, die ich verdiene. Hast du das Gefühl, dass du die Bezahlung bekommst, die du verdienst?« Meine ehrliche Antwort war, dass kein Job in diesem Leben mir das bezahlen kann, was ich verdiene, weil ich so viel mehr tun und geben will als das, was mir abverlangt wird. Ich bin ein unmöglicher Arbeitnehmer. Ich bin dankbar, dass ich atme. Ich bin dankbar, dass ich jeden Tag aufwache und alles tue, um ein besserer Mensch zu werden. Und darum bin ich niemals frustriert, weil ich gar nicht erst die Lüge geglaubt habe, dass *ich das und noch mehr verdiene.*

Natürlich ist es vollkommen in Ordnung, hohe Maßstäbe zu haben und in diesem Leben so viel zu verdienen, dass man stolz darauf sein kann. Aber mein Lohn ist nicht messbar. Manchmal kann man ihn nicht sehen. Ich lebe gemäß der Wahrheit, dass ich mich auf das »Geben« konzentriere. Die anderen können so viel »geben und nehmen« wie sie wollen, aber ich werde passen.

Ich will die Art Freund sein, der gibt und nicht die ganze Zeit erwartet, dafür etwas zurückzubekommen. Weil ich bereits zum Nächsten weitergegangen bin, das ich geben will. Das ist eine sehr kraftvolle Art zu leben. Wenn du keinem Menschen, keinem Job, keiner »Obergrenze« verpflichtet bist – dann kann keines dieser Dinge deine Zufriedenheit oder deinen Wert diktieren. Das ist die Wahrheit.

Und in Bezug auf das Universum erwarte ich mir nichts von ihm, denn es ist kein »Ding«. Es wird mich nie zurückrufen. Es hat eigentlich gar kein Interesse an mir oder dir. Doch du kannst zum *Schöpfer* des Universums sprechen und das ist viel erfüllender. Ich will in diesem Leben keine Zeit damit verschwenden, das Falsche zu erwarten, weil man mir die falschen Dinge erzählt hat und ich sie geglaubt habe.

»Du kannst anderen nicht trauen. Du wirst verletzt werden.«

Wir sehen das, was ich die *Ein-für-allemal*-Lüge nenne, überall in unterschiedlichen Szenarien. In abgewandelter Form lautet sie: »Du kannst Männern nicht trauen« oder »Du musst aufpassen« oder »Lass niemanden zu nahe an dich heran.« Das sind Lügen. In einigen dieser Aussagen ist der Fetzen der Wahrheit enthalten, dass andere Menschen einen tatsächlich verletzen können. Dass manche Männer (und auch Frauen) nicht die Wahrheit sagen. Es ist weise, Weisheit zu nutzen und vorsichtig zu sein. Manche Menschen auf Sicherheitsabstand zu halten.

Das Schlüsselwort ist hier *manche*. Man muss jeden Vorfall getrennt betrachten und darf nicht zulassen, dass er das eigene Lebensthema bestimmt. Vor allem, wenn wir von anderen verletzt oder im Stich gelassen wurden. Aber diese Lüge kann eine Versuchung sein, etwas zu durchleben und zu sagen: »Nie wieder. Ich bin ein für allemal fertig damit.« Es gibt Bereiche, in denen das Musik für meine Ohren ist. Aber nicht, wenn es um Menschen geht.

Diese Lüge wird dich aus der Liebe, aus der Hoffnung und aus wichtigen Beziehungen ausschließen.

Wir müssen lernen, einen einzelnen Faktor in der Gleichung zu berichtigen, ohne gleich sämtliche Prinzipen der »Mathematik« über den Haufen zu werfen. Niemand würde, wenn er in einem Restaurant eine schlechte Erfahrung macht, sagen: »In Ordnung. Ich esse *nie wieder* etwas.« Das Essen ist nicht das Problem. Nur der Ort, an dem du es gegessen hast. Weisheit vernichtet diese Lüge. Lass nicht zu, dass die Teile in deinem Leben, die vielleicht berechtigterweise schmerzhaft sind, den Ton für den Rest angeben.

Habe ich dich noch nicht überzeugt? Ich habe mal gehört, wie ein Teenie-Mädchen sagte: »Also ich plane nicht, irgendwann mal zu heiraten. Man kann den Männern heutzutage nicht trauen.«

Ich sagte: »Wer hat dir das gesagt?« Sie sagte: »Meine Mama.« Manche Lügen zerstören nicht nur dich, sondern ganze Generationen nach dir.

»Hilf dir selbst, dann hilft dir Gott.«

Nein. Ganz und gar nicht.

Wenn wir uns »selbst helfen« könnten, würden wir das tun. Jesus sagte: »Gesegnet sind die, die am Ende der Fahnenstange angelangt sind. Je weniger du tun kannst, umso mehr kann Gott und seine Herrschaft ausrichten.« Selbsthilfe ist in Wirklichkeit begrenzte Hilfe. Ich bin froh, dass wir noch Alternativen haben.

Das sind ein paar Lügen, die weit verbreitet sind. Ich höre genügend davon, um zu wissen, dass manche Menschen wirklich ungesunde

Sachen glauben. Aber wenn wir das, was wir glauben oder unser ganzes Leben lang geglaubt haben, wenigstens einmal genauer unter die Lupe nehmen würden, würden wir sicher ein paar Risse in unserem Lebensfundament finden, die wir verschließen und es, wo notwendig, neu gestalten könnten.

Manchmal kann das schnell geschehen. Ich erinnere mich, wie ich mal mit einem anderen Vater gesprochen habe, dessen Tochter etwas Hirnrissiges gesagt hatte. So in etwa: »Du kannst mich mal, Papa. Ich mache, was *ich* will.«

Dieser Papa sagte zu mir: »Sei auf so was vorbereitet. Teenager sagen einfach, was sie wollen. Das passiert, wenn sie älter werden.«

Ich schaute ihn an und sagte ganz ruhig: »Auf dem Planeten, auf dem du lebst, vielleicht.« Ich sagte ihm, dass das eigentlich eine Lüge ist. Manche Eltern sind einfach nachlässig und verlieren mit der Zeit immer mehr die Kontrolle, weil sie ihre Kinder immer mehr Grenzen überschreiten lassen. Aber wir müssen das nicht akzeptieren. Wenn Teenager um sich schlagen, gibt es dafür oft einen ziemlich triftigen Grund – wenn die Eltern lange genug forschen, suchen und präsent sind, um herauszufinden, was geschieht.

Mein Freund hörte laut und deutlich, was ich ihm sagte, und ich bin mir sicher, dass er seiner Tochter daraufhin ein paar neue Grenzen gesetzt hat. Er hörte auf, die Lüge zu glauben, dass *Kinder das einfach machen*, und sie hörte auf, unter dieser Lüge zu funktionieren, die mangels Alternative an sie weitergegeben wurde.

Wenn du dir unterschiedliche Bereiche deines Lebens ansiehst, die Frustration auslösen, wirst du irgendwo in Sichtweite eine Lüge finden. Du kannst dich ihr entweder jetzt stellen, während noch Zeit dafür ist, oder du kannst sie weiterlaufen lassen. Die Sache ist nur, sie wird nicht einfach weiterlaufen. Sie wird dich vielmehr *vor sich hertreiben*. Ich schlage vor, dass du dir die Kontrolle zurückholst und dafür sorgst, dass du dich von der Wahrheit leiten lässt, und nicht von etwas, was in deinem System überhaupt nichts zu suchen hat.

Das kann ein wenig Zeit kosten. Und oft auch ein paar Tränen. Aber es lohnt sich, diesen Weg zu gehen. Auch wenn er dich an den Punkt zurückbringt, an dem dir bewusst wird, dass die Lügen schon Grenzen gezogen haben, bevor du überhaupt wusstest, was dich getroffen hat.

Ich habe vor kurzem einen Bericht gelesen, der mir den ganzen Tag verdorben hat. Ein Team des FBI hatte eine Razzia in einem Haus durchgeführt, nachdem es einen Tipp erhalten hatte, dass dort ein Mädchen gefangen gehalten wurde, das schon mehr als zwei Jahre vermisst worden war. Als sie das Haus stürmten, fanden sie das Mädchen in einer völlig verwahrlosten Umgebung und in einem tranceähnlichen Zustand. Eine Trauma-Einheit und ein Team von Ärzten begannen, sich um das Mädchen zu kümmern und auf seine Bedürfnisse einzugehen. Sie fragten sie nach ihrem Namen.

Sie sagte: »Ich heiße Idiot.«

Der leitende Ermittler fragte sie noch einmal und sie gab dieselbe Antwort. Der Ermittler sagte daraufhin: »Schätzchen, warum glaubst du, dass dein Name Idiot ist?«

Sie sagte leise: »Weil sie mich so genannt haben. Das ist mein Name.«

Sie war sieben Jahre alt. Während der ganzen Zeit ihrer Gefangenschaft wurde sie mit einer Lüge bezeichnet. Lange genug, um sie zu glauben.

Ich bete für dieses kleine Mädchen, wo immer sie ist, jeden Tag – dass die Wahrheit die Oberhand gewinnt und dass Gott irgendwie die Bosheit und den Schaden, der ihrer kleinen Seele zugefügt wurde, wiedergutmachen wird.

Vielleicht klingt deine Geschichte nicht ganz so dramatisch oder herzzerreißend. Aber wenn du jemals etwas gehört hast oder dein Leben auf etwas gebaut hast, das nicht wahr ist, kann dieser Moment für deine Seele vielleicht wie solch eine Polizeirazzia sein. Wir alle haben immer noch Zeit, ein paar kaputte Dinge wieder in Ordnung zu bringen.

Eine Englischlehrerin hat mir einmal gesagt, dass ich mich nicht lange genug konzentrieren könne, um irgendetwas Brauchbares zu schreiben. Das war eine Lüge und ich werde ihr mein Buch schicken. Vielleicht hat dir jemand gesagt, dass du ein Unfall warst. Vielleicht warst du das in den Augen deiner Eltern, aber nicht in den Augen Gottes. Er hat dich gemacht. Er wusste, dass du kommen würdest. Glaube diese Wahrheit. Vielleicht glauben die Leute heute rein äußerlich, dass du dich »ganz gut« schlägst. Und vielleicht stimmt das auch. Aber wenn in deinem Inneren immer noch eine Lüge wohnt, die dich beeinträchtigt, dann ist »ganz gut« nicht gut genug. Du hast etwas Besseres verdient. Nicht nur das nackte Überleben.

Ich dulde in meinem Leben keine Lügen – das gilt auch für die Lügen, die ich manchmal über mich selbst glaube. Das kommt bei uns allen vor. Ich bin einfach froh, dass man mir die Wahrheit gesagt hat: Was andere über mich sagen oder über mich gesagt haben oder über mich sagen werden, zählt. Worte haben ein Gewicht. Aber sie zählen nicht so viel wie die Worte, die *ich selber* über mich sage. Die haben am meisten Gewicht.

Lebe den Moment

Die Wahrheit wird dich frei machen. Um in echter, göttlicher Wahrheit zu leben, darf es keine Vermischung geben. Du kannst nicht einen großen Teil Wahrheit mit einem kleinen bisschen Lüge vermischen und dann erwarten, dass es irgendwie funktioniert. Früher schaute ich immer gerne die Fernsehsendung *Pimp My Ride*. Darin ging es um Menschen, die ziemlich gewöhnliche Autos extrem umbauen, herrichten und umlackieren ließen. Ich fand das immer unterhaltsam, denn egal wie sehr auch jemand versuchte, seinen Honda Accord aufzumotzen, es war und blieb ein Honda Accord. Eine schicke Lüge bleibt immer eine Lüge. Eine Lüge, mit der du gelernt hast zu leben und zu funktionieren; auch wenn sie dich nicht umbringt, geht es dir nicht so gut, wie es dir gehen könnte. Die Wahrheit macht eine vollständige und totale Veränderung erforderlich. Das mag anfangs beunruhigend sein, aber wenn du dein Leben auf etwas baust, das wahr und richtig ist, schaffst du dir letzten Endes ein Leben, das du nicht »aufmotzen oder verändern« musst. Du wirst begeistert sein, dass es sich von ganz allein von anderen abhebt. Baue dein Leben, Wahrheit für Wahrheit.

KAPITEL 28

DU MUSST NICHT DIE WELT RETTEN

WENN IRGENDETWAS NICHT VORHANDEN IST, dann ist selbst der Besitz eines kleinen Anteils dessen, was fehlt, schon von enormer Bedeutung. Das ist für alle von uns eine gute Nachricht, die wir den Fernseher anmachen oder die Zeitung aufschlagen und das viele Leid sehen – die Probleme, mit denen wir in dieser Welt konfrontiert werden – und sich entmutigen lassen wegen der scheinbar unüberwindbaren Schwierigkeiten, die wir damit haben, etwas daran zu verändern. Ja, die Not ist groß. Aber meiner Meinung nach ist die Chance, die wir haben, noch größer.

Eine Taschenlampe wird erst dann wertvoll, wenn es dunkel ist und man den Weg nicht sehen kann. Wir können diese Taschenlampen sein und wenn man genügend Taschenlampen gleichzeitig anmacht, kann sich ein dunkles Zimmer ganz schnell erhellen. Damit dieser Gedanke Wirklichkeit wird, müssen wir jedoch verstehen, dass wir das aktivieren müssen, was wir haben. Wenn wir uns weigern, das zu tun, verlieren wir auch das Recht, Kritik zu üben, uns zu beschweren oder über all das, was wir nicht mögen, zu jammern/bloggen/twittern.

Wir haben in unserer Gemeinde ein Sprichwort, das so geht: »Wenn du nicht mithilfst, dann bist du keine Hilfe. Und wenn du keine Hilfe bist, dann will ich dich auch nicht reden hören.« Das bedeutet, dass ich nicht an deiner Kritik an unserer Welt, unserer Gemeinde, unserer Politik interessiert bin, wenn ich kein Blut an deinen Händen sehe. Wenn du am Kampf beteiligt bist, dann will ich auch zuhören, was du zu sagen hast. Aber wenn ich dich auf dem Schlachtfeld nicht gesehen habe, dann will ich auch hinterher nichts darüber hören, was man hätte besser machen können.

Die Versuchung, nur ein Zuschauer zu sein, ist real. Eigentlich ist es heute leichter denn je. Ich habe einmal einen Artikel über das »Passanten-Syndrom« gelesen, in dem es um ein junges Mädchen ging, das am Abend ihres Abschlussballs vor ihrer Highschool vergewaltigt wurde. Das alleine ist schon schrecklich genug. Das Herzzerreißende und Schlimme daran war, dass laut Polizeibericht mindestens vierzig Personen es gesehen haben und vorbeigelaufen sind. Dieses Mädchen wurde mehr als drei Stunden brutal missbraucht. Die Menschen sahen zu, wie es geschah. Vielleicht machte es ihnen Angst, vielleicht wussten sie nicht, was sie tun sollten. Aber es bleibt eine Tatsache, dass sie nichts dagegen unternommen haben.

Psychologen sagen, dass es diesen Zustand, bei dem die Anwesenheit von vielen Zuschauern die Menschen erstarren lässt, tatsächlich gibt. Es scheint fast so, als fühlten sich die Leute in der Menge sicher, also unternimmt keiner etwas. Ich bin kein begeisterter Leser von *WorldStarHipHop* und das ist nicht abwertend gegen den Blog gemeint. Aber Webseiten wie diese und viele, viele andere posten Videos von Kämpfen und anderen grauenhaften Dingen und Menschen sehen sich diese Videos an. Mehrere *Millionen.* Ich habe eines davon angeklickt und mir war binnen Sekunden speiübel. Es ging um einen Kampf an einer Highschool und Dutzende von Leuten sahen zu und filmten das Ganze. Das war schlimm genug. Aber als ich sah, wie viele Leute sich das Video schon angeschaut hatten, wurde mir klar, dass es auf dieser

Welt noch eine ganze Menge Gutes zu tun gibt. Und der Maßstab für eine akzeptable Lebensweise und menschlichen Anstand ist so gering, dass wir mit einem Bruchteil mehr Freundlichkeit, Güte, Hoffnung und Ermutigung das Blatt ein Stückchen mehr wenden können.

Als wir anfangs in New York City landeten, fragten mich einige Leute, ob wir überwältigt seien – von der schieren Größe der Stadt, der offenkundigen Not, dem kulturellen Schmelztiegel dieser Stadt, die niemals schläft. Das sind natürlich alles reale Faktoren. Ich wurde gefragt: »Werdet ihr eine Millionenstadt erreichen können?«

Ich sagte: »Ich mache mir keine Sorgen über die Millionen. Ich mache mir Sorgen über die *Einzelnen*. Jeden Einzelnen. Einen nach dem anderen.«

Ich habe nie aufgehört, so zu denken.

Ich habe unserer Gemeinde von einer Geschichte aus der Bibel erzählt, die ich auch dir jetzt erzählen werde. Sie zeigt, was man mit ein bisschen Anstrengung und Entschlossenheit schaffen kann. Jesus heilte Menschen und die Kunde davon verbreitete sich. In der Bibel steht, dass Jesus anfing zu predigen und zu heilen und dass so viele Menschen kamen, dass für niemanden mehr Platz war. Du kannst dir die Szene vorstellen. Blinde, Aussätzige, Mittellose und Verzweifelte wetteifern um einen Platz in der Gegenwart von jemandem, irgendjemandem, der ihnen helfen kann.

Dann finden wir heraus, dass eine Gruppe von vier Männern ihren Freund mitgebracht hatte, der von Geburt an lahm war und auf einer Matte lag. Sie konnten ihn nicht hineinbekommen, aber das war nur der Anfang. Diese vier Männer dachten sicherlich, dass das ihre einzige Chance sei, ihrem Freund zu helfen und es keine Alternativen gäbe. Also improvisierten sie. Sie stiegen auf das Dach des Hauses, in dem Jesus sprach, öffneten es und ließen den Mann durch das Loch hinab, direkt vor Jesus hin. Jesus sah diesen Mann an und heilte ihn. Der Kerl stand auf, nahm seine Matte und wir können davon ausgehen, dass er hocherhobenen Hauptes aus der Menge schritt wie Deion Sanders, wenn er einen Punt[1] ergattert und weit zurückgetragen hat. Hocherhobenen Hauptes, sodass jeder weiß, dass er einen spitzenmäßigen Punkt gemacht hat.

Aber das ist nicht mein liebster Teil an der Geschichte. Es sind die Jungs, die die Heilung ihres Freundes ermöglicht haben. Sie waren zu viert und ich stelle mir immer vor, dass es vier New Yorker waren. Einer von ihnen ist der forsche New Yorker, der das Offensichtliche brüllt: »Wir kommen nicht rein! Und darüber bin ich alles andere als glücklich!« Der zweite Kerl ist so ein Technikfreak mit einem Kugelschreiberetui, der Pläne schmiedet: »Wir müssen ein Loch herausschneiden. Wir brauchen dazu eine Säge und sehr wahrscheinlich auch ein Seil.« Der dritte ist der durchtriebene Kerl aus Brooklyn, der »jemanden kennt«: Wir brauchen ein Seil? Cool, ich kenne jemanden in Long Island, der einen Typen in der Canal Street kennt, der günstig Seile verkauft. Ich kümmere mich drum. Schon so gut wie erledigt.« Der vierte? Ist ein reicher New Yorker: »Guter Plan, Jungs. Macht das so. Schickt mir die Rechnung. Denn ich habe Geld.« Und gemeinsam haben sie alle etwas gemacht. Nicht alles. Aber zusammen haben sie ihre Rollen perfekt gespielt und in alle Ewigkeit haben sie von ihrem Freund erzählt, den sie lahm zu Jesus gebracht hatten und der dem

---

1 Kicktechnik beim American Football.

Messias von Angesicht zu Angesicht begegnete und aus dieser Begegnung mit seinen eigenen Füßen hinausging.

Das Wesentliche an diesem geschichtlichen Ereignis ist das, was wir nur zwischen den Zeilen lesen können. Vor allem die Namen der vier Männer. Wir werden nie herausfinden, wer sie waren, was sie getan haben oder was sie nach diesem epischen Moment erreicht haben. Wir wissen nur das, was in der Bibel steht.

Dort steht: »Einige Männer kamen.«

Einige Männer. Vielleicht wird es in der Geschichte, wie unsere Welt besser wird, nicht um einen Megastar gehen. Vielleicht werden die Geschichtsbücher berichten, dass »New York City und die Menschen darüber hinaus aller Logik trotzten und einen neuen Trend der Liebe und des Friedens im Angesicht von Krieg und Hass begründeten. Wir kennen keine Namen, aber er gab viele von ihnen. Sie gaben, sie liebten, sie brachten Opfer. Und das Ergebnis liegt uns jetzt in allen Einzelheiten vor.«

Ich habe mit diesem Ende Frieden geschlossen. Manchmal wird der Scheinwerfer sein Licht auf uns richten und manchmal werden uns die Schatten des Lebens verschlucken. Wir haben darüber nicht so viel Kontrolle. Wir können nur dafür sorgen, dass wir bei dem bleiben, was wir tun, komme was da wolle. Dass wir das tun, was wir können. Nicht wegen der Anerkennung, nicht wegen der Ehre, nicht wegen des Geldes, nicht wegen der Beliebtheit. Echte Veränderung kommt eigentlich oft auf Kosten eines oder aller dieser Dinge.

Aber ich weiß eines: Wir können nicht *nichts* tun.

Die Gelegenheit ist zu groß und die Not ist zu dringlich.

Ich werde dieses Buch da beenden, wo meine Berufung eigentlich begann. Die Berufung, jedem und allen zu helfen, denen ich helfen kann. Egal, ob ich bereit bin oder nicht, ob ich ausgerüstet bin oder nicht, meine Berufung ist, *etwas* zu tun. Und es war ein einziger Satz, der dieses Feuer in meiner Seele entzündete.

Ich war bei einer Gemeindekonferenz in einem riesigen Stadion mit ungefähr dreißigtausend Menschen. Zu diesem Zeitpunkt war ich völlig hingegeben an meinen Glauben. Ich war proaktiv. Ich war leidenschaftlich. Aber ich bin nicht sicher, ob ich in meinem Streben auch wirklich draufgängerisch war. Was bedeutet, dass ich mich manchmal noch nicht traute, den Moment wirklich zu leben. Vielleicht hatte ich noch Angst, mit Fremden zu sprechen. Vielleicht predigte ich noch zu zögerlich über einen bestimmten Punkt anstatt mit Direktheit und knallharter Überzeugtheit.

An diesem Abend war ein Freund bei mir, der gerade aus dem Drogenentzug entlassen worden war. Schon seit er denken konnte, war sein Leben schmerzhaft gewesen. Als kleiner Junge sexuell missbraucht von einem Familienangehörigen. Von einem instabilen Umfeld ins nächste geschubst. Drogenabhängig in einem Alter, in dem eigentlich Sport und vielleicht Mädchen interessant sein sollten. Der Weg führte ihn schließlich zu Heroin, aber durch die Gnade Gottes liebte ihn jemand so sehr, dass er ihn in diese Reha schleppte, wo sein langer Weg zurück ins wahre Leben begann.

Während eines wirklich starken Liedes schaute ich mich in diesem Stadion voller Menschen um, die alle sangen. Ein Lied. Es erschien wie eine Stimme, zusammengefügt aus tausenden. Ich wandte mich an meinen Freund und sagte: »Ist das nicht gewaltig?« Aber er saß da, sein Gesicht in den Händen vergraben und weinte leise. Ich legte meinen Arm um ihn, um ihn zu trösten und hatte keine Ahnung, dass sein nächster Satz meine Seele bis ins Mark treffen würde.

Ich fragte: »Was ist los? Was geht dir durch den Kopf?«

Er sagte: »Ich wünschte, IRGENDJEMAND HÄTTE MIR DAS ALLES SCHON VIEL FRÜHER ERZÄHLT. Ich sehe all diese Menschen, die so laut singen, über Jesus sprechen und so glücklich aussehen. Niemand hat mir jemals etwas davon erzählt. Dabei hätte ich sogar zugehört! Ich war mein ganzes Leben lang auf der Suche! Ich bin froh, dass ich jetzt hier bin. Ich bin froh, dass Gott mich nicht aufgegeben hat. Aber ich habe so viele Jahre vergeudet. Ich habe so viel durchgemacht. Ich wünschte einfach, irgendjemand hätte mir das alles schon viel früher erzählt.«

An jenem Abend hatte ich keine Worte. Ich erinnere mich daran, wie ich selber mein Gesicht in meinen Händen vergrub, weil ich den Fluss meiner Tränen nicht unter Kontrolle halten konnte. Ich dachte daran, wie viele Menschen wahrscheinlich dasselbe Gefühl ausdrücken würden. An wie vielen Menschen bin ich in meinem Leben vorbeigegangen? Wie oft war ich so sehr mit meinen eigenen Angelegenheiten beschäftigt gewesen, dass ich vergessen hatte, dass es *ganz bestimmt* irgendjemand in meinem Leben schlechter hatte als ich und ich ihm helfen konnte?

An jenem Abend betete ich etwas, das in meiner Erinnerung mehr ein Gelübde als ein Gebet war. Ich sagte zu Gott, dass es mir leidtue, so viele Momente verpasst zu haben. Und ich versprach, dass ich jetzt und für immer »jemand« sein wolle, den er benutzen könne, um »irgendjemanden« zu erreichen. Den Reichen und Berühmten. Den Mittel- und Namenlosen. Den Penner. Den Yuppie.

»Gott, wirst du mir dabei helfen, dass Menschen es früher erfahren?«

Ich habe seitdem längst nicht alles richtiggemacht. Bei weitem nicht. Ich habe die Welt nicht gerettet, noch nicht einmal annähernd. Aber ich habe mein Bestes gegeben, um verfügbar und unermüdlich zu sein. Ich kann nicht ausdrücken, wie viel

Freude darin liegt, einfach das zu tun, was man tun kann. Mein Gebet für dich ist, dass du angerührt wirst, etwas zu tun.

Ich kann dir nicht versprechen, dass die Menschen sich an deinen Namen erinnern werden. Ich kann dir nicht versprechen, dass der Regen des Lebens dir nicht immer wieder mal ins Gesicht prasseln wird. Er wird es. Aber ich glaube, dass die Option, den Moment zu leben, so gut ist, dass du dem Regen mit einem Lächeln begegnen wirst. Wie sieht denn schließlich die Alternative aus? Ich entscheide mich, ein Teil dieses Plans zu sein: dass wir nicht akzeptieren müssen, was wir sehen. Wir können es verändern. Und das ist für mich gut genug.

Kürzlich ging ich die 34th Street entlang und dachte dabei nach und betete im Stillen. Manchmal laufen in New York City zufällig irgendwelche berühmten Leute herum. Die Touristen sind immer in höchster Alarmbereitschaft, damit sie Fotos machen können, für die sich niemand interessiert. Als ich vorbeilief, sprang eine Frau mit einer Kamera aufgeregt von ihrer Bank auf und rief: »He! He, Sie da! Sind Sie … irgendwer? Kann ich ein Foto mit Ihnen machen? Sie sehen aus wie, wie … Der Name liegt mir auf der Zunge, aber …«

Ich versicherte ihr, dass ich zwar »irgendwer« sei – nämlich Carl aus Virginia Beach, Virginia – aber nicht so, wie sie es meinte, und dass sie die Batterie ihrer Kamera besser schonen solle für einen richtigen Star. Es war großartig. Ich zeigte auf ein Café um die Ecke, das oft von berühmten Leuten besucht wird, und sagte: »Gehen Sie mal da rüber. Ich bin sicher, dort finden Sie, was sie suchen. Wenn Sie jemanden Berühmtes sehen, dann sorgen Sie dafür, dass der Blitz ihm extra hell ins Gesicht leuchtet. Das mögen diese Menschen.«

Sie sagte: »Danke! Ich wusste, dass ich in dieser Stadt jemanden finden würde, der mir die richtige Richtung zeigt.«

Sie schien glücklich zu sein. Manchmal ist es in Ordnung, »irgendwer« zu sein. Vor allem, wenn man damit jemandem den Tag verschönern kann.

Auch wenn es nur für einen Moment ist.

Lebe den Moment

Wir haben es so kompliziert gemacht, unserer Welt Veränderung zu bringen, dass viele Leute es gar nicht erst versuchen. Und ja, die Probleme, vor denen wir stehen, sind immens, aber die Schritte und die Momente, die wir brauchen, um dorthin zu gelangen, sind klein, es sind viele und sie sind für jeden machbar, der gewillt ist, kleine Schritte zu gehen, die irgendwann zu größerer Bedeutung führen. Welche Kleinigkeit wirst du heute tun, die im Leben einer anderen Person große Auswirkungen haben könnte? Wenn du das »einfach auf dich zukommen lässt«, wird es selten wirklich passieren. So viel habe ich schon herausgefunden. Wenn du dich umgekehrt aber darauf vorbereitest, ein Segen für andere zu sein, dann führt dich das auf einen Weg, bei dem du am Ende mehr tust, als du anfangs tun wolltest. Wenn du morgen aufwachen und dich entscheiden würdest, ganz bewusst »den Moment zu leben«, nur eine einzige Tat der Freundlichkeit und Aufmerksamkeit für jemand anderen zu tun, wird das ganz bestimmt gewaltige Auswirkungen auf dein Leben haben. Wir alle haben gehört, wie Menschen eine Geschichte erzählen und sagen: »Du weißt schon. Eins führte zum anderen.« Du kannst das Letztere nicht ohne das Erstere haben. Alles tun? Unmöglich. Etwas tun ist absolut vernünftig. Schaffe Momente. Nutze sie. Erinnere dich an sie. Wir bekommen dieses Leben nicht noch ein zweites Mal geschenkt und mein Gebet für dich ist, dass du niemals die Kraft der Momente unterschätzt, die du unter Kontrolle hast. Ich will mein Leben gerne so leben, dass ich selten sagen muss: »Ich habe etwas verpasst«. Ich will in der Lage sein zu sagen: »Ich habe mein Leben gelebt. Ich habe alles herausgeholt.« Der beste Teil deiner Geschichte muss erst noch geschrieben werden. Sorge dafür, dass du sie selber schreibst, mit Leidenschaft und Bestimmung.

DANKSAGUNGEN

DANKE, STEVE UND CATHY LENTZ, dass ihr meine Helden, meine Mentoren, meine Freunde und mein goldener Maßstab für alles im Leben seid. Papa, das höchste Kompliment, das mir jemand machen kann, ist zu sagen: »Du erinnerst mich an deinen Papa.« Ich höre es noch nicht allzu oft, aber wenn meine Freunde mich irgendwann hauptsächlich so beschreiben, dann habe ich im Leben alles richtig gemacht. Du besitzt mehr Integrität und Freundlichkeit als jeder andere Mann, den ich kenne, und ich bin stolz darauf, dein Sohn zu sein. Mama, ich musste mir nie die Frage stellen, wie eine starke, Gott liebende Frau aussieht, denn ich durfte dich mein ganzes Leben lang beobachten. Ich liebe dich und ich bin dankbar dafür, dass ich dein Sohn sein darf.

Ich danke meinen Schwestern Mary, Bethany und Corrie. Ihr drei habt mich in jeder einzelnen Phase meines Lebens immer gleichbleibend geliebt. Bedingungslos. Ich bin mir sicher, dass ich nicht in der Lage wäre, Jesus so zu lieben – geschweige denn ein Buch zu schreiben – ohne eure beständige Liebe in meinem Leben.

Danke, Kevin und Marilyn Brett, dass ihr so liebevoll, so freundlich und so vertrauensvoll seid. Es ist die größte Ehre für mich, mit eurer geliebten Tochter verheiratet zu sein, und ich verspreche, dass ich nie mit dem Versuch aufhören werde, ein besserer Mann und eine bessere Unterstützung für sie zu werden. Ich liebe euch beide und respektiere euch sehr. Danke, dass ihr mir eine Chance gegeben habt.

Danke, Brian und Bobbie Houston, dass ihr Laura und mir die Gelegenheit gegeben habt, den Menschen in unserer tollen Gemeinde zu dienen. Ich kenne niemanden wie euch beide, der so leidenschaftlich dafür brennt, dass andere Menschen überwinden und gedeihen und vorwärtsgehen. Ich bin einer von vielen, der einfach an diesen Ort des Segens und des Einflusses gekommen ist, den ihr so großzügig für andere geöffnet habt. Danke, dass ihr das Risiko mit Menschen wie mir immer wieder eingeht.

Danke, Steve Kelly, dass du einen jungen Mann in der Gemeinde gesehen hast, der sich absolut nicht zugehörig fühlte, und ihn zum Essen eingeladen hast. Danke, dass du so kraftvoll über Jesus gesprochen hast, dass ich eine echte Entscheidung getroffen habe, ihm zu folgen, nachdem ich gehört hatte, wie du über die Liebe Gottes gesprochen hast. Danke, dass du mir im Dienst den richtigen Weg gezeigt hast. Ich bin dir für immer dankbar dafür, dass du in mein Leben investiert hast.

Danke, Jan Miller und Nena Madonia, dass ihr mich überzeugt habt, dieses Buch zu schreiben. Ihr beide wart so freundlich, so hilfreich, so fachmännisch in eurer Arbeit, dass ihr mir keine andere Wahl gelassen habt! Ich liebe euch beide und ich bin dankbar, dass ich diese verletzliche Reise des Bücherschreibens mit euch beiden teilen darf.

Danke, Jon Karp und Sean Manning für eure Geduld und euren Glauben an dieses Projekt. »Auf dem Papier« hätten sich unsere Wege auf natürliche Weise wohl nie gekreuzt. Es ist etwas Besonderes, dass sie es doch getan haben und das Ergebnis am Ende »auf dem Papier« gelandet ist. Jon, du hast mir sehr viel Raum gegeben, meine »Stimme« als Autor zu finden und dieses gewaltige Werk ist noch lange nicht abgeschlossen. Aber ich bin so froh, dass es mit eurer durchgängigen Weisheit und Hilfe begonnen hat. Sean, du bist ein genialer Herausgeber und die Tatsache, dass du bei dem Versuch, herauszufinden, wie du mit mir arbeiten kannst, nicht irre geworden bist, ist ein Zeugnis für deine Begabung und dein Temperament. Du hast mir so viel beigebracht, und sollte dieses Buch irgendjemandem helfen, hast du einen großen Anteil daran. Danke, dass du so schwer mit mir daran gearbeitet hast.

An *Hillsong New York City*: Es gibt keine Worte, um die Ehre auszudrücken, die es für mich ist, Pastor einer solchen Gemeinde zu sein. Die tollsten Menschen dieser Welt sind dort zu finden, wo auch immer sich diese Gemeinde trifft. Man sagt, dass man so wird wie die, mit denen man zusammen ist. Dank des Privilegs, dass ich mit Menschen zusammen sein und ihnen dienen darf, andere so unermüdlich lieben und mich weigern darf zu akzeptieren, was in der Vergangenheit war, um dem nachjagen zu können, was sein kann, werde ich jeden Tag ein besserer Mensch. »Wilde Gemeinde«, ein Leben lang. Ich liebe euch von ganzem Herzen!

ÜBER DEN AUTOR

CARL LENTZ ist Pastor der *Hillsong Church New York City*, einer wachsenden christlichen Gemeinschaft mit Niederlassungen in Manhattan und New Jersey. Er wuchs als jüngstes von vier Kindern in einer christlichen Familie in Williamsburg (Virginia, USA) auf. Aber zumeist hatte er seine Mühe mit den Vorstellungen von Gemeinde und Religion im Allgemeinen. Mit zwanzig Jahren entdeckte er seine Berufung und schrieb sich am Hillsong-College in Australien ein, wo die Hillsong Church 1983 gegründet wurde. Während er dort seine pastorale Ausbildung absolvierte, begegnete er seiner Frau und jetzigen Co-Pastorin Laura. Im Jahr 2010 gründeten sie die *Hillsong Church New York City*, den ersten Zweig auf US-amerikanischem Boden und eine der am schnellsten wachsenden Kirchen Amerikas. Das Ehepaar, das bekannt ist dafür, »die Promis und die Vergessenen gleichermaßen« zu erreichen, lebt mit seinen drei tollen Kindern in Montclair (New Jersey, USA). *Lebe den Moment* ist Lentz' erstes Buch.

Weitere inspirierende Bücher
findest du unter:
www.gracetoday.de